Fairy Tales

M. Y. Saltykov-Shchedrin

Сказки

М. Е. Салтыков-Щедри

Fairy Tales

Contact:
IndoEuropeanPublishing@gmail.com

ISNB: 978-1-60444-833-7

Сказки

© Индоевропейских Издание , 2015

Контакт:
IndoEuropeanPublishing@gmail.com

ISNB: 978-1-60444-833-7

Баран-непомнящий

Домашние бараны с незапамятных времен живут в порабощении у человека; их настоящие родоначальники неизвестны.

Брэм

Были ли когда-нибудь домашние бараны "вольными" - история об этом умалчивает. В самой глубокой древности патриархи уже обладали стадами прирученных баранов, и затем, через все века, баран проходит распространенным по всему лицу земли в качестве животного, как бы нарочито на потребу человека созданного. Человек, в свою очередь, создает целые особые породы баранов, почти не имеющие между собою ничего общего. Одних воспитывают для мяса, других - для сала, третьих - ради теплых овчин, четвертых - ради обильной и мягкой волны.

Сами домашние бараны, конечно, всего меньше о вольном прародителе своем помнят, а просто знают себя принадлежащими к той породе, в которой застал их момент рождения. Этот момент составляет исходную точку личной бараньей истории, но даже и он постепенно тускнеет, по мере вступления барана в зрелый возраст. Так что истинно мудрым называется только тот баран, который ничего не помнит и не сознает, кроме травы, сена и месятки, предлагаемых ему в пищу.

Однако грех да беда на кого не живет. Спал однажды некоторый баран и увидел сон. Должно быть, не одну месятку во сне видел, потому что проснулся тревожный и долго глазами чего-то искал.

Стал он припоминать, что такое случилось; но, хоть убей, ничего вспомнить не мог. Даль какая-то, серебряным светом подернутая, и больше ничего. Только смутное ощущение этой бесформенной серебряной дали и осталось в нем, но никакого определенного очертания, ни одного живого образа...

- Овца! а, овца! что я такое во сне видел? - спросил он лежащую рядом овцу, которая, яко воистину овца, отроду снов не видала.

- Спи, выдумщик! - сердито отвечала овца, - не для того тебя из-за моря привезли, чтоб сны видеть да модника из себя представлять!

Баран был породистый английский меринос. Помещик Иван Созонтыч Растаковский шальные деньги за него заплатил и великие на него надежды возлагал. Но, конечно, не для того он его из-за моря вывез, чтоб от него поколение умных баранов пошло, а для того, чтоб он создал для своего хозяина стадо тонкорунных овец.

И в первое время по приезде его на место баран действительно зарекомендовал себя с самой лучшей стороны. Ни о чем он не рассуждал, ничем не интересовался, даже не понимал, куда и зачем его привезли, а просто-напросто жил да поживал. Что же касается до вопроса о том, что такое баран и какие его права и обязанности, то баран не только никаких пропаганд по этому предмету не распространял, но едва ли даже подозревал, что подобные вопросы могут бараньи головы волновать. Но это-то именно и помогало ему выполнять баранье дело настолько пунктуально и добросовестно, что Иван Созонтыч и сам нарадоваться на него не мог, и соседей любоваться водил: "Смотрите!"

И вдруг этот сон... Что это был за сон, баран решительно не мог сообразить. Он чувствовал только, что в существование его вторглось нечто необычное, какая-то тревога, тоска. И хлев у него, по-видимому, тот же, и корм тот же, и то же стадо овец, предоставленное ему для усовершенствования, а ему ни до чего как будто бы дела нет. Бродит он по хлеву, как потерянный, и только и дела блеет:

- Что такое я во сне видел? растолкуйте мне, что такое я видел?

Но овцы не выказывали ни малейшего сочувствия к его тревогам и даже не без ядовитости называли его умником и философом, что, как известно, на овечьем языке имеет значение худшее, нежели "моветон".

С тех пор, как он начал сны видеть, овцы с горечью вспоминали о простом, шлёнской породы, баране, который перед тем четыре года сряду ими помыкал, но под конец, за выслугу лет, был определен на кухню и там без вести пропал (видели только, как его из кухни на блюде, с триумфом, в господский дом пронесли). То-то был настоящий служилый баран! Никогда никаких снов он не видел, никаких тревог не ощущал, а делал свое дело по точному разуму бараньего устава - и больше ничего знать не хотел. И что же! его, старого и испытанного слугу, уволили, а на его место определили какого-то празднолюбца, мечтателя, который с утра до вечера неведомо о чем блеет, а они, овцы, между тем ходят яловы!

- Совсем нас этот аглецкой олух не совершенствует! - жаловались овцы овчару Никите, - как бы нам за него, за фофана, перед Иваном Созонтычем в ответе не быть?

- Успокойтесь, милые! - обнадежил их Никита, - завтра мы его выстрижем, а потом крапивой высечем - шелковый будет!

Однако расчеты Никиты не оправдались. Барана выстригли, высекли, а он в ту же ночь опять сон увидел.

С этих пор сны не покидали его. Не успеет он ноги под себя подогнуть, как дрема уже сторожит его, не разбирая, день или ночь на дворе.

И как только он закроет глаза, то весь словно преобразится, и лицо у него словно не баранье сделается, а серьезное, строгое, как у старого, благомысленного мужичка из тех, что в старинные годы "министрами" называли. Так что всякий, кто ни пройдет мимо, непременно скажет: "Не на скотном дворе этому барану место - ему бы бурмистром следовало быть!"

Тем не менее, сколько он ни подстерегал себя, чтобы восстановить в памяти только что виденный сон, усилия его по-прежнему оставались напрасными.

Он помнил, что во сне перед ним проходили живые образы и, даже целые картины, созерцание которых приводило его в восторженное состояние; но как только бодрственное состояние возвращалось, и образы и картины исчезали неведомо куда, и он опять становился заурядным бараном. Вся разница заключалась лишь в том, что прежде он бодро шел навстречу своему бараньему делу, а теперь ходил ошеломленный, чего-то сдуру искал, а чего именно - сам себе объяснить не мог... Баран, да еще меланхолик - что, кроме ножа, может ожидать его в будущем?!

Но, кроме перспективы ножа, положение барана и само по себе было мучительно. Нет боли горшей, нежели та, которую приносят за собой бессильные порывания от тьмы к свету встревоженной бессознательности. Пристигнутое внезапной жаждой бесформенных чаяний, бедное, подавленное существо мечется и изнемогает, не умея определить ни характера этих чаяний, ни источника их. Оно чувствует, что сердце его объято пламенем, и не знает, ради чего это пламя зажглось; оно смутно чует, что мир не оканчивается стенами хлева, что за этими стенами открываются светлые, радужные перспективы, и не умеет наметить даже признаки этих перспектив; оно предчувствует свет, простор, свободу - и не может дать ответа на вопрос, что такое свет, простор, свобода...

По мере учащения снов, волнение барана все больше и больше росло. Ниоткуда не видел он ни сочувствия, ни ответа. Овцы с испугу жались друг к другу при его приближении; овчар Никита хотя, по-видимому, и знал нечто, но упорно молчал. Это был умный мужик, который до тонкости проник баранье дело и признавал для баранов только одну обязательную аксиому:

- Коли ты в бараньем сословии уродился, - говорил он солидно, - в ём, значит, и живи!

Но именно этого-то баран и не мог выполнить. Именно "сословие"-то его и мучило, не потому, что ему худо было жить, а потому, что с тех пор, как он стал сны видеть, ему постоянно чуялось какое-то совсем другое "сословие".

Он не был в состоянии воспроизвести свои сны, но инстинкты его были настолько возбуждены, что, несмотря на неясность внутренней тревоги, поднявшейся в его существе, он уже не мог справиться с нею.

3

Тем не менее, с течением времени, тревоги его начали утихать, и он как будто даже остепенел. Но успокоение это не было последствием трезвого решения вступить на прежнюю баранью колею, а, напротив, скорее свидетельствовало об общем обессилении бараньего организма. Поэтому и пользы от него не вышло никакой.

Баран, - очевидно, с предвзятым намерением, - с утра до вечера спал, как будто искал обрести во сне те сладостные ощущения, в восстановлении которых отказывала ему бодрственная действительность...

В то же время он с каждым днем все больше и больше чах и хирел, и наконец сделался до того поразительно худ, что глупые овцы, завидев его, начинали чихать и насмешливо между собой перешептываться. И по мере того, как неразгаданный недуг овладевал им, лицо его становилось осмысленнее и осмысленнее. Овчары все до единого жалели о нем. Все знали, что он честный и добрый баран, и что ежели он не оправдал хозяйских надежд, то не по своей вине, а единственно потому, что его постигло какое-то глубокое несчастье, вовсе баранам не свойственное, но в то же время, - как многие инстинктивно догадывались, - делающее ему лично великую честь.

Сам Иван Созонтыч сочувственно относился к страданиям барана. Не раз овчар Никита намекал, что самая лучшая развязка в таком загадочном деле - нож, но Растаковский упорно отклонял это предложение.

- Плакали мои денежки, - говорил он, - но не затем я их платил, чтобы шкурой его воспользоваться. Пускай своей смертью умрет!

И вот вожделенный момент просияния наступил. Над полями мерцала теплая, облитая лунным светом, июньская ночь; тишина стояла кругом непробудная; не только люди притаились, но и вся природа как бы застыла в волшебном оцепенении.

В бараньем загоне все спало. Овцы, понурив головы, дремали около изгороди. Баран лежал одиноко, посередке загона. Вдруг он быстро и тревожно вскочил. Выпрямил ноги, вытянул шею, поднял голову кверху и всем телом дрогнул. В этом выжидающем положении, как бы прислушиваясь и всматриваясь, простоял он несколько минут, и затем сильное, потрясающее блеянье вырвалось из его груди...

Заслышав эти торжественно-агонизирующие звуки, овцы в испуге повскакали с своих мест и шарахнулись в сторону. Сторожевой пес тоже проснулся и с лаем бросился приводить в порядок всполошившееся стадо. Но баран уже не обращал внимания на происшедший переполох: он весь ушел в созерцание.

Перед тускнеющим его взором воочию развернулась сладостная тайна его снов...

Еще минута - и он дрогнул в последний раз. Засим ноги сами собой подогнулись под ним, и он мертвый рухнул на землю.

Иван Созонтыч был очень смертью его огорчен.

- И что за причина такая? - сетовал он вслух, - все был баран как баран, и вдруг словно его осетило... Никита! ты пятьдесят лет в овчарах состоишь, стало быть, должен дурью эту породу знать: скажи, отчего над ним такая беда стряслась?

- Стало быть, "вольного барана" во сне увидел, - ответил Никита, - увидать-то во сне увидал, а сообразить настоящим манером не мог... Вот он сначала затосковал, а со временем и издох. Все равно, как из нашего брата бывает...

Но Иван Созонтыч от дальнейшего объяснения уклонился.

- Сие да послужит нам уроком! - похвалил он Никиту, - в другом месте из этого барана, может быть, козел бы вышел, а по нашему месту такое правило: ежели ты баран, так и оставайся бараном без дальних затей. И хозяину будет хорошо, и тебе хорошо, и государству приятно. И всего у тебя будет довольно: и травы, и сена, и месятки. И овцы к тебе будут ласковы... Так ли, Никита?

- Это так точно, Иван Созонтыч! - отозвался Никита.

Бедный волк

Другой зверь, наверное, тронулся бы самоотверженностью зайца, не ограничился бы обещанием, а сейчас бы помиловал. Но из всех хищников, водящихся в умеренном и северном климатах, волк всего менее доступен великодушию.

Однако ж не по своей воле он так жесток, а потому, что комплекция у него каверзная: ничего он, кроме мясного, есть не может. А чтобы достать мясную пищу, он не может иначе поступать, как живое существо жизни лишить. Одним словом, обязывается учинить злодейство, разбой.

Не легко ему пропитание его достается. Смерть-то ведь никому не сладка, а он именно только со смертью ко всякому лезет. Поэтому кто посильнее - сам от него обороняется, а иного, который сам защититься не может, другие обороняют. Частенько-таки волк голодный ходит, да еще с помятыми боками вдобавок. Сядет он в ту пору, поднимет рыло кверху и так пронзительно воет, что на версту кругом у всякой живой твари, от страху да от тоски, душа в пятки уходит. А волчиха его еще тоскливее подвывает, потому что у нее волчата, а накормить их нечем.

Нет того зверя на свете, который не ненавидел бы волка, не проклинал бы его. Стоном стонет весь лес при его появлении: "Проклятый волк! убийца! душегуб!" И бежит он вперед да вперед, голову повернуть не смеет, а вдогонку ему: "Разбойник! живорез!" Уволок волк, с месяц тому назад, у бабы овцу - баба-то и о сю пору слез не осушила: "Проклятый волк! душегуб!" А у него с тех пор маковой росинки в пасти не было: овцу-то сожрал, а другую зарезать не пришлось... И баба воет, и он воет... как тут разберешь!

Говорят, что волк мужика обездоливает; да ведь и мужик тоже, как обозлится, куда лют бывает! И дубьем-то он его бьет, и из ружья в него палит, и волчьи ямы роет, и капканы ставит, и облавы на него устраивает. "Душегуб! разбойник! - только и раздается про волка в деревнях, - последнюю корову зарезал! остатнюю овцу уволок!" А чем он виноват, коли иначе ему прожить на свете нельзя?

И убьешь-то его, так проку от него нет. Мясо - негодное, шкура жесткая - не греет. Только и корысти-то, что вдоволь над ним, проклятым, натешишься, да на вилы живьем поднимешь: пускай, гадина, капля по капле кровью исходит!

Не может волк, не лишая живота, на свете прожить - вот в чем его беда! Но ведь он этого не понимает. Если его злодеем зовут, так ведь и он зовет злодеями тех, которые его преследуют, увечат, убивают. Разве он понимает, что своею жизнью другим жизням вред наносит? Он думает, что живет - только и всего. Лошадь - тяжести возит, корова - дает молоко, овца - волну, а он - разбойничает, убивает. И лошадь, и корова, и овца, и волк - все "живут", каждый по-своему.

И вот нашелся, однако ж, между волками один, который долгие веки все убивал да разбойничал, и вдруг, под старость, догадываться начал, что есть в его жизни что-то неладное.

Жил этот волк смолоду очень шибко и был одним из немногих хищников, который почти никогда не голодал. И день, и ночь он разбойничал, и все ему с рук сходило. У пастухов из-под носу баранов утаскивал; во дворы по деревням забирался; коров резал; лесника однажды до смерти загрыз; мальчика маленького, у всех на глазах, с улицы в лес унес. Слыхал он, что его за эти дела все ненавидят и клянут, да только лютей и лютей от этих покоров становился.

- Послушали бы, что в лесу-то делается, - говорил он, - нет той минуты, чтоб там убийства не было, чтоб какая-нибудь зверюга не верещала, с жизнью расставаясь, - так неужто ж на это смотреть?

И дожил он таким родом, промежду разбоев, до тех лет, когда волк уж "матерым" называется. Отяжелел маленько, но разбои все-таки не оставил; напротив, словно бы даже полютел. Только и попадись он нечаянно в лапы к медведю. А медведи волков не любят, потому что и на них волки шайками нападают, и частенько-таки слухи по лесу ходят, что там-то и там-то Михайло Иваныч оплошал: в клочки серые вороги шубу ему разорвали.

Держит медведь волка в лапах и думает: "Что мне с ним, с подлецом делать? ежели съесть - с души сопрёт, ежели так задавить да бросить - только лес запахом его падали заразишь. Дай, посмотрю: может быть, у него совесть есть. Коли есть совесть, да поклянется он вперед не разбойничать - я его отпущу".

- Волк, а волк! - молвил Топтыгин, - неужто у тебя совести нет?

- Ах, что вы, ваше степенство! - ответил волк, - разве можно хоть один день на свете без совести прожить!

- Стало быть, можно, коли ты живешь. Подумай: каждый божий день только и вестей про тебя, что ты или шкуру содрал, или зарезал - разве это на совесть похоже?

- Ваше степенство! позвольте вам доложить! должен ли я пить-есть, волчиху свою накормить, волчат воспитать? какую вы на этот счет резолюцию изволите положить?

Подумал-подумал Михайло Иваныч, - видит: коли положено волку на свете быть, стало быть, и прокормить он себя право имеет.

- Должен, - говорит.

- А ведь я, кроме мясного, - ни-ни! Вот хоть бы ваше степенство, к примеру, взять: вы и малинкой полакомитесь, и медком от пчел позаимствуетесь, и овсеца пососете, а для меня ничего этого хоть бы не было! Да опять же и другая вольгота у вашего степенства есть: зимой, как заляжете вы в берлогу, ничего вам, кроме собственной лапы, не требуется. А я и зиму, и лето - нет той минуты, чтобы я о пище не думал! И все об мясце. Так каким же родом я эту пищу добуду, коли прежде не зарежу или не задушу?

Задумался медведь над этими волчьими словами, однако все еще попытать хочет.

- Да ты бы, - говорит, - хоть полегче, что ли...

- Я и то, ваше степенство, сколько могу, облегчаю. Лисица - та зудит: рванет раз - и отскочит, потом опять рванет - и опять отскочит... А я прямо за горло хватаю - шабаш!

Еще пуще задумался медведь. Видит, что волк ему правду-матку режет, а отпустить его все еще опасается: сейчас он опять за разбойные дела примется.

- Раскайся, волк! - говорит.

- Не в чем мне, ваше степенство, каяться. Никто своей жизни не ворог, и я в том числе; так в чем же тут моя вина?

7

- Да ты хоть пообещай!

- И обещать, ваше степенство, не могу. Вот лиса - та вам что хотите обещает, а я - не могу.

Что делать? Подумал, подумал медведь, да наконец и решил.

- Пренесчастнейший ты есть зверь - вот что я тебе скажу! - молвил он волку. - Не могу я тебя судить, хоть и знаю, что много беру на душу греха, отпуская тебя. Одно могу прибавить: на твоем месте я не только бы жизнью не дорожил, а за благо бы смерть для себя почитал! И ты над этими моими словами подумай!

И отпустил волка на все четыре стороны.

Освободился волк из медвежьих лап и сейчас опять за старое ремесло принялся. Стонет от него лес, да и шабаш. Повадился в одну и ту же деревню; в две, в три ночи целое стадо зря перерезал - и ништо ему. Заляжет с сытым брюхом в болоте, потягивается да глаза жмурит. Даже на медведя, своего благодетеля, войной пошел, да тот, по счастию, вовремя спохватился да только лапой ему издали погрозил.

Долго ли, коротко ли он так буйствовал, однако и к нему наконец старость пришла. Силы убавились, проворство пропало, да вдобавок мужичок ему спинной хребет поленом перешиб; хоть и отлежался он, а все-таки уж на прежнего удальца-живореза не похож стал. Кинется вдогонку за зайцем - а ног-то уж нет. Подойдет к лесной опушке, овечку из стада попробует унести - а собаки так и скачут-заливаются. Подожмет он хвост, да и бежит с пустом.

- Никак, я уж и собак бояться стал? - спрашивает он себя.

Воротится в логово и начнет выть. Сова в лесу рыдает, да он в болоте воет - страсти господни, какой поднимется в деревне переполох!

Только промыслил он однажды ягненочка и волочет его за шиворот в лес. А ягненочек-то самый еще несмысленочек был: волочет его волк, а он не понимает. Только одно твердит: "Что такое? что такое?.."

- А я вот покажу тебе, что такое... мммеррррза-вец! - остервенился волк.

- Дяденька! я в лес гулять не хочу! я к маме хочу! не буду я, дяденька, не буду! - вдруг догадался ягненочек и не то заблеял, не то зарыдал, - ах, пастушок, пастушок! ах, собачки! собачки!

Остановился волк и прислушивается. Много он на своем веку овец перерезал, и все они какие-то равнодушные были. Не успеет ее волк ухватить, а она уж и глаза зажмурила, лежит, не шелохнется, словно натуральную повинность исправляет. А вот и малыш - а поди как плачет: хочется ему жить! Ах, видно, и всем эта распостылая жизнь сладка! Вот и он, волк, - стар-стар, а все бы годков еще с сотенку пожил!

И припомнились ему тут слова Топтыгина: "На твоем бы месте я не жизнь, а смерть за благо для себя почитал..." Отчего так? Почему для всех других земных тварей жизнь - благо, а для него она - проклятие и позор?

И, не дождавшись ответа, выпустил из пасти ягненка, а сам побрел, опустив хвост, в логово, чтобы там на досуге умом раскинуть.

Но ничего ему этот ум не выяснил, кроме того, что он уж давно знал, а именно: что никак ему, волку, иначе прожить нельзя, как убийством и разбоем.

Лег он плашмя на землю и никак улежать не может. Ум - одно говорит, а нутро - чем-то другим загорается. Недуги, что ли, его ослабили, старость ли в разор разорила, голод ли измучил, только не может он прежней власти над собой взять. Так и гремит у него в ушах: "Проклятый! душегуб! живорез!" Что ж в том, что он за собой вольной вины не знает? ведь проклятий-то все-таки не заглушишь! Ох, видно, правду сказал медведь: только и остается, что руки на себя наложить!

Так ведь и тут опять горе: зверь - ведь он даже рук на себя наложить не умеет. Ничего сам собой зверь не может: ни порядка жизни изменить, ни умереть. Живет он словно во сне, и умрет - словно во сне же. Может быть, его псы растерзают или мужик подстрелит; так и тут он только захрапит да корчей его на мгновенье сведет - и дух вон. А откуда и как пришла смерть - он и не догадается.

Вот разве голодом он себя изведет... Нынче он уж и за зайцами гоняться перестал, только около птиц ходит. Поймает молодую ворону или витютня - только этим и сыт. Так даже и тут прочие витютни хором кричат: "Проклятый! проклятый! проклятый!"

Именно проклятый. Ну, как-таки только затем жить, чтобы убивать и разбойничать? Положим, несправедливо его проклинают, нерезонно: не своей волей он разбойничает, - но как не проклинать! Сколько он зверья на своем веку погубил! сколько баб, мужиков обездолил, на всю жизнь несчастными сделал!

Много лет он в этих мыслях промучился; только одно слово в ушах его и гремело: "Проклятый! проклятый! проклятый!" Да и сам себе он все чаще и чаще повторял: "Именно проклятый! проклятый и есть; душегуб, живорез!" И все-таки, мучимый голодом, шел на добычу, душил, рвал и терзал...

И начал он звать смерть. "Смерть! смерть! хоть бы ты освободила от меня зверей, мужиков и птиц! Хоть бы ты освободила меня от самого себя!" - день и ночь выл он, на небо глядючи. А звери и мужики, слыша его вой, в страхе вопили: "Душегуб! душегуб! душегуб!" Даже небу пожаловаться он не мог без того, чтоб проклятья на него со всех сторон не сыпались.

Наконец смерть сжалилась-таки над ним. Появились в той местности "лукаши"[1] и соседние помещики воспользовались их прибытием, чтоб устроить на волка охоту. Лежит однажды волк в своем логове и слышит - зовут. Он встал и пошел. Видит: впереди путь вехами означен, а сзади и сбоку мужики за ним следят. Но он уже не пытался прорваться, а шел, опустив голову, навстречу смерти...

И вдруг его ударило прямо между глаз.

- Вот она... смерть-избавительница!

Богатырь

В некотором царстве Богатырь родился. Баба-яга его родила, вспоила, вскормила, выхолила, и когда он с коломенскую версту вырос, сама на покой в пустыню ушла, а его пустила на все четыре стороны: "Иди, Богатырь, совершай подвиги!"

Разумеется, прежде всего Богатырь в лес ударился; видит, один дуб стоит - он его с корнем вырвал; видит, другой стоит - он его кулаком пополам перешиб; видит, третий стоит и в нем дупло - залез Богатырь в дупло и заснул.

Застонала мать зеленая дубровушка от храпов его перекатистых; побежали из лесу звери лютые, полетели птицы пернатые; сам леший так испугался, что взял в охапку лешачиху с лешачатами - и был таков.

Пошла слава про Богатыря по всей земле. И свои, и чужие, и други, и супостаты не надивятся на него: свои боятся вообще потому, что ежели не бояться, то каким же образом жить? А, сверх того, и надежда есть: беспременно Богатырь для того в дупло залег, чтоб еще больше во сне сил набраться: "Вот ужо проснется наш Богатырь и нас перед всем миром воспрославит". Чужие, в свой черед, опасаются: "Слышь, мол, какой стон по земле пошел - никак, в "оной" земле Богатырь родился! Как бы он нам звону не задал, когда проснется!"

И все ходят кругом на цыпочках и шепотом повторяют: "Спи, Богатырь, спи!"

И вот прошло сто лет, потом двести, триста и вдруг целая тысяча.

---

[1] "Лукаши" - мужички из Великолуцкого уезда Псковской губернии, которые занимаются изучением привычек и нравов лесных зверей и потом предлагают охотникам свои услуги для облав. (Прим. М. Е. Салтыкова-Щедрина.)

Улита ехала-ехала, да наконец и приехала. Синица хвасталась-хвасталась, да и в самом деле моря не зажгла. Варили-варили мужика, покуда всю сырость из него не выварили: ау, мужик! Всё приделали, всё прикончили, друг дружку обворовали начисто - шабаш! А Богатырь все спит, все незрячими очами из дупла прямо на солнце глядит да перекатистые храпы кругом на сто верст пущает.

Долго глядели супостаты, долго думали: "Могущественна, должно быть, оная страна, в коей боятся Богатыря за то только, что он в дупле спит!"

Однако стали помаленьку умом-разумом раскидывать; начали припоминать, сколько раз насылались на оную страну беды жестокие, и ни разу Богатырь не пришел на выручку людишкам. В таком-то году людишки сами промеж себя звериным обычаем передрались и много народу зря погубили. Горько тужили в ту пору старики, горько взывали: "Приди, Богатырь, рассуди безвременье наше!" А он, вместо того, в дупле проспал. В таком-то году все поля солнцем выжгло да градом выбило: думали, придет Богатырь, мирских людей накормит, а он, вместо того, в дупле просидел. В таком-то году и города и селенья огнем попалило, не стало у людишек ни крова, ни одежи, ни ежева; думали: "Вот придет Богатырь и мирскую нужду исправит" - а он и тут в дупле проспал.

Словом сказать, всю тысячу лет оная страна всеми болями переболела, и ни разу Богатырь ни ухом не повел, ни оком не шевельнул, чтобы узнать, отчего земля кругом стоном стонет.

Что ж это за Богатырь такой?

Многострадальная и долготерпеливая была оная страна и имела веру великую и неослабную. Плакала - и верила; вздыхала и верила. Верила, что когда источник слез и воздыханий иссякнет, то Богатырь улучит минуту и спасет ее. И вот минута наступила, но не та, которую ждали обыватели. Поднялись супостаты и обступили страну, в коей Богатырь в дупле спал. И прямо все пошли на Богатыря. Сперва один к дуплу осторожненько подступил - воняет; другой подошел - тоже воняет. "А ведь Богатырь-то гнилой!" - молвили супостаты и ринулись на страну.

Супостаты были жестоки и неумолимы. Они жгли и рубили все, что попадало навстречу, мстя за тот смешной вековой страх, который внушал им Богатырь. Заметались людишки, видя лихое безвременье, кинулись навстречу супостату - глядят, идти не с чем. И вспомнили тут про Богатыря, и в один голос возопили: "Поспешай, Богатырь, поспешай!"

Тогда совершилось чудо: Богатырь не шелохнулся. Как и тысячу лет тому назад, голова его неподвижно глядела незрячими глазами на солнце, но уже тех храпов могучих не испускала, от которых некогда содрогалась мать зеленая дубровушка.

Подошел в ту пору к Богатырю дурак Иванушка, перешиб дупло кулаком - смотрит, ан у Богатыря гадюки туловище вплоть до самой шеи отъели.

Спи, Богатырь, спи!

Верный Трезор

Служил Трезорка сторожем при лабазе московского 2-й гильдии купца Воротилова и недреманным оком хозяйское добро сторожил. Никогда от конуры не отлучался; даже Живодерки, на которой лабаз стоял, настоящим образом не видал: с утра до вечера так на цепи и скачет, так и заливается! Caveant consules![2]

И премудрый был, никогда на своих не лаял, а все на чужих. Пройдет, бывало, хозяйский кучер овес воровать - Трезорка хвостом машет, думает: "Много ли кучеру нужно!" А случится прохожему по своему делу мимо двора идти - Трезорка еще где заслышит: "Ах, батюшки, воры!"

Видел купец Воротилов Трезоркину услугу и говорил: "Цены этому псу нет!" И ежели случалось в лабаз мимо собачьей конуры проходить, непременно скажет: "Дайте Трезорке помоев!" А Трезорка из кожи от восторга лезет: "Рады стараться, ваше степенство!.. хам-ам! почивайте, ваше степенство, спокойно... хам... ам... ам!"

Однажды даже такой случай был: сам частный пристав к купцу Воротилову на двор пожаловал - так и на него Трезорка воззрился. Такой содом поднял, что и хозяин, и хозяйка, и дети - все выбежали. Думали, грабят; смотрят - ан гость дорогой!

- Вашескородие! милости просим! Цыц, Трезорка! Ты это что, мерзавец? не узнал? а? Вашескородие! водочки! закусить-с.

- Благодарю. Прекраснейший у вас песик, Никанор Семеныч! благонамеренный!

- Такой пес! такой пес! Другому человеку так не понять, как он понимает!

- Собственность, значит, признает; а это, по нынешнему времени, ах как приятно!

---

[2] Пусть консулы будут бдительны! (лат.).

12

И затем, обернувшись к Трезорке, присовокупил:

- Лай, мой друг, лай! Нынче и человек, ежели который с отличной стороны себя зарекомендовать хочет, - и тот по-песьему лаять обязывается!

Три раза Воротилов Трезорку искушал, прежде чем вполне свое имущество доверил ему. Нарядился вором (удивительно, как к нему этот костюм шел!), выбрал ночь потемнее и пошел в амбар воровать. В первый раз корочку хлебца с собой взял, - думал этим его соблазнить, - а Трезорка корочку обнюхал, да как вцепится ему в икру! Во второй раз целую колбасу Трезорке бросил: "Пиль, Трезорушка, пиль!" - а Трезорка ему фалду оторвал. В третий раз взял с собой рублевую бумажку замасленную - думал, на деньги пес пойдет; а Трезорка, не будь прост, такого трезвону поднял, что со всего квартала собаки сбежались: стоят да дивуются, с чего это хозяйский пес на своего хозяина заливается?

Тогда купец Воротилов собрал домочадцев и при всех сказал Трезорке:

- Препоручаю тебе. Трезорка, все мои потроха; и жену, и детей, и имущество - стереги! Принесите Трезорке помоев!

Понял ли Трезорка хозяйскую похвалу, или уж сам собой, в силу собачьей природы, лай из него, словно из пустой бочки, валил - только совсем он с тех пор иссобачился. Одним глазом спит, а другим глядит, не лезет ли кто в подворотню; скакать устанет - ляжет, а цепью все-таки погромыхивает: "Вот он я!" Накормить его позабудут - он даже очень рад: ежели, дескать, каждый-то день пса кормить, так он, чего доброго, в одну неделю разопсеет! Пинками его челядинцы наделят - он и в этом полезное предостережение видит, потому что, ежели пса не бить, он и хозяина, того гляди, позабудет.

- Надо с нами, со псами, сурьезно поступать, - рассуждал он, - и за дело бей, и без дела бей - вперед наука! Тогда только мы, псы, настоящими псами будем!

Одним словом, был пес с принципами и так высоко держал свое знамя, что прочие псы поглядят-поглядят, да и подожмут хвост - куды тебе!

Уж на что Трезорка детей любил, однако и на их искушения не сдавался Подойдут к нему хозяйские дети:

- Пойдем, Трезорушка, с нами гулять!

- Не могу.

- Не смеешь?

- Не то что не смею, а права не имею.

- Пойдем, глупый! мы тебя потихоньку... никто и не увидит!

13

- А совесть?

Подожмет Трезорка хвост и спрячется в конуру, от соблазна подальше.

Сколько раз и воры сговаривались: "Поднесемте Трезорке альбом с видами Замоскворечья"; но он и на это не польстился.

- Не требуется мне никаких видов, - сказал он, - на этом дворе я родился, на нем же и старые кости сложу - каких еще видов нужно! Уйдите до греха!

Одна за Трезоркой слабость была; Кутьку крепко любил, но и то не всегда, а временно.

Кутька на том же дворе жила и тоже была собака добрая, но только без принципов. Полает и перестанет. Поэтому ее на цепи не держали, а жила она больше при хозяйской кухне и около хозяйских детей вертелась. Много она на своем веку сладких кусков съела и никогда с Трезоркой не поделилась; но Трезорка нимало за это на нее не претендовал: на то она и дама, чтобы сладенько поесть! Но когда Кутькино сердце начинало говорить, то она потихоньку взвизгивала и скреблась лапой в кухонную дверь. Заслышав эти тихие всхлипыванья, Трезорка, с своей стороны, поднимал такой неистовый и, так сказать, характерный вой, что хозяин, понимая его значение, сам спешил на выручку своего имущества. Трезорку спускали с цепи и на место его сажали дворника Никиту. А Трезорка с Кутькой, взволнованные, счастливые, убегали к Серпуховским воротам.

В эти дни купец Воротилов делался зол, так что когда Трезорка возвращался утром из экскурсии, то хозяин бил его арапником нещадно. И Трезорка, очевидно, сознавал свою вину, потому что не подбегал к хозяину гоголем, как это делают исполнившие свой долг чиновники, а униженно и поджавши хвост подползал к ногам его; и не выл от боли под ударами арапника, а потихоньку взвизгивал: "Mea culpa! mea maxima culpa!"[3]. В сущности, он был слишком умен, чтобы не понимать, что, поступая таким образом, хозяин упускал из вида некоторые смягчающие обстоятельства; но в то же время, рассуждая логически, он приходил к заключению, что ежели его в таких случаях не бить, то непременно он разопсеет.

Но что было особенно в Трезорке дорого, так это совершенное отсутствие честолюбия. Неизвестно, имел ли он даже понятие о праздниках и о том, что к праздникам купцы имеют обыкновение дарить верных своих слуг. Никаноры ли ("сам" именинник), Анфисы ли ("сама" именинница) на дворе - он, все равно что в будни, на цепи скачет!

---

[3] Мой грех! мой тягчайший грех! (лат.)

- Да замолчи ты, постылый! - крикнет на него Анфиса Карповна, - знаешь ли, какой сегодня день!

- Ничего, пусть лает! - пошутит в ответ Никанор Семеныч, - это он с ангелом поздравляет! Лай, Трезорушка, лай!

Только раз в нем проснулось что-то вроде честолюбия - это когда бодливой хозяйской корове Рохле, по гребованию городского пастуха, колокол на шею привезли. Признаться сказать, позавидовал-таки он, когда эна пошла по двору звонить.

- Вот тебе счастье какое; а за что? - сказал он Рохле с горечью, - только твоей и заслуги, что молока полведра в день из тебя надоят, а по-настоящему, какая же это заслуга! Молоко у тебя даровое, от тебя не зависящее: хорошо тебя кормят - ты много молока даешь; плохо кормят - и молоко перестанешь давать. Копыта об копыто ты не ударишь, чтобы хозяину заслужить, а вот тебя как награждают! А я вот сам от себя, motu proprio [4], день и ночь маюсь, недоем, недосплю, инда осип от беспокойства, - а мне хоть бы гремушку кинули! Вот, дескать, Трезорка, знай, что услугу твою видят!

- А цепь-то? - нашлась Рохля в ответ.

- Цепь?!

Тут только он понял. До тех пор он думал, что цепь есть цепь, а оказалось, что это нечто вроде как масонский знак. Что он, стало быть, награжден уже изначала, награжден еще в то время, когда ничего не заслужил. И что отныне ему следует только об одном мечтать: чтоб старую, проржавленную цепь (он ее однажды уже порвал) сняли и купили бы новую, крепкую.

А купец Воротилов точно подслушал его скромно-честолюбивое вожделение: под самый Трезоркин праздник купил совсем новую, на диво выкованную цепь и сюрпризом приклепал ее к Трезоркину ошейнику. "Лай, Трезорка, лай!"

И залился он тем добродушным, заливистым лаем, каким лают псы, не отделяющие своего собачьего благополучия от неприкосновенности амбара, к которому определила их хозяйская рука.

В общем, Трезорке жилось отлично, хотя, конечно, от времени до времени, не обходилось и без огорчений. В мире псов, точно так же, как и в мире людей, лесть, пронырство и зависть нередко играют роль, вовсе им по праву не принадлежащую. Не раз приходилось и Трезорке испытывать уколы зависти; но он был силен сознанием исполненного долга и ничего не боялся. И это вовсе не было с его стороны самомнением. Напротив, он первый готов был бы уступить честь и место любому новоявленному

---

[4] По собственному побуждению (лат.).

15

барбосу, который доказал бы свое первенство в деле непреоборимости. Нередко он даже с тревогою подумывал о том, кто заступит его место в ту минуту, когда старость или смерть положит предел его нестомчивости... Но увы! во всей громадной стае измельчавших и излаявшихся псов, населявших Живодерку, он, по совести, не находил ни одного, на которого мог бы с уверенностью указать: "Вот мой преемник!" Так что когда интрига задумала во что бы то ни стало уронить Трезорку в мнении купца Воротилова, то она достигла только одного - и притом совершенно для нее нежелательного - результата, а именно: выказала повальное оскудение псовых талантов.

Не раз завистливые барбосы, и в одиночку, и небольшими стайками, собирались во двор купца Воротилова, садились поодаль и вызывали Трезорку на состязание. Поднимался несосветимый собачий стон, который наводил ужас на всех домочадцев, но к которому хозяин дома прислушивался с любопытством, потому что понимал, что близко время, когда и Трезору понадобится подручный. В этом неистовом хоре выдавались голоса недурные; но такого, от которого внезапно заболел бы живот со страху, не было и в помине. Иной барбос выказывал недюжинные способности, но непременно или перелает, или недолает. Во время таких состязаний Трезорка обыкновенно умолкал, как бы давая противникам возможность высказаться, но под конец не выдерживал и к общему стону, каждая нота которого свидетельствовала об искусственном напряжении, присоединял свой собственный свободный и трезвенный лай. Этот лай сразу устранял все сомнения. Заслышав его, кухарка выбегала из стряпущей и ошпаривала коноводов интриги кипятком. А Трезорке приносила помоев.

Тем не менее купец Воротилов был прав, утверждая, что ничто под луною не вечно. Однажды утром воротиловский приказчик, проходя мимо собачьей конуры в амбар, застал Трезорку спящим. Никогда этого с ним не бывало. Спал ли он когда-нибудь - вероятно, спал, - никто этого не знал, и, во всяком случае, никто его спящим не заставал. Разумеется, приказчик не замедлил доложить об этом казусе хозяину.

Купец Воротилов сам вышел к Трезорке, взглянул на него и, видя, что он повинно шевелит хвостом, как бы говоря: "И сам не понимаю, как со мной грех случился!" - без гнева, полным участия голосом, сказал:

- Что, старик, на кухню собрался? Стара стала, слаба стала? Ну, ладно! ты и на кухне службу сослужить можешь.

На первый раз, однако ж, решились ограничиться приисканием Трезорке подручного. Задача была нелегкая; тем не менее, после значительных хлопот, успели-таки отыскать у Калужских ворот некоего Арапку, репутация которого установилась уже довольно прочно.

Я не стану описывать, как Арапка первый признал авторитет Трезорки и беспрекословно ему подчинился, как оба они подружились, как Трезорку, с течением времени, окончательно перевели на кухню и как, несмотря на это, он бегал к Арапке и бескорыстно обучал его приемам подлинного купеческого пса... Скажу только одно: ни досуг, ни обилие сладких кусков, ни близость Кутьки не заставили Трезорку позабыть те вдохновенные минуты, которые он проводил, сидючи на цепи и дрожа от холода в длинные зимние ночи.

Время, однако ж, шло, и Трезорка все больше и больше старелся. На шее у него образовался зоб, который пригибал его голову к земле, так что он с трудом вставал на ноги; глаза почти не видели; уши висели неподвижно; шерсть свалялась и линяла клочьями; аппетит исчез, а постоянно ощущаемый холод заставлял бедного пса жаться к печке.

- Воля ваша, Никанор Семеныч, а Трезорка начал паршиветь, - доложила однажды купцу Воротилову кухарка.

На этот раз, однако, купец Воротилов не сказал ни слова. Тем не менее кухарка не унялась и через неделю опять доложила:

- Как бы дети около Трезорки не испортились... Опаршивел он вовсе.

Но и на этот раз Воротилов промолчал. Тогда кухарка, через два дня, вбежала уже совсем обозленная и объявила, что она ни минуты не останется, ежели Трезорку из кухни не уберут. И так как кухарка мастерски готовила поросенка с кашей, а Воротилов безумно это блюдо любил, то участь Трезоркина была решена.

- Не к тому я Трезорку готовил, - сказал купец Воротилов с чувством, - да, видно, правду пословица говорит: собаке - собачья и смерть... Утопить Трезорку!

И вот вывели Трезорку на двор. Вся челядь высыпала, чтоб посмотреть на предсмертную агонию верного пса; даже хозяйские дети окно обсыпали. Арапка был тут же и, увидев старого учителя, приветливо замахал хвостом. Трезорка от старости еле передвигал ногами и, по-видимому, не понимал; но когда начал приближаться к воротам, то силы оставили его, и надо было его тащить волоком за загривок.

Что затем произошло - об этом история умалчивает, но назад Трезорка уж не возвратился.

А вскоре Арапка и совсем изгнал Трезоркин образ из сердца купца Воротилова.

Ворон-челобитчик

Все сердце у старого ворона изболело. Истребляют вороний род: кому не лень, всякий его бьет. И хоть бы ради прибытка, а то просто ради потехи. Да и само воронье измалодушничалось. О прежнем вещем карканье и в помине нет; осыплют вороны гурьбой березу и кричат зря: "Вот мы где!" Натурально, сейчас - паф! - и десятка или двух в стае как не бывало. Еды прежней, привольной, тоже не стало. Леса кругом повырубили, болота повысушили, зверье угнали - никак честным образом прокормиться нельзя. Стало воронье по огородам, садам, по скотным дворам шнырять. А за это опять - паф! - и опять десятка или двух в стае как не бывало! Хорошо еще, что вороны плодущи, а то кто бы кречету, да ястребу, да беркуту дань платил?

Начнет он, старик, младших собратий увещевать: "Не каркайте зря! не летайте по чужим огородам!" - да только один ответ слышит: "Ничего ты, старый хрен, в новых делах не смыслишь! нельзя, по нынешнему времени, не воровать. И в науке так сказано: коли нечего тебе есть, так изворачивайся. И все так нынче живут: дела не делают, а изворачиваются. Пропадать, что ли, нам! Мы еще где до свету встанем, снимемся с гнезд и весь лес обшарим - везде хоть шаром покати. Ни ягоды лесной, ни пичуги малой, ни зверя упалого. Даже червь, и тот в землю зарылся".

Слышит старый ворон эти речи и глубокую думу думает. Трудные бывали на его памяти времена. Целыми годами преследовала вороний род бескормица, без числа воронье погибало. Но тогда было правило: есть у тебя когти - рви ими свою грудь, а на чужой кусок не зарься! Однако и тогда уж было приметно, что недолго воронье эту школу выдержит. Смотреть, как другие живут припеваючи, а самому добровольно умирать с голода - от одного этого хоть чье хочешь сердце изноет.

И наука, кстати, на помощь пришла: клюй, что можешь и где можешь! Удастся набить зоб - летай на свободе сытый и веселый; не удастся - виси простреленный на огороде, вместо чучела! На то война.

Когда принес его сюда, едва оперившегося, старый батько из-за тридевять морей, места здесь были вольные. Лес да вода - и глазом не окинешь! В лесу всякой ягоды, всякого зверя, птицы - всего вдоволь; в воде рыба кишмя кишела. Начальником и тогда у них был, как и теперь, ястреб, но тогдашний ястреб и сам по себе был по горло сыт, да и прост был, так прост, что и до сих пор об его простоте анекдоты ходят. Любил, правда, молоденькими воронятами полакомиться, но и тут справедливость наблюдал: сегодня из одного гнезда унесет вороненка, завтра из другого, а ежели видит, что гнездо бедное, упалое, так и безо всего улетит. И подати тогда были не тяжелые: по яйцу с гнезда, да по перу с крыла, да с каждых десяти гнезд по вороненку орлу в презент. Отбыл повинность - и спи на оба уха.

Но чем дальше шло, тем глубже и глубже все изменялось. Облюбовал вольные места человек и начал с того, что пустил в ход топор. Леса поредели, болота стали затягиваться, река обмелела. Сначала по берегу реки появились заимки, потом деревни, села, помещичьи усадьбы. Стук топора гулким эхом раздавался в глубинах лесных, нарушая обычное течение жизни зверей и птиц. Старейшины вороньего племени уже тогда предсказывали, что грозит что-то недоброе, но молодое воронье с веселым карканьем кружилось около человеческих жилищ, словно приветствуя пришельцев. Строгие заветы предков наскучили молодым сердцам; лесные глубины опостылели. Потребовалось новое, диковинное, неизведанное. Вороньё разделилось на партии; начались пререкания, усобицы, рознь...

Одновременно с этими изменениями произошли изменения и в высших орнитологических сферах. Старый ястреб оказался стоящим не на высоте своей задачи. Он мог управлять только при патриархальных порядках, но когда отношения усложнились, когда на каждом шагу в воронье существование врывались новые элементы, административное чутье окончательно его покинуло. Главные начальники называли его старым колпаком; воронье оспаривало его власть и бесцеремонно каркало ему в уши всякую чепуху. Он же, вместо того, чтоб пресечь зло в самом корне, только благосклонно хлопал глазами и шутя говорил: "Вот ужо, придет реформа, узнаете вы, как кузькину мать зовут!" Наконец и ожидаемая реформа пришла. Старика сдали в архив, а прислали вместо него начальником совсем молодого ястреба, да в помощь к нему, в видах пущего контроля, поставили кречета.

Прилетели новые начальники и сказали вороньему племени немилостивое слово. "Я вас к одному знаменателю приведу!" - цыркнул ястреб, а кречет прибавил: "И я тоже". Сказавши это, объявили, что отныне налоги увеличиваются против прежнего втрое, выдали окладные листы и улетели.

Началось окончательное разорение. Воронье роптало: "Налоги установили немилостивые, а новых угодьев не предоставили!" - раздавалось по лесу; но ни ястреб, ни кречет не внимали жалобам воронья и посылали копчиков ловить смутьянов, которые зря пустые речи в народ пущают. Много было тогда гнезд разорено, много вороньего племени в плен уведено и отдано на съедение волкам и лисицам. Думали, что вороньё, испугавшись, на хвосте дани принесет. Но воронье от испуга только металось и жалобно каркало: "Хоть режьте, хоть стреляйте, а даней нам взять неоткуда!"

Так оно и посейчас идет: воронье разоряется, а казна не наполняется. Что и добудет ворона на стороне, и то копчик на пути отнимет. Словом сказать, хуже нельзя. Надумало было воронье новых мест искать и летунов вперед для разведок отправило, но они улететь улетели, а назад не воротились. Может быть, заблудились, может быть, по пути копчики задавили, а может быть, и сами собой с голоду погибли. Да и шутка сказать - с насиженных мест неведомо куда лететь! Нет нынче вольных мест! всюду проник человек! И ему тесно стало. Идет вперед с топором; стонут леса, бегут звери, а он с утра до вечера корчует пни, расчищает пашню, рубит избу, а ночью дрожит в землянке от холода и голода в ожиданье, когда-то вся эта сутолока в порядок придет.

Думал-думал старый ворон и наконец надумал: "Надо лететь всю правду объявить". Только стар он и слаб - долетит ли? Ведь лететь - дорога не близкая. Сначала надо ястребу челом бить, потом кречету, а наконец и к коршуну, который в ту пору вороньим племенем, вроде как начальник края, правил.

У птиц тоже, как и у людей, везде инстанции заведены; везде спросят: "Был ли у ястреба? был ли у кречета?", а ежели не был, так и бунтовщиком, того гляди, прослывешь.

Наконец, однако ж, снялся ранним утром с гнезда и полетел. Видит, сидит ястреб на высокой-высокой сосне, уж сытый, и клюв когтями чистит.

- Здравствуй, старче! - приветствовал его ястреб благодушно, - зачем пожаловал?

- Прилетел я к твоему степенству правду объявить! - горячо закаркал старый ворон, - гибнет вороний род! гибнет! человек его истребляет, дани немилостивые разоряют, копчики донимают... Мрет вороний род, а кои и живы - и тем прокормиться нечем.

- Вот как! А не от нерадивости ли вашей все эти беды на вороний род опрокинулись?

- Сам ты знаешь, что нерадивости в нас нет. С утра до ночи мы шарим и корму доглядываем. Живем в трудах, как честному воронью жить надлежит, только добыть что-нибудь честным образом невозможно стало.

Ястреб на минуту задумался, словно не решался настоящее слово выговорить, но наконец сказал:

- Изворачивайтесь!

Однако решение это не удовлетворило, а только пуще взволновало ворона.

- Знаю я, что нынче все изворотами живут, - горячо ответил он, - да прост на это наш вороний род. Другие миллионы крадут, и все им как с гуся вода, а ворона украдет копейку - ей за это смерть. Подумай, разве это не злодейство: за копейку - смерть. А ты еще учишь: "изворачивайтесь!" Прислан ты к нам начальником, чтоб защищать нас от обид, а явился первым разорителем и угнетателем! Доколе мы будем терпеть? Ведь ежели мы...

Ворон не договорил и испугался: не легко, видно, правду-то объявлять.

Но ястреб, как сказано было выше, был сыт и смотрел на незваного гостя благодушно.

- Знаю, не договаривай, - сказал он, - давно мы эту песню слышим, да покуда бог еще миловал... А ты все-таки на ус себе намотай: прилетел ты ко мне правду объявить, да на первом же слове и запнулся... Все ли ты сказал?

- Всё покамест, - отвечал ворон, продолжая робеть.

- Ну, так я тебе вот что отвечу: правда твоя давно всем известна; не только вам, воронам, а и копчикам, и ястребам, и коршунам. Только не ко двору она в наше время пришлась, а потому, сколько об ней ни объявляй, хоть на всех перекрестках кричи - ничего из этого не выйдет. А когда наступит время, что она сама собою объявится, - этого покуда никто не знает. Понял?

- Понял я одно: что вороньему роду конец пришел! - с горечью ответил ворон.

- Ну, коли не понял, давай разговаривать. Говоришь ты, что человек вас истребляет - но разве можем мы, птицы, против человека идти? Человек порох выдумал - а мы чем на это ответить можем? Выдумал человек порох - и палит в нас, что вздумается, то над нами и делает. Мы все равно, что мужики: со всех сторон в них всяко палят. То железная дорога стрельнет, то машина новая, то неурожай, то побор новый. А они только знай перевертываются. Каким таким манером случилось, что Губошлепов дорогу заполучил, а у них после того по гривне в кошеле убавилось - разве темный человек может это понять? А дело-то простое: Губошлепов порох выдумал, а мужики, ровно черви, только в навозе копаться умеют. А ежели ты червь, так и живи, как червю жить подобает. Червю и вы, воронье, потачки не даете, - вспомни-ка! что если б он на вас гвалт поднял, не вы ли бы первые удивились: "Червь, мол, ползущий, а тоже разговаривает!" Так-то, старче! Кто одолеет, тот и прав. Понял теперь?

- Погибать, значит, надо? Ах, какое жестокое ты слово сказал! - затосковал ворон.

- Жестоко ли мое слово, или не жестоко, не в том суть, а в том, что и

21

я правды от тебя не утаил. Не той правды, которой ты ищешь, а той, которую, по нынешнему времени, всякий в расчет принимать должен. Но будем продолжать разговор. Ты говоришь, что копчики корм у вас на лету отнимают, что я сам, ястреб, ваши гнезда разоряю, что мы не защитники ваши, а разорители. Что ж: вы кормиться хотите - и мы кормиться хотим. Кабы вы были сильнее - вы бы нас ели, а мы сильнее - мы вас едим. Ведь это тоже правда. Ты мне свою правду объявил, а я тебе - свою; только моя правда воочию совершается, а твоя за облаками летает. Понял?

- Погибать! погибать надо! - продолжал твердить старый ворон, почти не сознавая действительного значения ястребовых речей, но инстинктивно чувствуя, что они заключают в себе нечто неслыханно жестокое.

Ястреб оглянул челобитчика с головы до хвоста, и так как был сыт, то захотелось ему пошутить над стариком.

- А хочешь, я тебя съем! - сказал он; но, увидев, что ворон инстинктивно сделал скачок назад, продолжал, - ну тебя ! тощ ты и стар - какая это еда! Ну-тка, распахни-ка жилет!

Ворон распустил крылья и сам удивился: кости да кожа, ни пуху, ни перьев нет - волк голодный, и тот на такую птицу не позарится.

- Вот видишь, каков ты стал. А все оттого, что о правде думаешь. Кабы ты по-вороньи, без думы, жил - такой ли бы ты был! А впрочем, пора и кончить. Жалуешься ты еще, что поборы с вас, воронья, немилостивые берут, - и это правда. Но подумай: с кого же брать? Воробьи, синицы, чижи, зяблики - много ли они могут дать? рябчики, глухари, стрепета, дятлы, кукушки? - эти живут каждый сам по себе, их и днем с огнем не отыщешь. Одно воронье живет обществом, как настоящие мужики, и притом само о себе непрестанно возглашает - что же удивительного, что оно в ревизские сказки попало? А коли попал в ревизские сказки - держись! Если же в последнее время и впрямь сборы тяжелее прежнего стали, то, стало быть, так нужно. Потребностей больше - и сборов больше: это хоть кого хочешь спроси. Так-то вот, старче. Ты правду сказал, и я правду сказал; а чья правда крепче - на это отвечает ваше воронье житье. Ну, а теперь лети восвояси, а я вздремнуть хочу.

Однако ворон не возвратился восвояси, а направил полет к кречету.

"Будь, что будет, - думал он, тяжело взмахивая старческими крыльями, - а я доведу дело до конца! Если и кречет моей правды не примет, то полечу в губернию к самому коршуну, а от правды не отступлюсь!"

Кречет жил в впадине горного ущелья, и доступ к нему был очень труден. У порога его жилища сидел дежурный копчик и принимал просителей. На этот раз дежурным оказался известный всему вороньему роду копчик Иван Иваныч, фаворит кречета (слухи шли даже, что он его побочный сын), который поручал ему самые важные и секретные дела. Это был лихой малый, с виду добродушный, с благосклонными и даже изысканными манерами. Не прочь был и побалагурить, и кутнуть где-нибудь за облачком, и полетать с девушками-чечеточками в горелки, и даже одолженье другу-приятелю сделать; но все это благодушие оставалось при нем лишь до тех пор, покуда он находился вне службы. Как только он приступал к исполнению обязанностей (особливо секретных поручений), то мгновенно преображался. Становился холоден, суров и исполнителен до жестокости. Прикажут ему настичь - он настигнет; прикажут удавить - задавит. Если птица и вдвое больше и сильнее его, он таким кубарем к ней подлетит, что та загодя начинает уж кричать и метаться от тоски. Вообще птицы, которые бывали у него в переделке, при одном имени его трепетали от страха.

- Не проспался, старик? - иронически приветствовал челобитчика Иван Иваныч.

Старый ворон понял, что здесь уже все известно. И у птиц существуют свои лазутчики, через которых не только действия, но и тайные помышления обывателей известны.

- Какой уж у стариков сон! - уклончиво отвечал он.

- Правду объявлять прилетел? - продолжал копчик, - ну, да, впрочем, это твое дело. Доложить?

- Да, уж сделай такую милость.

Иван Иваныч юркнул в впадину и около часа там оставался. Ворон, с замиранием сердца, ждал его появления. Наконец он показался.

- Велено тебе сказать, - молвил он, - что растабарывать с тобой некогда. Правда твоя искони всем известна, да, стало быть, есть в ней порок, ежели она сама собой не проявляется. Беспокойный у тебя нрав, пустые ты речи в народ пущаешь. Давно бы за это съесть тебя надо, да, слышь, стар ты, худ и немощен. К начальнику края, чай, теперь полетишь?

- Нет уж, что уж... - хотел было утаиться ворон.

- Не запирайся! насквозь я тебя вижу! Что же, лети! только как бы тебе очи за твою правду не выклевали. - Смотри, не прогадай! Да ты, поди, и дороги не знаешь; видишь, вон, облако, там, над самым этим облаком, - там и есть.

Несмотря на предсказание копчика, ворон решился довести свое челобитье до конца. Долгим и кружным путем взбирался он, ночуя в покинутых звериных норах и пропитываясь ягодами, изредка попадавшимися на отрогах гор. Наконец он врезался в облако, и перед глазами его предстало волшебное зрелище.

Несколько смежных горных вершин, покрытых снегом, пламенели в лучах восходящего солнца. Издали казался точно сказочный замок, у подножия которого застыли облака, а наверху, вместо крыши, расстилалась бесконечная небесная лазурь.

Коршун сидел на скале, окруженный целой массой разнообразнейших птиц. По правую сторону его сидел белый кречет, помощник его и советник; у ног кувыркались всех сортов чиновники особых поручений: попугаи, ученые снегири и чижи; сзади хор скворцов докладывал утреннюю почту; в сторонке, на отдельной вершине, дремали совы, филины и нетопыри, образуя из себя нечто вроде губернского совета; вороны во множестве мелькали вдали, с перьями за ушами, строчили указы, предписания и донесения и кричали: "С пылу, с жару! по пятачку за пару!"

Коршун был ветхий старик и от старости едва-едва скрипел клювом. В ту минуту, когда у ног его опустился ворон, он только что пообедал и в полудремоте, смежив очи, покачивал головой, несмотря на оглушающий говор и шум. Однако появление челобитчика произвело среди птиц некоторый переполох, благодаря которому коршун встрепенулся.

- С просьбицей, старче? - спросил он ворона ласково.

- Прилетел я из-за тридевяти земель правду твоему великостепенству объявить! - начал ворон восторженно, но тут же был остановлен кречетом.

- Не разводи риторики! - холодно прервал его последний, - докладывай дело без украшений, ясно, просто, по пунктам. Что тебе надобно?

Начал ворон по пунктам свое челобитье излагать: человек вороний род истребляет, копчики, ястреба, кречета донимают, сборы немилостивые разоряют... И каждый раз, как кончит он один пункт, коршун поскрипит клювом и молвит:

- Правда твоя, старче!

Сердце играло в груди старого ворона при этих подтверждениях. "Наконец-то! - думалось ему, - увижу я эту правду, по которой сызмлада тоскую! Послужу своему племени, поревную за него!" И чем дальше лилось его слово, тем горячее и горячее оно звучало. Наконец он высказал все, что у него было на душе, и замолк.

- Все ли ты сказал? - спросил его коршун.

- Все, - ответил ворон.

- У ястреба, у кречета челом бил?

- Бил и у них.

Он кратко изложил свой разговор с ястребом, а также свое неудавшееся свидание с кречетом.

- Так вот что я тебе на твою правду скажу, - молвил коршун, - больше двухсот лет я сижу на этом утесе и хоть бочком да на солнце смотрю... Но правде и до сих пор ни разу взглянуть в лицо не мог.

24

- Но почему же? - в недоумении каркнул ворон.

- А потому, что вместить ее птице не под силу. Ежели кто об себе думает, что он правду вместил, тот и выполнить ее должен; а мы, стало быть, не можем выполнить - оттого и смотрим на нее исподлобья. Думается: "Авось-либо она мимо пройдет!"

Коршун на минуту задумался и продолжал: - Жестокое тебе слово ястреб сказал, но правильное. Хороша правда, да не во всякое время и не на всяком месте ее слушать пригоже. Иных она в соблазн ввести может, другим - вроде укоризны покажется. Иной и рад бы правде послужить, да как к ней с пустыми руками приступиться! Правда не ворона - за хвост ее не ухватишь. Посмотри кругом - везде рознь, везде свара; никто не может настоящим образом определить, куда и зачем он идет... Оттого каждый и ссылается на свою личную правду. Но придет время, когда всякому дыханию сделаются ясными пределы, в которых жизнь его совершаться должна, - тогда сами собой исчезнут распри, а вместе с ними рассеются как дым и все мелкие "личные правды". Объявится настоящая, единая и для всех обязательная Правда; придет и весь мир осияет. И будем мы жить все вкупе и влюбе. Так-то, старик! А покуда лети с миром и объяви вороньему роду, что я на него, как на каменную гору, надеюсь.

Вяленая вобла

Воблу поймали, вычистили внутренности (только молоки для приплоду оставили) и вывесили на веревочке на солнце: пускай провялится. Повисела вобла денек-другой, а на третий у ней и кожа на брюхе сморщилась, и голова подсохла, и мозг, какой в голове был, выветрился, дряблый сделался.

И стала вобла жить да поживать[5].

- Как это хорошо, - говорила вяленая вобла, - что со мной эту процедуру проделали! Теперь у меня ни лишних мыслей, ни лишних чувств, ни лишней совести - ничего такого не будет! Все у меня лишнее выветрили, вычистили и вывялили, и буду я свою линию полегоньку да потихоньку вести!

---

[5] Я знаю, что в натуре этого не бывает, но так как из сказки слова не выкинешь, то, видно, быть этому делу так (прим.авт.).

Что бывают на свете лишние мысли, лишняя совесть, лишние чувства - об этом, еще живучи на воле, вобла слышала. И никогда, признаться, не завидовала тем, которые такими излишками обладали. От рождения она была вобла степенная, не в свое дело носа не совала, за "лишним" не гналась, в эмпиреях не витала и неблагонадежных компаний удалялась. Еще где, бывало, заслышит, что пискари об конституциях болтают - сейчас налево кругом и под лопух схоронится. Однако же, и за всем тем, не без страху жила, потому что не ровен час, вдруг... "Мудреное нынче время! - думала она, - такое мудреное, что и невинный за виноватого как раз сойдет! Начнут, это, шарить, а ты _около_ где-нибудь спряталась, - ан и _около_ пошарят! Где была? по какому случаю? каким манером? - господи, спаси и помилуй!" Стало быть, можете себе представить, как она была рада, когда ее изловили и все мысли и чувства у ней выхолостили! "Теперь милости просим! - торжествовала она, - когда угодно и кто угодно приходи! теперь у меня все доказательства налицо!"

Что именно разумела вяленая вобла под названием "лишних" мыслей и чувств - неизвестно, но что, действительно, на наших глазах много лишнего завелось - с этим и я не согласиться не могу. Сущности этого лишнего никто еще не называл по имени, но всякий смутно чувствует, что куда ни обернись - везде какой-то привесок выглядывает. И хоть ты что хочешь, а надобно этот привесок или в расчет принять, или так его обойти, чтобы он и не подумал, что его надувают. Все это порождает тьму новых забот, осложнений и беспокойств вообще. Хочется, по-старинному, прямиком пройти, ан прямик буреломом завалило, промоинами исковеркало - ну, и ступай за семь верст киселя есть. Всякий партикулярный человек нынче эту тягость уж сознает, а какое для начальства от того отягощение - этого ни в сказке сказать, ни пером описать. Штаты-то старинные, а дела-то новые; да и в штатах-то в самых уж привески завелись. Прежде у чиновника-то чугунная поясница была: как сел на место в десять часов утра, так и не встает до четырех - все служит! А нынче придет он в час, уж позавтракавши; час папироску курит, час куплеты напевает, а остальное время - так около столов колобродит. И тайны канцелярской совсем не держит. Начнет одно дело перелистывать: "Посмотрите, какой курьез!" - за другое возьмется: "Глядите! ведь это - отдай все, да и мало!" Наберет курьезов с три короба да к Палкину обедать. А как ты удержишься, чтобы курьезом стен Палкина трактира не огласить! - Да ежели, я вам доложу, за каждую канцелярскую нескромность будет каторга обещана, так и тогда от нескромностей не уйти!

Спрашивается: с кем же тут начальству подняться! У всех есть пособники, а у него нет; у всех есть укрыватели, а у него нет! Как тут остановить наплыв "лишнего" в партикулярном мире, когда в своей собственной цитадели, куда ни вскинь глазами, - везде лишнее да неподлежащее так и хлещет через край!

Трудно, ах, как трудно среди этой массы привесков жить! приходится всю дорогу ощупью идти. Думаешь, что настоящее место нашарил, а оказывается, что шарил "около". Бесполезно, бесплодно, жестоко, срамно. Положим, что невелика беда, что невиноватый за виноватого сошел – много их, невиноватых-то этих! сегодня он не виноват, а завтра кто ж его знает? - да вот в чем настоящая беда: подлинного-то виноватого все-таки нет! Стало быть, и опять нащупывать надо, и опять - мимо! В том все время и проходит. Понятно, что даже самые умудренные партикулярные люди (те, которые сальных свечей не едят и стеклом не утираются) - и те стали в тупик! И так как на ежа голым телом никому неохота садиться, то всякий и вопиет: "Господи! пронеси!"

Нет, как хотите, а надо когда-нибудь эти привески счесть, да и присмотреться к ним. Узнать: откуда они пришли? зачем? куда пролезть хотят? Не все же нахалом вперед лезут - иное что и полезное сыщется.

Очень, впрочем, возможно, что вобле эти вопросы и на ум совсем не приходили. Однако повторяю: и она, вместе с прочими, чувствовала, что или от привесков, или по поводу привесков - ей всячески мат. И только тогда, когда ее на солнце хорошенько провялило и выветрило, когда она убедилась, что внутри у нее ничего, кроме молок, не осталось, - только тогда она ободрилась и сказала себе: "Ну, теперь мне на все наплевать!"

И точно: теперь она, даже против прежнего, сделалась солиднее и благонадежнее. Мысли у ней - резонные, чувства - никого не задевающие, совести - на медный пятак. Сидит себе с краю и говорит, как пишет. Нищий к ней подойдет - она оглянется, коли есть посторонние - сунет нищему в руку грошик; коли нет никого - кивнет головой: бог подаст! Встретится с кем-нибудь - непременно в разговор вступит; откровенно мнение свое выскажет и всех основательностью восхитит. Не-рвется, не мечется, не протестует, не клянет, а резонно об резонных делах калякает. О том, что тише едешь, дальше будешь, что маленькая рыбка лучше, чем большой таракан, что поспешишь - людей насмешишь и т.п. А всего больше о том, что уши выше лба не растут.

- Ах, воблушка! как ты скучно на бобах разводишь! точно тебя тошнит! - воскликнет собеседник, ежели он из свеженьких.

- И всем скучно сначала, - стыдливо ответит воблушка. - Сначала - скучно, а потом - хорошо. Вот как поживешь на свете, да пошарят _около_ тебя вдоволь - тогда и об воблушке вспомнишь, скажешь: "Спасибо, что уму-разуму учила!"

Да нельзя и не сказать спасибо, потому что, ежели по правде рассудить, так именно только одна воблушка в настоящую центру попала. Бывают такие обстановочки, когда подлинного ума-разума и слыхом не слыхать, а есть только воблушкин ум-разум[6]. Люди ходят, как сонные, ни к чему приступиться не умеют, ничему не радуются, ничем не печалятся. И вдруг в ушах раздается успокоительно-соблазнительный шепот: "Потихоньку да полегоньку,

двух смертей не бывает, одной не миновать..." Это она, это воблушка шепчет! Спасибо тебе, воблушка! правду ты молвила: двух смертей не бывает, а одна искони за плечами ходит!

Не явись на выручку воблушка, одно бы осталось - пропасть. Но она не только на убежище указала, а целую цитадель создала. Да не такую цитадель, в которой сидят озорники да курьезы подыскивают, а заправскую цитадель, при взгляде на которую и мысли о брешах никому не придет! Вот уж там-то все шито да крыто, там-то уж ни о каких привесках и слыхом не слыхать! Есть захотелось - ешь! спать вздумалось - спи! Ходи, сиди, калякай! К этому-то и привесить-то ничего нельзя. Будь счастлив - только и всего.

И сам будешь счастлив, и те, которые около тебя, - все будете счастливы! Ты никого не тронешь, и тебя никто не тронет. Спите, други, почивайте! И нашаривать около вас не для чего, потому что везде путь торный и все двери настежь. "Вперед без страха и сомненья!"[7], или, говоря другими словами, шествуй в надлежащее место!

- И откуда у тебя, воблушка, такая ума палата? - спрашивают ее благодарные пискари, которые, по милости ее советов, неискалеченными остались.

- От рожденья бог меня разумом наградил, - скромно отвечает воблушка, - а сверх того, и во время вяленья мозг у меня в голове выветрился... С тех пор и начала я умом раскидывать...

И действительно: покуда наивные люди в эмпиреях витают, а злецы ядом передовых статей жизнь отравляют, воблушка только умом раскидывает и тем пользу приносит. Никакие клеветы, никакое человеконенавистничество, никакие змеиные передовые статьи не действуют так воспитательно, как действует скромный воблушкин пример. "Уши выше лба не растут!" - ведь это то самое, о чем древние римляне говорили: "Respice finem!"[8]. Только более нам ко двору.

---

[6] Советы вяленой воблы иносказательно отражают упадок общественного сознания в обстановке политической реакции 80-х годов, когда "широкий простор для применений" получила "теория малых дел" ("воблушкина доктрина")

[7] Начальная строка стихотворения А.Н.Плещеева, ставшая студенческой песней, иронически используется Салтыковым-Щедриным.

[8] Подумай о последствиях! (лат.), крылатое выражение античности; полный текст афоризма: "Quidquid agis, prudenter agis et respice finem" ("Что бы ты ни делал, делай разумно и обдумывай результат").

Хороша клевета, а человеконенавистничество еще того лучше, но они так сильно в нос бьют, что не всякий простец вместить их может. Все кажется, что одна половина тут наподлена, а другая - налгана. А главное, конца краю не видать. Слушаешь или читаешь и все думаешь: "Ловко-то ловко, да что же дальше?" - а дальше опять клевета, опять яд... Вот это-то и смущает. То ли дело скромная воблушкина резонность? "Ты никого не тронь - и тебя никто не тронет!" - ведь это целая поэма! Тускленька, правда, эта пресловутая резонность, но посмотрите, как цепко она человека нащупывает, как аккуратно его обшлифовывает! Сначала клевета поизмучает, потом хлевный яд одурманит, и когда процесс мучительства завершит свой цикл, когда человек почувствует, что нет во всем его организме места, которое бы не ныло, а в душе нет иного ощущения, кроме безграничной тоски, - вот тогда и выступает воблушка с своими скромными афоризмами. Она бесшумно подкрадывается к искалеченному и безболезненно додурманивает его. И, приведя его к стене, говорит: "Вон сколько каракуль там написано; всю жизнь разбирай - всего не разберешь!"

Смотри на эти каракули, и ежели есть охота - доискивайся их смысла. Тут все в одно место скучено: и заветы прошлого, и яд настоящего, и загадки будущего. И над всем лег густой слой всякого рода грязи, погадок, вешних потоков и следов непогод. А ежели разбираться в каракулях охоты нет, то тем еще лучше. Верь на слово, что суть этих каракуль может быть выражена в немногих словах: выше лба уши не растут. И затем - живи.

Все это отлично поняла вяленая вобла, или, лучше сказать, не сама она поняла, а принес ей это понимание тот процесс вяления, сквозь который она прошла. А впоследствии время и обстоятельства усыновили ее и дали широкий простор для применений.

Все поприща поочередно открывались перед ней, и на всяком она службу сослужила. Везде она свое слово сказала, слово пустомысленное, бросовое, но именно как раз такое, что, по обстоятельствам, лучше не надо.

Затесавшись в ряды бюрократии, она паче всего на канцелярской тайне да на округлении периодов настаивала. "Главное, - твердила она, - чтоб никто ничего не знал, никто ничего не подозревал, никто ничего не понимал, чтоб все ходили, как пьяные!" И всем, действительно, сделалось ясно, что именно это и надо. Что же касается до округления периодов, то воблушка резонно утверждала, что без этого никак следы замести нельзя. На свете существует множество всяких слов, но самые опасные из них - это слова прямые, настоящие. Никогда не нужно настоящих слов говорить, потому что из-за чих изъяны выглядывают. А ты пустопорожнее слово возьми и начинай им кружить. И кружи, и кружи; и с одной стороны загляни, и с другой забеги; умей "к сожалению, сознаться" и в то же время не ослабеваючи уповай; сошлись на дух времени, но не упускай из вида и разнузданности страстей. Тогда изъяны стушуются сами собой, а останется одна воблушкина правда. Та вожделенная правда, которая помогает нынешний день пережить, а об завтрашнем - не загадывать.

Забралась вяленая вобла в ряды "излюбленных"[9] - и тут службу сослужила. Поначалу излюбленные довольно-таки гордо себя повели: "Мы-ста, да вы-ста... повергнуть наши умные мысли к стопам!" Только и слов. А воблушка сидит себе скромненько в углу и думает про себя: "Моя речь еще впереди". И действительно: раз повергли, в другой - повергли, в третий - опять было повергнуть собрались, да концов с концами свести не могут. Один кричит: "Мало!", другой перекрикивает: "Много!", а третий прямо бунт объявляет: "Едем, братцы, прямо..." - так вас и пустили! Вот тут-то воблушка и оказала себя. Выждала минутку, когда у всех в горле пересохло, и говорит: "Повергать, говорит, мы тогда можем, коли нас спрашивают, а ежели нас не спрашивают, то должны мы сидеть смирно и получать присвоенное содержание". - "Как так? почему?" - "А потому, говорит, что так исстари заведено: коли спрашивают - повергай! а не спрашивают - сиди и памятуй, что выше лба уши не растут!" И вдруг от этих простых воблушкиных слов у всех словно пелена с глаз упала. И стали излюбленные люди хвалить воблушку и дивиться ее уму-разуму.

- Откуда у тебя такая ума палата взялась? - обступили ее со всех сторон, - ведь кабы не ты, мы, наверное бы, с Макаром, телят не гоняющим, познакомились!

А воблушка скромно радовалась своему подвигу и объясняла:

- Оттого я так умна, что своевременно меня провялили. С тех пор меня точно свет осиял: ни лишних чувств, ни лишних мыслей, ни лишней совести - ничего во мне нет. Об одном всечасно и себе, и другим твержу: не растут уши выше лба! не растут!

- Правильно! - согласились излюбленные люди и тут же раз навсегда постановили: - Коли спрашивают - повергать! а не спрашивают - сидеть и получать присвоенное содержание...

Каковое правило соблюдается и доныне.

Пробовала вяленая вобла и заблуждения человеческие судить - и тоже хорошо у ней вышло. Тут она наглядным образом доказала, что ежели лишние мысли и лишние чувства без нужды осложняют жизнь, то лишняя совесть и тем паче не ко двору. Лишняя совесть наполняет сердца робостью, останавливает руку, которая готова камень бросить, шепчет судье: "Проверь самого себя!" А ежели у кого совесть, вместе с прочей требухой, из нутра вычистили, у того робости и в заводе нет, а зато камней

---

[9] В обычном праве - выбранные на общественную должность.

- полна пазуха. Смотрит себе вяленая вобла, не сморгнувши, на заблуждения человеческие, и знай себе камешками пошвыривает. Каждое заблуждение у ней под номером значится и против каждого камешек припасен - тоже под номером. Остается только нелицеприятную бухгалтерию вести. Око за око, номер за номер. Ежели следует искалечить полностью - полностью искалечь: сам виноват! Ежели следует искалечить в частности - искалечь частицу: вперед наука! И так она этою своею резонностью всем понравилась, что скоро про совесть никто и вспомнить без смеха не мог...

Но больше всего была богата последствиями добровольческая воблушкина деятельность по распространению здравых мыслей в обществе. С утра до вечера неуставаючи ходила она по градам и весям и все одну песню пела: "Не расти ушам выше лба! не расти!" И не то чтоб с азартом пела, а солидно, рассудительно, так что и рассердиться на нее было не за что. Разве что вгорячах кто крикнет: "Ишь, паскуда, распелась!" - ну, да ведь в деле распространения здравых мыслей без того нельзя, чтоб кто-нибудь паскудой не обругал...

Вяленая вобла, впрочем, не смущалась этими напутствиями. Она не без основания говорила себе: "Пускай сначала к голосу моему привыкнут, а затем я своего уж добьюсь..."

Надо сказать правду: общество, к которому обращались поучения воблы, не представляло особенной устойчивости. Были в нем и убежденные люди, но более преобладал пестрый человек[10]. Это, положим, и везде так бывает, но в других местах для убежденных людей выдаются изрядные светлые промежутки, а тут они - коротенькие. Извольте-ка в одночасье всю эту массу пестрых людей на правую стезю поставить, извольте добиться, чтоб они усвоили себе представление о своем праве на жизнь, да не машинально только усвоили, а с тем, чтобы, в случае надобности, и защитить это право умели. Утвердительно можно сказать, что это задача мучительная. А между тем сколько, во имя ее, погубляется жизней, сколько проливается поту и крови, сколько передумывается скорбных и тяжелых дум! И ежели в результате этих усилий блеснет одна-единственная минута радости (вдобавок, мнимой), то это уже

---

[10] В ноябре 1884 года в "Вестнике Европы" (впервые после закрытия "Отечественных записок") Салтыков-Щедрин начинает печатать "Пестрые письма". В IX письме он дал следующую характеристику "пестрым людям": "Общий признак, по которому можно отличать пестрых людей, состоит в том, что они совесть свою до дыр износили... Всем они в течение своей жизни были: и поборниками ежовой рукавицы, и либералами, и западниками, и народниками, даже "сицилистами", как теперь говорят" (М.Е.Салтыков-Щедрин. Собр. соч. в 20-ти томах, т.16, кн.I, с.376).

награда, которая считается достаточною, чтобы оправдать целые годы последующих отрав...

А кроме того, и время стояло смутное, неверное и жестокое. Убежденные люди надрывались, мучались, метались, вопрошали и, вместо ответа, видели перед собой запертую дверь. Пестрые люди следили в недоумении за их потугами и в то же время нюхали в воздухе, чем пахнет. Пахло не хорошо; ощущалось присутствие железного кольца, которое с каждым днем все больше и больше стягивалось. "Кто-то нас выручит? кто-то подходящее слово скажет?" - ежмгновенно тосковали пестрые люди и были рады-радехоньки, когда в ушах их раздались отрезвляющие звуки.

Наступает короткий период задумчивости: пестрые люди уже решились, но еще стыдятся Затем пестрая масса начинает мало-помалу волноваться. Больше, больше, и вдруг вопль: "Не растут уши выше лба! не растут!"

Общество отрезвилось. Это зрелище поголовного освобождения от лишних мыслей, лишних чувств и лишней совести до такой степени умилительно, что даже клеветники и человеконенавистники на время умолкают. Они вынуждены сознаться, что простая вобла, с провяленными молоками и выветрившимся мозгом, совершила такие чудеса консерватизма, о которых они и гадать не смели. Одно утешает их: что эти подвиги подъяты воблой под прикрытием их человеконенавистнических воплей. И если б они не взывали к посредничеству ежовых рукавиц, если б не угрожали согнутием в бараний рог - могла ли бы вобла с успехом вести свою мирно-возродительную пропаганду? Не заклевали бы ее? не насмеялись ли бы над нею? И, наконец, не перспектива ли скорпионов и ран, ежеминутно ими, клеветниками, показываемая, повлияла на решение пестрых людей?

Некоторые из клеветников даже устраивали на всякий случай лазейку. Хвалить хвалили, но камень за пазухой все-таки приберегали. "Прекрасно, - говорили они, - мы с удовольствием допускаем, что общество отрезвилось, что химера упразднена, а на место ее вступила в свои права здоровая, неподкрашенная жизнь. Но надолго ли? но прочно ли наше отрезвление - вот вопрос. В этом смысле мирный характер, который ознаменовал процесс нашего возрождения, наводит на очень серьезные мысли. До сих пор мы знали, что заблуждения не так-то легко полагают оружие даже перед очевидностью совершившихся фактов, а тут вдруг, нежданно-негаданно, благодаря авторитету пословицы, - положим, благонамеренной и освященной вековым опытом, но все-таки не более как пословицы, - является радикальное и повсеместное отрезвление! Полно, так ли это? искренно ли состоявшееся на наших глазах обращение?

32

не представляет ли оно искусного компромисса или временного modus vivendi[11], допущенного для отвода глаз? И нет ли в самых приемах, которыми сопровождалось возрождение, признаков того легковесного либерализма, который, избегая такие испытанные средства, как ежовые рукавицы, мечтает кроткими мерами разогнать тяготеющую над нами хмару? Не забывается ли при этом слишком легко, что общество наше есть не что иное, как разношерстный и бесхарактерный агломерат всевозможных веяний и наслоений и что с успехом действовать на этот агломерат можно лишь тогда, когда разнообразные элементы, его составляющие, предварительно приведены к одному знаменателю?"

Как бы то ни было, но настоящий, здоровый тон был найден. Сперва его в салонах усвоили; потом он в трактиры проник, потом... Дамочки радовались и говорили: "Теперь у нас балы начнутся". Гостинодворцы развертывали материи и ожидали оживления промышленности.

Оставалось одно: отыскать настоящее, здоровое "дело", к которому можно было бы "здоровый" тон применить.

Однако тут совершилось нечто необыкновенное. Оказалось, что до сих пор у всех на уме были только ежовые рукавицы, а об деле так мало думали, что никто даже по имени не мог его назвать. Все говорят охотно: "Надо дело делать", но какое - не знают. А вобла похаживает между тем среди возрожденной толпы и самодовольно выкрикивает: "Не растут уши выше лба! не растут!"

- Помилуй, воблушка! да ведь это только "тон", а не "дело", - возражают ей, - дело-то какое нам предстоит, скажи!

Но она заладила одно и ни пяди уступить не согласна! Так ни от кого насчет дела ничего и не узнали.

Но, кроме того, тут же сбоку выскочил и другой вопрос: а что, если настоящее дело наконец и откроется - кто же его делать-то будет?

- Вы, Иван Иваныч, будете дело делать?

- Где мне, Иван Никифорыч! Моя изба с краю... вот разве вы...[12]

- Что вы! что вы! да разве я об двух головах! ведь я, батюшка, не забыл...

И таким образом все. У одного - изба с краю, другой - не об двух головах, третий - чего-то не забыл... все глядят, как бы в подворотню проскочить, у всех сердце не на месте и руки - как плети...

"Уши выше лба не растут!" - хорошо это сказано, сильно, а дальше

---

[11] Сосуществования (лат.).

[12] Для Салтыкова-Щедрина свойственно использовать литературные типы других писателей (лермонтовского Печорина, персонажей "Горя от ума" Грибоедова, героев Фонвизина, Тургенева, в данном случае гоголевских персонажей "Повести о том, как поссорился Иван Иванович с Иваном Никифоровичем").

что? На стене каракули-то читать? - положим, и это хорошо, а дальше что? Не шевельнуться, не пикнуть, носа не совать, не рассуждать? - прекрасно и это, а дальше что?

И чем старательнее выводились логические последствия, вытекающие из воблушкиной доктрины, тем чаще и чаще становился поперек горла вопрос: "А дальше что?"

Ответить на этот вопрос вызвались клеветники и человеконенавистники.

"Само по себе взятое, - говорили и писали они, - учение, известное под именем доктрины вяленой воблы, не только не заслуживает порицания, но даже может быть названо вполне благонадежным. Но дело не в доктрине и ее положениях, а в тех приемах, которые употреблялись для ее осуществления и насчет которых мы, с самого начала, предостерегали тех, кому ведать о сем надлежит. Приемы эти были положительно негодны, как это уже и оказалось теперь. Они носили на себе клеймо того где паскудного либеральничанья, которое уже столько раз приводило нас на край бездны. Так что ежели мы еще не находимся на дне оной, то именно только благодаря здравому смыслу, искони лежавшему в основании нашей жизни. Пускай же этот здравый смысл и теперь сослужит нам свою обычную службу. Пусть подскажет он всем, серьезно понимающим интересы своего отечества, что единственный целесообразный прием, при помощи которого мы можем прийти к какому-нибудь результату, представляют ежовые рукавицы. Об этом напоминают нам предания прошлого; о том же свидетельствует смута настоящего. Этой смуты не было бы и в помине, если б наши предостережения были своевременно выслушаны и приняты во внимание. "Caveant consules!" [13] - повторяем мы и при этом прибавляем для не знающих по-латыни, что в русском переводе выражение это значит: не зевай!"

Таким образом, оказалось, что хоть и провялили воблу, и внутренности у нее вычистили, и мозг выветрили, а все-таки, в конце концов, ей пришлось распоясываться. Из торжествующей она превратилась в заподозренную, из благонамеренной - в либералку. И в либералку тем более опасную, чем благонадежнее была мысль, составлявшая основание ее пропаганды.

И вот в одно утро совершилось неслыханное злодеяние. Один из самых рьяных клеветников ухватил вяленую воблу под жабры, откусил у нее голову, содрал шкуру и у всех на виду слопал...

Пестрые люди смотрели на это зрелище, плескали руками и вопили:

---

[13] Пусть консулы будут бдительны! (лат.).

"Да здравствуют ежовые рукавицы!" Но История взглянула на дело иначе и втайне положила в сердце своем: "Годиков через сто я непременно все это тисну!"

Гиена

Загляните в любую Зоологию и всмотритесь в изображение гиены. Ее заостренная книзу мордочка не говорит ни о лукавстве, ни о подвохе, ни, тем менее, о жестокости, а представляется даже миловидною.

Это хорошее впечатление она производит благодаря небольшим глазкам, в которых светится благосклонность. У прочих острорылых - глаза чистые, быстрые, блестящие, взор жесткий, плотоядный; у нее - глазки томные, влажные, взор - доброжелательный, приглашающий к доверию. У ксендзов такие умильные глаза бывают, когда они соберутся, ad majorem Dei gloriam [14], в совести у пасомого пошарить. Или вот у чиновников, которым доверено, под величайшим секретом, праздничные наградные списки набело переписать, и они, чтобы всех обнадежить и, в то же время, государственную тайну соблюсти, начинают всем одинаково улыбаться.

Кто бы подумал, что это изображение принадлежит одной из тех гиен, о которых с древних времен сложилась такая нехорошая репутация?!

Древние видели в гиене нечто сверхъестественное и приписывали ей силу волшебных чар. Этот взгляд на гиену, в значительной мере, господствует и поныне между аборигенами тех стран, где привитают эти животные. Судя по рассказам Брэма, местные арабы верят, что человек сходит с ума от употребления мозга гиены и что колдуны пользуются этим, чтобы вредить ненавистным им людям. Мало того: арабы убеждены, что гиены не что иное, как замаскированные волшебники, которые днем являются в виде людей, а ночью принимают образ зверя, на погибель праведных душ.

Очевидно, россказни эти столь же мало правдоподобны, как и та басня, которую я слышал от одной купчихи в Замоскворечье: "Знаю-де я гиену, которая днем в человеческом виде дорогих гостей принимает, а

---

[14] К вящей славе божией (лат.).

чуть смеркнется, берется за перо и начинает - в гиенском образе - "газету писать"..." Какой вздор!

Впрочем, о полосатой гиене Брэм отзывается довольно снисходительно, хотя, разумеется, особенных добродетелей за ней не видит. Но ведь у зверей вообще ни добродетелей, ни пороков не водится, а водятся только свойства. Самый вой полосатой гиены, по свидетельству Брэма, далеко не так противен, как рассказывают, - и нередко он забавлялся, слушая его. Наоборот, вой пятнистой гиены имеет, действительно, характер "какого-то ужасного хохота, который всякой верующей душе, с живым воображением, легко приписать дьяволу и его адской компании". Так что ежели, читая, например, куранты, вы слышите страшный хохот, "который можно приписать дьяволу", то знайте, что он принадлежит пятнистой гиене и что эта разновидность гиены есть самая опасная и ненавистная из всех.

Об этой гиенской особи у Брэма никаких сведений нет, но нужно вообще заметить, что его рассказ о гиенах несколько спутан. И, очевидно, эта спутанность происходит именно оттого, что тип гиены-оборотня как будто ускользнул от него. К счастию, он не ускользнул от той замоскворецкой купчихи, о которой я упомянул выше и которая, положительно, видела такую гиену собственными глазами.

- Посмотреть на нее - милушка! - рассказывала она, - а как начнет она хрюкать да хохотать... хохочет-хохочет, да вдруг как захныкает... Господи, спаси и помилуй!

Тем не менее нет сомнения, что именно эту разновидность имеет Брэм в виду, когда говорит, что гиены обладают отвратительно резким голосом, издают противный запах и при еде поднимают такое кряхтение, крик и хохот, что суеверным людям вполне естественно кажется, будто беснуются все черти ада. Сверх того, эта гиена нападает только на слабых, спящих и беззащитных (а конечно, еще того лучше, коли жертва связана) и, кроме того, нередко заходит днем в дома и уносит маленьких детей. Вообще дети - любимое лакомство гиены-оборотня. Ночью она забирается в жилища мамбуков (одно из кафрских племен), проходит мимо телят, не трогая их, и из-под одеял спящих матерей утаскивает детей.

Изловить живую гиену не особенно трудно, и потому содержатели зверинцев довольно дешево приобретают их и в клетках показывают публике. Заключенная в клетку, гиена по целым часам лежит на боку, как колода, потом вдруг вскочит, смотрит невыразимо глупо, трется об решетку и от времени до времени заливается хохотом, который пронизывает до мозга костей.

За всем тем, по свидетельству того же Брэма, насколько гиена ехидна, настолько она и труслива. Однажды случилось ему заночевать в компании

36

на берегу Голубой реки, как вдруг, вблизи самого костра, появилась гиена и затянула свою раздирающую песню. Однако ж, стоило собравшейся компании, в ответ на эту песню, захохотать, как незваная гостья испугалась и немедленно бежала. В другой раз, в городе Сенааре, возвращаясь в полночь из гостей, Брэм в одной из городских улиц встретил порядочное стадо гиен. Но одного камня, брошенного в них, было достаточно, чтобы разогнать все стадо.

Гиен можно даже приручать. Удовольствия, конечно, это занятие доставить не может, но, в видах подробнейшего исследования нравов этого животного, подобные попытки не бесполезны. Достигается приручение довольно легко: стоит только чаще прибегать к побоям и к купанью в холодной воде. Прирученные таким образом гиены, рассказывает Брэм, завидевши его, вскакивали с радостным воем, начинали вокруг него прыгать, клали передние лапы ему на плечи, обнюхивали лицо, наконец поднимали хвост совсем прямо кверху и высовывали вывороченную кишку на $1^{1/2}$ — 2 дюйма из заднего прохода. Одним словом, человек восторжествовал и тут, как везде; только вот высунутая кишка - это уж лишнее.

А впрочем, видеть радость гиены... это тоже в своем роде...

"Но что же означает вся эта история и с какою целью она написана?" - быть может, спросит меня читатель. - А вот именно затем я ее и рассказал, чтобы наглядным образом показать, что "человеческое" всегда и неизбежно должно восторжествовать над "гиенским".

Иногда нам кажется, что "гиенское" готово весь мир заполонить, что оно и одесную, и ошую распространило криле и вот-вот задушит все живущее. Такие фантасмагории случаются нередко. Кругом раздается дьявольский хохот и визг; из глубины мрака несутся возгласы, призывающие к ненависти, к сваре, к междоусобью. Все живое в безотчетном страхе падает ниц; все душевные отправления застывают под гнетом одной удручающей мысли: изгибло доброе, изгибло прекрасное, изгибло человеческое! Все, словно непроницаемым пологом, навсегда заслонено ненавистническим, клеветническим, гиенским!

Но это - громадное и преступное заблуждение. "Человеческое" никогда окончательно не погибало, но и под пеплом, которым временно засыпало его "гиенское", продолжало гореть.

И впредь оно не погибнет, и не перестанет гореть - никогда! Ибо для того, чтобы оно восторжествовало, необходимо только одно: осветить сердца и умы сознанием, что "гиенство" вовсе не обладает теми волшебными чарами, которые приписывает ему безумный и злой предрассудок. Как только это просветление свершится, не будет надобности и в приручении "гиенства" - зачем? оно все-таки не перестанет смердить, да и возни с приручением много, - а будет оно само собой все дальше и дальше удаляться вглубь, покуда, наконец, море не поглотит его, как древле оно поглотило стадо свиней.

Dixi[15]

Дикий помещик

В некотором царстве, в некотором государстве жил-был помещик, жил и на свет глядючи радовался. Всего у него было довольно: и крестьян, и хлеба, и скота, и земли, и садов. И был тот помещик глупый, читал газету "Весть"[16] и тело имел мягкое, белое и рассыпчатое.

Только и взмолился однажды Богу этот помещик:

- Господи! всем я от тебя доволен, всем награжден! Одно только сердцу моему непереносно: очень уж много развелось в нашем царстве мужика!

Но Бог знал, что помещик тот глупый, и прошению его не внял.

Видит помещик, что мужика с каждым днем не убывает, а все прибывает, - видит и опасается: "А ну, как он у меня все добро приест?"

Заглянет помещик в газету "Весть", как в сем случае поступать должно, и прочитает: "Старайся!"

- Одно только слово написано, - молвит глупый помещик, - а золотое это слово!

И начал он стараться, и не то чтоб как-нибудь, а все по правилу. Курица ли крестьянская в господские овсы забредет - сейчас ее, по правилу, в суп; дровец ли крестьянин нарубить по секрету в господском лесу соберется - сейчас эти самые дрова на господский двор, а с порубщика, по правилу, штраф.

- Больше я нынче этими штрафами на них действую! - говорит помещик соседям своим, - потому что для них это понятнее.

Видят мужики: хоть и глупый у них помещик, а разум ему дан большой. Сократил он их так, что некуда носа высунуть: куда ни глянут - все нельзя, да не позволено, да не ваше! Скотинка на водопой выйдет -

---

[15] Я высказался (лат.).

[16] Весть - политическая и литературная газета (1863-1870), орган реакционно-дворянской оппозиции 60-х годов

помещик кричит: "Моя вода!", курица за околицу выбредет - помещик кричит: "Моя земля!" И земля, и вода, и воздух - все его стало! Лучины не стало мужику в светец зажечь, прута не стало, чем избу вымести. Вот и взмолились крестьяне всем миром к Господу Богу:

- Господи! легче нам пропасть и с детьми с малыми, нежели всю жизнь так маяться!

Услышал милостивый Бог слезную молитву сиротскую, и не стало мужика на всем пространстве владений глупого помещика. Куда девался мужик - никто того не заметил, а только видели люди, как вдруг поднялся мякинный вихрь и, словно туча черная, пронеслись в воздухе посконные мужицкие портки. Вышел помещик на балкон, потянул носом и чует: чистый-пречистый во всех его владениях воздух сделался. Натурально, остался доволен. Думает: "Теперь-то я понежу свое тело белое, тело белое, рыхлое, рассыпчатое!"

И начал он жить да поживать и стал думать, чем бы ему свою душу утешить.

"Заведу, думает, театр у себя! напишу к актеру Садовскому: приезжай, мол, любезный друг! и актерок с собой привози!"

Послушался его актер Садовский: сам приехал и актерок привез. Только видит, что в доме у помещика пусто и ставить театр и занавес поднимать некому.

- Куда же ты крестьян своих девал? - спрашивает Садовский у помещика

- А вот Бог, по молитве моей, все мои владения от мужика очистил!

- Однако, брат, глупый ты помещик! кто же тебе, глупому, умываться подает?

- Да я уж и то сколько дней немытый хожу!

- Стало быть, шампиньоны на лице ростить собрался? - сказал Садовский, и с этим словом и сам уехал, и актерок увез.

Вспомнил помещик, что есть у него поблизости четыре генерала знакомых; думает: "Что это я все гранпасьянс да гранпасьянс раскладываю! Попробую-ко я с генералами впятером пульку-другую сыграть!"

Сказано - сделано: написал приглашения, назначил день и отправил письма по адресу. Генералы были хоть и настоящие, но голодные, а потому очень скоро приехали. Приехали - и не могут надивиться, отчего такой у помещика чистый воздух стал.

- А оттого это, - хвастается помещик, - что Бог, по молитве моей, все владения мои от мужика очистил!

- Ах, как это хорошо! - хвалят помещика генералы, - стало быть, теперь у вас этого холопьего запаху нисколько не будет?

- Нисколько, - отвечает помещик.

Сыграли пульку, сыграли другую; чувствуют генералы, что пришел их час водку пить, приходят в беспокойство, озираются.

- Должно быть, вам, господа генералы, закусить захотелось? - спрашивает помещик.

- Не худо бы, господин помещик!

Встал он из-за стола, подошел к шкапу и вынимает оттуда по леденцу да по печатному прянику на каждого человека.

- Что ж это такое? - спрашивают генералы, вытаращив на него глаза.

- А вот, закусите, чем Бог послал!

- Да нам бы говядинки! говядинки бы нам!

- Ну, говядинки у меня про вас нет, господа генералы, потому что с тех пор, как меня Бог от мужика избавил, и печка на кухне стоит нетоплена!

Рассердились на него генералы, так что даже зубы у них застучали.

- Да ведь жрешь же ты что-нибудь сам-то? - накинулись они на него.

- Сырьем кой-каким питаюсь, да вот пряники еще покуда есть...

- Однако, брат, глупый же ты помещик! - сказали генералы и, не докончив пульки, разбрелись по домам.

Видит помещик, что его уж в другой раз дураком чествуют, и хотел было уж задуматься, но так как в это время на глаза попалась колода карт, то махнул на все рукою и начал раскладывать гранпасьянс.

- Посмотрим, - говорит, - господа либералы, кто кого одолеет! Докажу я вам, что может сделать истинная твердость души!

Раскладывает он "дамский каприз" и думает: "Ежели сряду три раза выйдет, стало быть, надо не взирать". И как назло, сколько раз ни разложит - все у него выходит, все выходит! Не осталось в нем даже сомнения никакого.

- Уж если, - говорит, - сама фортуна указывает, стало быть, надо оставаться твердым до конца. А теперь, покуда, довольно гранпасьянс раскладывать, пойду, позаймусь!

И вот ходит он, ходит по комнатам, потом сядет и посидит. И все думает. Думает, какие он машины из Англии выпишет, чтоб все паром да паром, а холопского духу чтоб нисколько не было. Думает, какой он плодовый сад разведет: "Вот тут будут груши, сливы; вот тут - персики, тут - грецкий орех!" Посмотрит в окошко - ан там все, как он задумал, все точно так уж и есть! Ломятся, по щучьему веленью, под грузом плодов деревья грушевые, персиковые, абрикосовые, а он только знай фрукты машинами собирает да в рот кладет! Думает, каких он коров разведет, что ни кожи, ни мяса, а все одно молоко, все молоко! Думает, какой он клубники насадит, все двойной да тройной, по пяти ягод на фунт, и сколько он этой клубники в Москве продаст. Наконец устанет думать, пойдет к зеркалу посмотреться - ан там уж пыли на вершок насело...

- Сенька! - крикнет он вдруг, забывшись, но потом спохватится и скажет, - ну, пускай себе до поры, до времени так постоит! а уж докажу же я этим либералам, что может сделать твердость души!

Промаячит таким манером, покуда стемнеет, - и спать!

А во сне сны еще веселее, нежели наяву, снятся. Снится ему, что сам губернатор о такой его помещичьей непреклонности узнал и спрашивает у исправника: "Какой такой твердый курицын сын у вас в уезде завелся?" Потом снится, что его за эту самую непреклонность министром сделали, и ходит он в лентах, и пишет циркуляры: "Быть твердым и не взирать!" Потом снится, что он ходит по берегам Евфрата и Тигра... [то есть, согласно библейским сказаниям, в раю]

- Ева, мой друг! - говорит он.

Но вот и сны все пересмотрел: надо вставать.

- Сенька! - опять кричит он, забывшись, но вдруг вспомнит... и поникнет головою.

- Чем бы, однако, заняться? - спрашивает он себя, - хоть бы лешего какого-нибудь нелегкая принесла!

И вот по этому его слову вдруг приезжает сам капитан-исправник. Обрадовался ему глупый помещик несказанно; побежал в шкап, вынул два печатных пряника и думает: "Ну, этот, кажется, останется доволен!"

- Скажите, пожалуйста, господин помещик, каким это чудом все ваши временнообязанные [согласно Положениям 19 февраля, освобожденные от крепостной зависимости крестьяне были обязаны временно, до заключения с помещиком соглашения о выкупе земли, работать на него] вдруг исчезли? - спрашивает исправник.

- А вот так и так, Бог, по молитве моей, все владения мои от мужика совершенно очистил!

- Так-с; а не известно ли вам, господин помещик, кто подати за них платить будет?

- Подати?.. это они! это они сами! это их священнейший долг и обязанность!

- Так-с; а каким манером эту подать с них взыскать можно, коли они, по вашей молитве, по лицу земли рассеяны?

- Уж это... не знаю... я, с своей стороны, платить не согласен!

- А известно ли вам, господин помещик, что казначейство без податей и повинностей, а тем паче без винной и соляной регалий [государственная монополия на продажу, королевское право на получение доходов], существовать не может?

- Я что ж... я готов! рюмку водки... я заплачу!

- Да вы знаете ли, что, по милости вашей, у нас на базаре ни куска мяса, ни фунта хлеба купить нельзя? знаете ли вы, чем это пахнет?

- Помилуйте! я, с своей стороны, готов пожертвовать! вот целых два пряника!

- Глупый же вы, господин помещик! - молвил исправник, повернулся и уехал, не взглянув даже на печатные пряники.

Задумался на этот раз помещик не на шутку. Вот уж третий человек его дураком чествует, третий человек посмотрит-посмотрит на него, плюнет и отойдет. Неужто он в самом деле дурак? неужто та непреклонность, которую он так лелеял в душе своей, в переводе на обыкновенный язык означает только глупость и безумие? и неужто, вследствие одной его непреклонности, остановились и подати, и регалии, и не стало возможности достать на базаре ни фунта муки, ни куска мяса?

И как был он помещик глупый, то сначала даже фыркнул от удовольствия при мысли, какую он штуку сыграл, но потом вспомнил слова исправника: "А знаете ли, чем это пахнет?" - и струсил не на шутку.

Стал он, по обыкновению, ходить взад да вперед по комнатам и все думает: "Чем же это пахнет? уж не пахнет ли водворением каким? например, Чебоксарами? или, быть может, Варнавиным?"

- Хоть бы в Чебоксары, что ли! по крайней мере, убедился бы мир, что значит твердость души! - говорит помещик, а сам по секрету от себя уж думает: "В Чебоксарах-то, я, может быть, мужика бы моего милого увидал!"

Походит помещик, и посидит, и опять походит. К чему ни подойдет, все, кажется, так и говорит: "А глупый ты, господин помещик!" Видит он, бежит чрез комнату мышонок и крадется к картам, которыми он гранпасьянс делал и достаточно уже замаслил, чтоб возбудить ими мышиный аппети

- Кшш... - бросился он на мышонка.

Но мышонок был умный и понимал, что помещик без Сеньки никакого вреда ему сделать не может. Он только хвостом вильнул в ответ на грозное восклицание помещика и чрез мгновение уже выглядывал на него из-под дивана, как будто говоря: "Погоди, глупый помещик! то ли еще будет! я не только карты, а и халат твой съем, как ты его позамаслишь как следует!"

Много ли, мало ли времени прошло, только видит помещик, что в саду у него дорожки репейником поросли, в кустах змеи да гады всякие кишма кишат, а в парке звери дикие воют. Однажды к самой усадьбе подошел медведь, сел на корточках, поглядывает в окошки на помещика и облизывается.

- Сенька! - вскрикнул помещик, но вдруг спохватился... и заплакал.

Однако твердость души все еще не покидала его. Несколько раз он ослабевал, но как только почувствует, что сердце у него начнет растворяться, сейчас бросится к газете "Весть" и в одну минуту ожесточится опять.

- Нет, лучше совсем одичаю, лучше пусть буду с дикими зверьми по лесам скитаться, но да не скажет никто, что российский дворянин, князь Урус-Кучум-Кильдибаев, от принципов отступил!

И вот он одичал. Хоть в это время наступила уже осень и морозцы стояли порядочные, но он не чувствовал даже холода. Весь он, с головы до ног, оброс волосами, словно древний Исав, а ногти у него сделались, как железные. Сморкаться уж он давно перестал, ходил же все больше на четвереньках и даже удивлялся, как он прежде не замечал, что такой способ прогулки есть самый приличный и самый удобный. Утратил даже способность произносить членораздельные звуки и усвоил себе какой-то особенный победный клик, среднее между свистом, шипеньем и рявканьем. Но хвоста еще не приобрел.

Выйдет он в свой парк, в котором он когда-то нежил свое тело рыхлое, белое, рассыпчатое, как кошка, в один миг, взлезет на самую вершину дерева и стережет оттуда. Прибежит, это, заяц, встанет на задние лапки и прислушивается, нет ли откуда опасности, - а он уж тут как тут. Словно стрела соскочит с дерева, вцепится в свою добычу, разорвет ее ногтями, да так со всеми внутренностями, даже со шкурой, и съест.

И сделался он силен ужасно, до того силен, что даже счел себя вправе войти в дружеские сношения с тем самым медведем, который некогда посматривал на него в окошко.

- Хочешь, Михаиле Иваныч, походы вместе на зайцев будем делать? - сказал он медведю.

- Хотеть - отчего не хотеть! - отвечал медведь, - только, брат, ты напрасно мужика этого уничтожил!

- А почему так?

- А потому, что мужика этого есть не в пример способнее было, нежели вашего брата дворянина. И потому скажу тебе прямо: глупый ты помещик, хоть мне и друг!

Между тем капитан-исправник хоть и покровительствовал помещикам, но в виду такого факта, как исчезновение с лица земли мужика, смолчать не посмел. Встревожилось его донесением и губернское начальство, пишет к нему: "А как вы думаете, кто теперь подати будет вносить? кто будет вино по кабакам пить? кто будет невинными занятиями заниматься?" Отвечает капитан-исправник: казначейство-де теперь упразднить следует, а невинные-де занятия и сами собой упразднились, вместо же них распространились в уезде грабежи, разбой и убийства. На днях-де и его, исправника, какой-то медведь не медведь, человек не человек едва не задрал, в каковом человеко-медведе и

43

подозревает он того самого глупого помещика, который всей смуте зачинщик.

Обеспокоились начальники и собрали совет. Решили: мужика изловить и водворить, а глупому помещику, который всей смуте зачинщик, наиделикатнейше внушить, дабы он фанфаронства свои прекратил и поступлению в казначейство податей препятствия не чинил.

Как нарочно, в это время чрез губернский город летел отроившийся рой мужиков и осыпал всю базарную площадь. Сейчас эту благодать обрали, посадили в плетушку и послали в уезд.

И вдруг опять запахло в том уезде мякиной и овчинами; но в то же время на базаре появились и мука, и мясо, и живность всякая, а податей в один день поступило столько, что казначей, увидав такую груду денег, только всплеснул руками от удивления и вскрикнул:

- И откуда вы, шельмы, берете!!

"Что же сделалось, однако, с помещиком?" - спросят меня читатели. На это я могу сказать, что хотя и с большим трудом, но и его изловили. Изловивши, сейчас же высморкали, вымыли и обстригли ногти. Затем капитан-исправник сделал ему надлежащее внушение, отобрал газету "Весть" и, поручив его надзору Сеньки, уехал.

Он жив и доныне. Раскладывает гранпасьянс, тоскует по прежней своей жизни в лесах, умывается лишь по принуждению и по временам мычит.

Добродетели и Пороки

Добродетели с Пороками исстари во вражде были. Пороки жили весело и ловко свои дела обделывали; а Добродетели жили посерее, но зато во всех азбуках и хрестоматиях как пример для подражания приводились. А втихомолку между тем думали: "Вот кабы и нам, подобно Порокам, удалось хорошенькое дельце обделать!" Да, признаться сказать, под шумок и обделывали.

Трудно сказать, с чего у них первоначально распря пошла и кто первый задрал. Кажется, что Добродетели первые начали. Порок-то шустрый был и на выдумки гораздый. Как пошел он, словно конь борзый, пространство ногами забирать, да в парчах, да в шелках по белу свету щеголять - Добродетели-то за ним и не поспели. И не поспевши, -

огорчились. "Ладно, говорят, щеголяй, нахал, в шелках! Мы и в рубище от всех почтены будем!" А Пороки им в ответ: "И будьте почтены с богом!"

Не стерпели Добродетели насмешки и стали Пороки на всех перекрестках костить. Выйдут в рубищах на распутие и пристанут к прохожим: "Не правда ли, господа честные, что мы вам и в рубище милы?" А прохожие в ответ: "Ишь вас, салопниц, сколько развелось! проходите, не задерживайте! бог подаст!"

Пробовали Добродетели и к городовым за содействием обращаться. "Вы чего смотрите? совсем публику распустили! ведь она, того и гляди, по уши в пороках погрязнет!" Но городовые знай себе стоят да Порокам под козырек делают.

Так и остались Добродетели ни при чем, только пригрозили с досады: "Вот погодите! ушлют вас ужо за ваши дела на каторгу!"

А Пороки между тем всё вперед да вперед бегут, да еще и похваляются. "Нашли, говорят, чем стращать - каторгой! Для нас-то еще либо будет каторга, либо нет, а вы с самого рожденья в ней по уши сидите! Ишь, злецы! кости да кожа, а глаза, посмотри, как горят! Щелкают на пирог зубами, а как к нему приступиться - не знают!"

Словом сказать, разгоралась распря с каждым днем больше и больше. Сколько раз даже до открытого боя дело доходило, но и тут фортуна почти всегда Добродетелям изменяла. Одолеют Пороки и закуют Добродетели в кандалы: "Сидите, злоумышленники, смирно!" И сидят, покуда начальство не вступится да на волю не выпустит.

В одну из таких баталий шел мимо Иванушка-Дурачок, остановился и говорит сражающимся:

- Глупые вы, глупые! из-за чего только вы друг друга увечите! ведь первоначально-то вы все одинаково свойствами были, а это уж потом, от безалаберности да от каверзы людской, добродетели да пороки пошли. Одни свойства понажали, другим вольный ход дали - колесики-то в машине и поиспортились. И воцарились на свете смута, свара, скорбь... А вы вот что сделайте: обратитесь к первоначальному источнику - может быть, на чем-нибудь и сойдетесь!

Сказал это и пошел путем-дорогой в казначейство подать вносить.

Подействовали ли на сражающихся Иванушкины слова, или пороху для продолжения битвы недостало, только вложили бойцы мечи в ножны и задумались.

Думали, впрочем, больше Добродетели, потому что у них с голоду животы подвело, а Пороки, как протрубили трубы отбой, так сейчас же по своим прежним канальским делам разбрелись и опять на славу зажили!

- Хорошо ему про "свойства" говорить! - первое молвило Смиренномудрие, - мы и сами не плоше его эти "свойства" знаем! Да вот одни свойства в бархате щеголяют и на золоте едят, а другие в затрапезе ходят да по целым дням не евши сидят. Иванушке-то с пола-горя: он набил мамон мякиной - и прав; а нас ведь на мякине не проведешь - мы знаем, где раки зимуют!

- Да и что за "свойства" такие проявились! - встревожилось Благочиние, - нет ли тут порухи какой? Всегда были Добродетели и были Пороки, сотни тысяч лет это дело ведется и сотни тысяч томов об этом написано, а он на-тко, сразу решил: "свойства"! Нет, ты попробуй, приступись-ка к этим сотням тысяч томов, так и увидишь, какая от них пыль столбом полетит!

Судили, рядили и наконец рассудили: Благочиние правду сказало. Сколько тысяч веков Добродетели числились Добродетелями и Пороки - Пороками! Сколько тысяч книг об этом написано, какая масса бумаги и чернил изведена! Добродетели всегда одесную стояли, Пороки - ошуйю; и вдруг, по дурацкому Иванушкину слову, от всего откажись и назовись какими-то "свойствами"! Ведь это почти то же, что от прав состояния отказаться и "человеком" назваться! Просто-то оно, конечно, просто, да ведь иная простота хуже воровства. Поди-тко спроста-то коснись, ан с первого же шага в такое несметное множество капканов попадешь, что и голову там, пожалуй, оставишь!

Нет, о "свойствах" думать нечего, а вот компромисс какой-нибудь сыскать - или, как по-русски зовется, фортель - это, пожалуй, дельно будет. Такой фортель, который и Добродетели бы возвеселил, да и Порокам бы по нраву пришелся. Потому что ведь и Порокам подчас жутко приходится. Вот намеднись Любострастие с поличным в бане поймали, протокол составили, да в ту же ночь Прелюбодеяние в одном белье с лестницы спустили. Вольномыслие-то давно ли пышным цветом цвело, а теперь его с корнем вырвали! Стало быть, и Порокам на фортель пойти небезвыгодно. Милостивые государи! милостивые государыни! не угодно ли кому предложить: у кого на примете "средствице" есть?

На вызов этот прежде всех выступил древний старичок, Опытом называемый (есть два Опыта: один порочный, а другой добродетельный; так этот - добродетельный был). И предложил он штуку: "Отыщите, говорит, такое сокровище, которое и Добродетели бы уважило, да и от Пороков было бы не прочь. И пошлите его парламентером во вражеский лагерь".

Стали искать и, разумеется, нашли. Нашли двух бобылок: Умеренность и Аккуратность. Обе на задворках в добродетельских селениях жили, сиротский надел держали, но торговали корчемным вином и потихоньку Пороки у себя принимали.

Однако первый блин вышел комом. Бобылки были и мало

46

представительны, и слишком податливы, чтоб выполнить возложенную на них задачу. Едва появились они в лагере Пороков, едва начали канитель разводить: "Помаленьку-то покойнее, а потихоньку - вернее", как Пороки всем скопищем загалдели:

- Слыхали мы-ста прибаутки-то эти! давно вы с ними около нас похаживаете, да не в коня корм! Уходите с богом, бобылки, не проедайтесь!

И как бы для того, чтобы доказать Добродетелям, что их на кривой не объедешь, на всю ночь закатились в трактир "Самарканд", а под утро, расходясь оттуда, поймали Воздержание и Непрелюбысотворение и поступили с ними до такой степени низко, что даже татары из "Самарканда" дивились: хорошие господа, а что делают!

Поняли тогда Добродетели, что дело это серьезное и надо за него настоящим манером взяться.

Произросло между ними в ту пору существо среднего рода: ни рак, ни рыба, ни курица, ни птица, ни дама, ни кавалер, а всего помаленьку. Произросло, выровнялось и расцвело. И было этому межеумку имя тоже среднего рода: Лицемерие...

Все в этом существе было загадкою, начиная с происхождения. Сказывали старожилы, что однажды Смирение с Любострастием в темном коридоре спознались, и от этого произошел плод. Плод этот Добродетели сообща выкормили и выпоили, а потом и в пансион к француженке Комильфо отдали. Догадку эту подтверждает и наружный вид Лицемерия, потому что хотя оно ходило не иначе, как с опущенными долу глазами, но прозорливцы не раз примечали, что по лицу его частенько пробегают любострастные тени, а поясница, при случае, даже очень нехорошо вздрагивает. Несомненно, что в этом наружном двоегласии в значительной мере был виноват пансион Комильфо. Там Лицемерие всем главным наукам выучилось: и "как по струнке ходить", и "как водой не замутить", и "как без мыла в душу влезть"; словом сказать, всему, что добродетельное житие обеспечивает. Но в то же время оно не избегло и влияния канкана, которым и стены, и воздух пансиона были пропитаны. Но, кроме того, мадам Комильфо еще и тем подгадила, что сообщила Лицемерию подробности об его родителях. Об отце (Любострастии) сознавалась, что он был моветон и дерзкий - ко всем щипаться лез! Об матери (Смирение) - что она хотя не имела блестящей наружности, но так мило вскрикивала, когда ее щипали, что даже и не расположенные к щипанию Пороки (каковы Мздоимство, Любоначалие, Уныние и проч.) - и они не могли отказать себе в этом удовольствии.

Вот это-то среднее существо, глаза долу опускающее, но и из-под закрытых век блудливо окрест высматривающее, и выбрали Добродетели,

47

чтоб войти в переговоры с Пороками, и такой общий modus vivendi[17] изобрести, при котором и тем и другим было бы жить вольготно.

- Да ты по нашему-то умеешь ли? - вздумало было предварительно проэкзаменовать его Галантерейное Обращение.

- Я-то? - изумилось Лицемерие, - да я вот как...

И не успели Добродетели опомниться, как у Лицемерия уж и глазки опущены, и руки на груди сложены, и румянчик на щечках играет... девица, да и шабаш!

- Ишь, дошлая! ну, а по-ихнему, по-порочному... как?

Но Лицемерие даже не ответило на этот вопрос. В один момент оно учинило нечто, ни для кого явственно не видимое, но до такой степени достоверное, что Прозорливство только сплюнуло: "Тьфу!"

И затем все одинаково решили: написать у нотариуса Бизяева общую доверенность для хождения по всем добродетельским делам и вручить ее Лицемерию.

Взялся за гуж, не говори, что не дюж: как ни горько, а пришлось у Пороков пардону просить. Идет Лицемерие в ихний подлый вертеп и от стыда не знает, куда глаза девать. "Везде-то нынче это паскудство развелось! - жалуется оно вслух, а мысленно прибавляет: - Ах, хорошо Пороки живут!" И точно, не успело Лицемерие с версту от добродетельской резиденции отойти, как уж со всех сторон на него разливанным морем пахнуло. Смехи, да пляски, да игры - стон от веселья стоит. И город какой отменный Пороки для себя выстроили: просторный, светлый, с улицами и переулками, с площадями и бульварами. Вот улица Лжесвидетельства, вот площадь Предательства, а вот и Срамной бульвар. Сам Отец Лжи тут сидел и из лавочки клеветой распивочно и навынос торговал.

Но как ни весело жили Пороки, как ни опытны они были во всяких канальских делах, а увидевши Лицемерие, и они ахнули. С виду - ни дать, ни взять, сущая девица; но точно ли сущая - этого и сам черт не разберет. Даже Отец Лжи, который думал, что нет в мире той подлости, которой бы он не произошел, - и тот глаза вытаращил.

- Ну, - говорит, - это я об себе напрасно мечтал, будто вреднее меня на свете никого нет. Я - что! вот он, настоящий-то яд, где! Я больше нахалом норовлю - оттого меня хоть и не часто, а все-таки от времени до времени с лестницы в три шеи спускают; а это сокровище, коли прильнет, - от него уж не отвертишься! Так тебя опутает, так окружит, что покуда все соки не вызудит - не выпустит!

Тем не менее, как ни велик был энтузиазм, возбужденный

---

[17] Образ поведения (лат.).

Лицемерием, однако и тут без розни не обошлось. Пороки солидные (аборигены), паче всего дорожившие преданиями старины, как, например: Суемудрие, Пустомыслие, Гордость, Человеконенавистничество и проч., - не только сами не пошли навстречу Лицемерию, но и других остерегали.

- Истинный порок не нуждается в прикрытии, - говорили они, - но сам свое знамя высоко и грозно держит. Что существенно нового может открыть нам Лицемерие, чего бы мы от начала веков не знали и не практиковали? - Положительно ничего. Напротив, оно научит нас опасным изворотам и заставит нас ежели не прямо стыдиться самих себя, то, во всяком случае, показывать вид, что мы стыдимся. Caveant consules![18] До сих пор у нас было достаточно твердых и верных последователей, но ведь они, видя наши извороты, могут сказать: "Должно быть, и впрямь Порокам туго пришлось, коль скоро они сами от себя отрицаться должны!" И отвернутся от нас, вот увидите - отвернутся.

Так говорили заматерелые Пороки-Катоны, не признававшие ни новых веяний, ни обольщений, ни обстановок. Родившись в навозе, они предпочитали задохнуться в нем, лишь бы не отступить от староотеческих преданий.

За ними шла другая категория Пороков, которые тоже не выказали особенного энтузиазма при встрече с Лицемерием, но не потому, однако, чтобы последнее претило им, а потому, что они уже и без посредства Лицемерия состояли в секретных отношениях с Добродетелями. Сюда принадлежали: Измена, Вероломство, Предательство, Наушничество, Ябеда и проч. Они не разразились кликами торжества, не рукоплескали, не предлагали здравиц, а только подмигнули глазом: милости просим!

Как бы то ни было, но торжество Лицемерия было обеспечено. Молодежь, в лице Прелюбодеяния, Пьянства, Объедения, Распутства, Мордобития и проч., сразу созвала сходку и встретила парламентера такими овациями, что Суемудрие тут же нашлось вынужденным прекратить свою воркотню навсегда.

- Вы только мутите всех, старые пакостники! - кричала старикам молодежь. - Мы жить хотим, а вы уныние наводите! Мы в хрестоматию попадем (это в особенности льстило), в салонах блистать будем! нас старушки будут любить!

Словом сказать, почва для соглашения была сразу найдена, так что когда Лицемерие, возвратившись восвояси, отдало Добродетелям отчет о своей миссии, то было единогласно признано, что всякий повод для существования Добродетелей и Пороков, как отдельных и враждебных друг другу групп, устранен навсегда. Тем не менее старую номенклатуру

---

[18] Пусть консулы будут бдительны! (лат.).

упразднить не решались - почем знать, может быть, и опять понадобится? - но положили употреблять ее с таким расчетом, чтобы всем было видимо, что она прикрывает собой один только прах.

С тех пор пошло между Добродетелями и Пороками гостеприимство великое. Захочет Распутство побывать в гостях у Воздержания, возьмет под ручку Лицемерие, - и Воздержание уже издали, завидев их, приветствует:

- Милости просим! покорно прошу! У нас про вас...

И наоборот. Захочет Воздержание у Распутства постненьким полакомиться, возьмет под ручку Лицемерие, а у Распутства уж и двери все настежь:

- Милости просим! покорно прошу! У нас про вас...

В постные дни постненьким потчуют, в скоромные - скоромненьким. Одной рукой крестное знамение творят, другой - неистовствуют. Одно око горе возводят, другим - непрестанно вожделеют. Впервые Добродетели сладости познали, да и Пороки не остались в убытке.

Напротив, всем и каждому говорят: "Никогда у нас таких лакомств не бывало, какими теперь походя жуируем!"

А Иванушка-Дурачок и о сю пору не может понять: отчего Добродетели и Пороки так охотно помирились на Лицемерии, тогда как гораздо естественнее было бы сойтись на том, что и те и другие суть "свойства" - только и всего.

Дервенский пожар

В деревне Софонихе, около полден, вспыхнул пожар. Это случилось в самый развал июньской пахоты. И мужики, и бабы были в поле. Сказывали: шел мимо деревни солдатик, присел на завалинку, покурил трубочки и ушел. А вслед за ним загорелось.

Деревня сгорела дотла. Только тот порядок, где были житницы, уцелел наполовину. Мужики в одночасье потеряли все и сделались нищими. Сгорела бабушка Прасковья да еще Татьянин мальчик Петька. Мужики и бабы, завидев густой дым, бежали с поля, как угорелые, оставив сохи и лошадей. Но спасать было уже нечего. Хорошо, что скота не было дома, да навоз был только что вывезен, а то пришлось бы совсем хоть помирай. Малолетки, которые, в минуту пожара, играли на улице, спаслись в речку и отчаянно ревели. Девочки-подростки, с младенцами на руках, испуганно выглядывали на обуглившиеся избы и обнаженные остовы печей.

Тетка Татьяна была бодрая и еще молодая бобылка. Лет шесть тому назад у нее умер муж, но она продолжала держать хозяйство. Платила миру за половину надела, сама пахала, косила и жала. У нее был единственный сын, Петька, лет восьми, в котором она души не чаяла и в котором уже видела будущего мужика. Он и сам видел в себе мужика и говорил: - Я, мама, буду мужик... хресьянин.

Вся деревня его любила. Мальчик был вострый и ласковый, и уже ходил в школу. Бывало, идет по деревне мимо стариков:

- Ну что, мужичок, помогаешь мамке? - спрашивают старики.

- Помогаю.

Между тем улица запружалась всяким мужицким хламом: мужику все дорого, все надобно. Домохозяева, окруженные домочадцами, бродили каждый по своему пепелищу и тащили все, что попадалось на глаза: старую подошву, заржавленный гвоздь, обрывок шлеи, обломок сошника и проч. У некоторых уцелели подполицы; но так как время было голодное (Петров пост), то подполицы были пусты. Один заведомый нищий, лет десять ходивший "в кусочки", метался и кричал:

- Где моя кубышка? где? кто унес? сказывайте: кто?

Бабушка Авдотья ходила взад и вперед по улице и всем показывала два обгоревших выигрышных билета внутреннего займа. Обгорели края; середка с несколькими купонами осталась цела.

- Чай, выдадут! - утешал ее староста Михей, - ишь, и нумера видны (на уцелевших купонах); ужо барыня в Питере похлопочет[19]

Старики собрались в кучу и обсуждали мирскую нужу. На всех лицах была написана душевная мука; у некоторых глаза сочились слезами. Решили идти всем миром, поклониться соседней одновотчинной деревне, чтобы дала приют погорельцам, покуда не будут устроены хотя какие-нибудь временные помещения. Затем снарядили старосту и послали верхом в город, в управу, за пособием и страховыми.

---

[19] Факт. В 1872 году приходила к автору крестьянка села Заозерья (Углицкого уезда) и показывала два или три обгоревших по краям билета, но так, что на уцелевших посередке купонах видны были и N билета и серия. Я просил некоторых добрых знакомых ходатайствовать в банке. Всем казалось дело несомненным; но г. Ламанский, тогдашний управляющий банком, рассудил иначе. Ни возобновить билеты, ни даже выдать за них нарицательную цену оказалось невозможным. Это, изволите видеть, польза банка. Вот как истинные сановники блюдут интересы казны! (Прим. М. Е. Салтыкова-Щедрина.).

51

Пришел сельский батюшка и, похаживая между мужиками, утешал их.

- Кто дал? - Бог! - говорил он. - Кто взял? - Бог! Неужто ж он не знает? Мужики молча ему поклонились.

- А вы не унывайте! - продолжал батюшка, - с какого права? почему? как? кто дозволил? Скот - при вас, земледельческие орудия целехоньки, навоз вывезен - чего еще земледельцу нужно? А вы ропщете! Вот ужо управа на постройку денег отпустит; помещица - нуждающимся хлебца пришлет; и я тоже... разве я не молюсь за вас? Я не только за вас, но и за всех молюсь. "И всех православных христиан" - вот как.

Опять поклонились мужики, а словоохотливый батюшка продолжал:

- Коли страх божий будете в сердцах сохранять да храм божий усердно посещать, так и не увидите, как Бог сторицей вознаградит. Хлеб нынче обещает жатву изрядную. Озимые отменные; яровые, Бог даст, поправятся. Ужо снимете у барыни полевину - вот вы и с сеном. Свезете по возку, по другому - ан и денежки в кошеле завелись; а там озимое, ржицы на базар свезете - опять деньги; а наконец и овсецо - тоже деньги. В будущем же году и не увидите, как на месте истребленных неумолимым пламенем хижин будут красоваться новые дома, удобные и просторные, и все вы поживете в них, кийждо под смоковницею своей, и все-радостно и всецело возблагодарите господа вашего за ниспосланное вам благодеяние. Вот увидите.

А тетка Татьяна беспомощно ходила по своему пепелищу, сгребала тлеющие бревна и выкликала:

- Петь, а Петь! где ты, милый? Откликнись! - И не слыхала, как ветхий старик Калистратыч говорил ей:

- Смотри, не в лес ли он убег? Давеча видел я его. Сидел я у житницы на приступочке, как ваша-то изба занялась. Смотрю, кружится Петька по горнице, рубашонкой раздувает. Я ему кричу: "Толкни, милый, дверь, толкни!" Только кружился он, кружился, а потом и ничего не стало видно. Наверное, убёг в лес с испугу.

Но Татьяна ничего не чувствовала, кроме того, что сердце ее рвется на части.

- Петь, а Петь! где ты, милый? Откликнись! - раздавался ее вопль среди общего говора деревенского люда.

Наконец человека два сжалились над нею и пришли на помощь. Разворочали обрушившийся потолок и под дымящимися обломками его нашли труп мальчика. Вся сторона тела и лица, обращенная кверху, представляла безобразную черную массу; но та, которая прилегала к полу, осталась нетронутою.

Татьяна пошатнулась, в глазах потемнело, и из груди на всю деревню вырвался потрясающий ее вопль:

- Господи! видишь ли?

Этот вопль услыхал и батюшка, и, разумеется, поспешил с утешением:

- Ропщешь? - говорил он с ласковой укоризной, - а Иова помнишь? Нет? Так я тебе напомню! Он был богат и славен, имел детей, стада и сокровища - и вдруг, с дозволения божия, все было у него отнято: и дети, и скот, и друзья, а сам он был поражен проказою, изгнан из города и лежал у городских ворот, на гноище. Псы лизали его раны... псы! Но и за всем тем, он не токмо не возроптал, но наипаче возлюбил господа, создавшего его. И Бог, видя таковую его преданность, воззрел на него. Через короткое время Иов был и здоров, и богат, и славен более прежнего. Стада умножились, детей народилось достаточно, словом сказать, все...

Однако и батюшкины увещания доходили до Татьяны в форме смутного и назойливого шума. Она устремила глаза на ту линию, которая разделяла уцелевшую часть Петькина лица от обуглившейся, и тихо шептала:

- Господи! видишь ли?

В усадьбе в это время добрая барыня, Анна Андреевна Копейщикова, праздновала день своего рождения. Собрались немногие, но искренние друзья: предводитель Кипящев с женою, исправник Шипящев с племянницею, да еще Иван Иваныч Глаз, партикулярный человек, про которого говорили, что при нем язык за зубами держать надо. Впрочем, так как тут были все люди, при которых тоже нужно было язык держать на привязи (сама Анна Андреевна говорила, что она где-то "служит"), то Иван Иваныч чувствовал себя в этой компании очень удобно. Присутствовал тут и батюшка с попадьей.

Анна Андреевна была генеральская вдова, лет сорока с небольшим, еще красивая и особенно выдающаяся роскошным бюстом на балах и вечерах, где обязательно декольте и где ее бюст приковывал к себе взоры людей всех возрастов и всех оружий. Но она раз навсегда сказала себе: "Ni-ni - c'est fini"[20], и всю себя отдала своим детям. За это в свете про нее говорили: "C'est une sainte"[21], а за патриотизм: "C'est une fiere matrone!"[22].Как и все русские дамы, она говорила по-французски, знала un peu d'arithmetique, un peu de geographie et un peu de mythologie (cette pauvre Leda!)[23], долго жила за границей, а в последнее время сделалась

---

[20] Ни-ни - это кончено (франц.).

[21] Это - святая (франц.).

[22] Это твёрдая патрицианка! (франц.).

[23] Немножко арифметики, немножко географии и немножко мифологии (ах, эта бедная Леда!) (франц.).

патриоткой и полюбила "добрый русский народ". Три года тому назад она посетила родное Горбилево и с тех пор ездила туда каждое лето. Поставила в саду мавзолей покойному мужу и каждый день молилась. Ни с кем не знакомилась, кроме испытанных "друзей порядка", хозяйства не вела, а отдавала землю мужикам исполу и видимо экономничала. У нее был сын Сережа, правовед лет шестнадцати, и восемнадцатилетняя дочь Верочка, шустрая особа, которая тоже знала un peu d'arithmetique et un peu de mythologie.

Господа уже возвратились из церкви и сидели за завтраком, когда прибежали сказать, что Софониха горит. Батюшка мгновенно скрылся увещевать; прочие побежали к окнам и смотрели. За громадной тучей дыма не было видно пламени, но дым прямо летел по ветру на усадьбу, и чувствовался в комнатах горький запах его. Людей тоже не было видно, но по дороге бежали к пожарищу толпы соседних крестьян и дворовых.

- Как вы хотите, господа, - сказала, наконец, Анна Андреевна, - а я не могу оставаться равнодушной зрительницей. Ведь они - мои. Злые люди разлучили нас, - надеюсь, временно, - но я все-таки помню, что они - мои.

Но ей не дали одной совершить подвиг самоотвержения и всей компанией вызвались сопутствовать ей.

- Да и вообще это наш долг, - продолжала Анна Андреевна, - если бы даже это были и не мои крестьяне, все-таки наша священная обязанность - быть там, где страдают. Мы обеднели, мы обижены... но мы все забыли. Мы помним только, что к нам обращает взоры страждущий меньший брат!

Узнавши, что в этот день пекли хлебы для рабочих и дворовых, она велела разрезать несколько на ломти и снести погорельцам.

- А завтра опять испечете хлеба для своих... надо же! Да не забудьте солью посыпать!

Словом сказать, сделала все, что было в ее власти, и, наконец, захватила портмоне, сказав: "Это на всякий случай!" И Верочка, по примеру матери, взяла кошелек с заветными светленькими монетами.

Компания остановилась у входа в деревню, но Верочка и мамзель Шипящева не утерпели и пошли вглубь по улице.

- Скажите мужичкам, что я им две четверти ржи жертвую! - крикнула им вслед Анна Андреевна.

Минут через пять Верочка прибежала назад, вся в слезах.

- Ах, мамочка! - объявила она, - там есть бедная женщина, у которой сгорел мальчик-сын! Ах, как страшно... Что с ней делается! Батюшка увещевает ее, а она не слушается, только повторяет: "Господи! видишь ли?" Мамочка! это ужасно, ужасно, ужасно!

- Жаль бедную; но какая ты, однако ж, нервная, Вера! - упрекнула ее Анна Андреевна. - Это не годится, мой друг! Везде Промысел - это прежде всего нужно помнить! Конечно... это большая утрата; но бывают и не такие, а мы покоряемся и терпим! Помнишь: крах Баймакова и наш текущий счет... Давал шесть процентов... и что ж! Впрочем, соловья баснями не кормят. Господа! - обратилась она к окружающим, - сделаемте маленькую коллекту в пользу бедной страдалицы-матери! Кто сколько может!

Она трепетною рукою вынула из портмоне десятирублевую бумажку, положила ее на ладонь и протянула руку. Верочка тотчас же положила туда весь свой кошелек; гости тоже вынули несколько мелких ассигнаций. Только Иван Иваныч Глаз отвернулся в сторону и посвистывал. Собралось около тридцати рублей.

- Ну, вот, снеси ей! - сказала Анна Андреевна дочери, - скажи, что свет не без добрых людей. Да подтверди мужичкам насчет ржи... две четверти! Да хлеба принесли ли? Скажи, чтоб роздали! Это для утоления первого голода!

Верочка быстро побежала. Ей представлялось в эту минуту, что она - ангел-хранитель и помавает серебряными крылами в небесной лазури, с тридцатью рублями в руках. Она застала Татьяну все в том же положении. Последняя стояла с широко открытыми глазами, машинально шевелила губами, без всякого признака самочувствия. Батюшка по-прежнему стоял подле нее и рассказывал пример из истории первых мучеников времен жестокого царя Нерона. Татьяне еще не представлялся вопрос: что с ней будет? нужна ли ей изба, поле и вообще все, что до сих пор наполняло ее жизнь? или она должна будет скитаться по белу свету в батрачках?

И вдруг - ангел-хранитель.

- На тебе, милая! мамочка прислала! - говорила Верочка, протягивая деньги.

Татьяна ничего не поняла, даже не взглянула на милостыню.

- Бери, строптивая! - увещевал ее батюшка, - добрые господа жалуют, а ты небрежешь!

Даже мужички заинтересовались и принялись уговаривать:

- Бери, тетка Татьяна, бери, коли дают! на избу пригодится... бери!

Татьяна не шелохнулась.

Верочка постояла, положила деньги на землю и удалилась, огорченная. Батюшка поднял их.

- Ну, ежели ты не хочешь брать, - сказал он, - так я ими на церковное украшение воспользуюсь. Вот у нас паникадило плоховато, так мы старенькое-то в лом отдадим, да вместе с этими деньгами и взбодрим новое! Засвидетельствуйте, православные!

- Мамочка, она не взяла! - говорила Верочка со слезами в голосе.

Изумились.

- Однако душок-то этот в них еще есть! не выбили! - загадочно молвил Глаз.

Но на этот раз Анна Андреевна не согласилась с ним.

- Есть душок - это правда; но не следует терять из вида глубину ее горя! Только сердце матери может понять, каково потерять... сына!

Предсказание батюшкино сбылось. Года через два я проезжал мимо Софонихи и увидел сущую метаморфозу. На месте старого пепелища стоял порядок новых домов, высоких и сравнительно просторных. Крыши, правда, были крыты соломою, но под щетку, так что глаз не огорчался ни махрами, ни висящими клочьями. Новые срубы блестели на солнце, как облупленное яичко. Только на месте Татьяниной избы валялись неприбранные головешки, а сама она скрылась из деревни неизвестно куда. Должно быть, по святым местам странствует, Христовым именем. Мужики жили дружно и, следовательно, исправно. Усердно работали, платили выкупные и мирские платежи безнедоимочно, отбывали повинности: рекрутскую, подводную и дорожную. Ежели же требовалось сверх того, то и это исполняли с готовностью.

Исправник Шипящев не нахвалится ими.

- Эта деревня у меня - в первом нумере! - говорит он. - Бог в помощь, робята!

Дурак

В старые годы, при царе Горохе это было: у умных родителей родился сын дурак. Еще когда младенцем Иванушка был, родители дивились: в кого он уродился? Мамочка говорила, что в папочку, папочка - что в мамочку, а наконец подумали и решили: должно быть, в обоих.

Не то, впрочем, родителей смущало, что у них сын дурак, - дурак, да ежели ко двору, лучше и желать не надо, - а то, что он дурак особенный, за которого, того гляди, перед начальством ответить придется. Набедокурит, начудит - по какому праву? какой такой закон есть?

Бывают дураки легкие, а этот мудреный. Вон у Милитрисы Кирбитьевны - рукой подать - сын Лёвка, тоже дурачок. Выбежит босиком на улицу, спустит рукава, на одной ножке скачет, а сам во всю мочь кричит: "Тили-тили, Левку били, бими-бими, бом-бум!" Сейчас его изымают, да на замок в холодную: сиди да посиживай! Даже губернатору, когда на ревизию приезжал, Левку показывали, и тот похвалил: "Берегите его, нам дураки нужны!"

А этот дурак - необыкновенный. Сидит себе дома, книжку читает, либо к папке с мамкой ласкается - и вдруг, ни с того, ни с сего, в нем сердце загорится. Бежит, земля дрожит. К которому делу с подходцем бы подойти, а он на него прямиком лезет; которое слово совсем бы позабыть надо, а он его-то и ляпнет. И смех, и грех. Хоть кричи на него, хоть бей - ничего он не чувствует и не слышит. Сделает, что ему хочется, и опять домой прибежит, к папке с мамкой под крылышко.

- Что с тобой, ненаглядный ты наш? сядь, миленький, отдохни!

- Я, мамочка, не устал.

- Куда ты, голубчик, бегаешь? Не скажешься никому и убежишь!

- Я, мамочка, к Левке бегал. Левка болен, калачика просит; я взял с прилавка в булочной калачик и снес.

Услышит мамочка эти слова, так и ахнет.

- Ах, убил! ах, голову с меня, несчастной, ты снял! Что ты наделал! Это ты, значит, калачик-то украл!

- Как "украл"? что такое "украл"?

Сколько раз и соседи папочку с мамочкой предостерегали:

- Уймите вы своего дурака! большие он вам неприятности через свою глупость предоставит!

Но родители ничего не могли, только думали: "Легко сказать: "Уймите!", а как ты его уймешь? Как это люди не понимают, что родительское сердце по глупом сыне больше даже, чем по умном, разрывается?"

И точно, примется, бывало, папочка дурака усовещивать: "Калач есть собственность" - он как будто и понимает: "Да, папочка!" Но вдруг, в это время, откуда ни возьмись Левка: "Дай, Ваня, калачика!" Он - шмыг, и точно вот слизнул калач с прилавка! Как тут понять: украл он его или не украл?

Терпел-терпел булочник, но наконец обиделся: принес в квартал жалобу. Явился к дураковым родителям квартальный и сказал: "Как угодно, а извольте вашего дурака высечь". Плакала родительская утроба, а делать нечего. Видит папочка, что резонно квартальный говорит: высек дурака.

Но дурак ничего не понял. Почувствовавши, что больно, всплакнул, но не жаловался: "За что?" и не кричал: "Не буду!" Скорее как будто удивился: "Для чего это папочке понадобилось?"

Так и пропал этот урок даром: как был Иванушка до сечения дураком, так и после сечения дураком остался. Увидит из окна, что Левка босиком по улице скачет, - и он выбежит, сапоги снимет, рукава у рубашки спустит и начнет заодно с дурачком куролесить.

- Ишь занятие нашел! - рассердится мамочка, - дурака дразнит!

- Я, мамочка, не дразню, а играю с ним, потому что ему одному скучно.

- Повертись! повертись! довертишься, что сам дураком сделаешься!

Услышит папочка этот разговор и на мамочку накинется:

- Сечь его надо, а она разговаривает! разговаривай больше, - дождешься! Кабы ты чаще ему под рубашку заглядывала, давно бы он у нас человеком был!

И все соседи папочку одобряют: во-первых, потому, что закон есть такой, чтобы дураков учить; а во-вторых, и потому, что никому от Иванушки житья не стало. Намеднись соседские мальчишки вздумали козла дразнить - он за козла вступился. Стал посередке и не дает козла в обиду. Козел его сзади рогами бьет, мальчишки спереди по чем попало тузят, а ему горюшка мало - всего в синяках домой привели! А на другой день опять с дураком история: у повара петуха отнял. Нес повар под мышкой петуха на кухню, а дурак ему навстречу: "Куда, Кузьма, петушка несешь?" - "Известно, мол, на кухню да в суп"... Как кинется на него дурак! Не успел Кузьма опомниться - смотрит, а петух уж на забор взлетел и крыльями хлопает!

Толковал-толковал ему папочка: "Петух - не твой, как же ты смел его у повара отнимать?" А он в ответ одно твердит: "Знаю я, что петух не мой, да и не поваров он, а свой собственный..."

Как ни любили дурака все домочадцы за его ласковость и тихость, но с течением времени он всех поступками своими донял. Есть ему захочется - нет чтобы мамочку попросить: "Позвольте, мол, милый друг маменька, в буфете пирожок взять", - сам пойдет, и в буфете, и в кухне перешарит, и что попадется под руку, так, без спросу, и съест. Захочется погулять - возьмет картуз, так, без спросу, и уйдет. Раз нищий под окном остановился, а у мамочки, как на грех, в ту пору трехрублевенькая бумажка на столе лежала, - он взял да все три рублика нищему в суму и ухнул!

- Батюшки! да из него Картуш выйдет! - невзвидела света мамочка.

- И непременно выйдет, - отозвался папочка, - хуже выйдет, ежели ты, вместо того чтобы сечь, лясы с ним точить будешь!

Делать нечего, высекла дурака и мамочка. Но высекла, надо прямо сказать, чуть-чуть, только чтобы наука была. А он встал, сердечный, весь заплаканный, и обнял мамочку.

- Ах, мамочка, мамочка! бедненькая ты моя мамочка!

И сделалось мамочке вдруг так стыдно, так стыдно, что она и сама заплакала.

- Дурачок ты мой ненаглядный! вот кабы нас Бог с тобой вместе к себе взял!

58

Наконец, однако, он и себя, и мамочку едва не погубил. Гуляли они однажды всей семьей по набережной реки. Папочка мамочку под ручку вел, а он, впереди, разведчика из себя изображал. Будто бы они источники Нигера открывать собирались, так он послан вперед разузнать, не угрожает ли откуда опасность. Вдруг слышат стоны; взглянули на реку, а там чей-то мальчишечко в воде барахтается! Не успели опомниться - ан дурак уж в реку бухнул, а за дураком мамочка, как была в кринолине, так и очутилась в воде. А за мамочкой - пара городовых в амуниции. А папочка стоит у решетки да руками, словно птица крыльями, машет: "Моих-то спасайте! моих!" Наконец городовые всех троих из воды вытащили. Мамочка-то одним страхом поплатилась, а дурак целый месяц в горячке вылежал. Понял ли он, что поступил по-дурацки, или сделалось ему мамочку жалко, только как пришел он в себя, да увидел, что мамочка, худенькая да бледненькая, в головах у него сидит, - так и залился слезами! Только и твердит: "Мамочка! мамочка! мамочка! зачем нас Бог к себе не взял?"

А папочка тут же стоял и все надеялся, что дурак хоть на этот раз скажет. "Простите, милый папочка, я вперед не буду!" - Однако он так-таки и не сказал.

После этого случая папочка с мамочкой серьезно совещались: как с дураком быть? Ходили, обнявшись, по зале, со всех сторон предмет рассматривали и долго ни на чем не могли сойтись.

Дело в том, что папочка был человек справедливый. И дома, и в гостях, и на улице он только об одном твердил: "Всуе законы писать, ежели их не исполнять". У него даже и наружность такая уморительная была, как будто он в одной руке весы держит, а другою - то золотник в чашечку поступков подбавит, то ползолотника в чашечку возмездий подкинет. Поэтому, и принимая во внимание все вышеизложенное, он требовал, чтобы с Иванушкой было поступлено по всей строгости домашнего кодекса.

- Преступил он - следовательно, и соответствующее возмездие понести должен. Вот смотри!

И он показал мамочке табличку, в которой было изображено:

Название проступка: число ударов розгою:

Отступление от правил субординации от 5 до 7

Но мамочка была мамочка - только и всего. Справедливости она не отрицала, но понимала ее в каком-то первобытном смысле, в каком понимает это слово простой народ, говоря о "справедливом" человеке. Без возмездий, а вроде как бы отпущения. И как ни мало она была в юридическом отношении развита, однако в одну минуту папочку осрамила.

59

- За что ж мы наказывать его будем? - сказала она, - за то, что он утопающего спасти хотел? Опомнись!

Тем не менее папочка настоял-таки, что дома держать дурака невозможно, а надо отдать его в "заведение".

Регулярно-спокойный обиход заведения на первых порах отразился на дураке довольно выгодно. Ничто не бередило его восприимчивости, не пробуждало в нем внезапных движений души. В первые годы даже учения настоящего не было, а только усваивался учебный материал. Не встречалось также резкой разницы и в товарищеской среде, - такой разницы, которая вызывала бы потребность утешить, помочь. Все шло тем средним ходом, который успех учения ставил, главным образом, в зависимость от памяти. А так как память у Иванушки была превосходная, да и сердце, к тому же, было золотое, то чуть-чуть Иванушка и впрямь из дурака не сделался умницей.

- Говорил я тебе? - торжествовал папочка.

- Ну-ну, не сердись! - отвечала мамочка, как бы винясь, что она чересчур поторопилась папочку осрамить.

Но по мере того, как объем предлагаемого знания увеличивался, дело Иванушки усложнялось. Большинства наук он совсем не понимал. Не понимал истории, юриспруденции, науки о накоплении и распределении богатств. Не потому, чтобы не хотел понимать, а воистину не понимал. И на все усовещивания учителей и наставников отвечал одно: "Не может этого быть!"

Только тогда настоящим образом узнали, что он несомненный и круглый дурак. Такой дурак, которому могут быть доступны только склады науки, а самая наука - никогда. Природа поступает, по временам, жестоко: раскроет способности человека только в меру понимания азбучного материала, а как только дойдет очередь, чтобы из материала делать выводы, - законопатит, и конец.

Снова сконфузился папочка и стал мамочку упрекать, что Иванушка в нее уродился. Но мамочка уж не слушала попреков, а только глаз не осушала, плакала. Неужто Иванушка так-таки навек дураком и останется!

- Да ты хоть притворись, что понимаешь! - уговаривала она Иванушку, - принудь себя, хоть немножко пойми, ну, дай, я тебе покажу!

Раскроет мамочка книжку, прочтет « § о порядке наследования по закону единоутробных» - и ничего-таки не понимает! Плачут оба: и дурак, и мамочка. А папочка между тем так и режет: единоутробных, прежде всего, необходимо отличать: во-первых, от единокровных; во-вторых, от тех, кои, будучи единоутробными, суть в то же время и единокровные, и, в-третьих, от червонных валетов...

- Вот папенька-то как хорошо знает! - удивлялась мамочка, заливаясь слезами.

Видя материнские слезы, дурак напрягал нередко все свои усилия. Уйдет, во время рекреации, в класс, сядет за тетрадку, заложит пальцами уши и начнет долбить. Выдолбит и так отлично скажет урок, словно на бобах разведет... И вдруг что-нибудь такое насчет Александра Македонского ляпнет, что у учителя на плешивой голове остальные три волоса дыбом встанут.

- Садитесь! - молвит учитель, - печальная вам в будущем участь предстоит! Никогда вы государственным человеком не сделаетесь. Благодарите Бога, что он дал вам родителей, которые ни в чем не замечены. Потому что, если б не это... Садитесь! и ежели можете, то старайтесь не огорчать ваших наставников возмутительными выходками!

И точно: только благодаря родительскому благонравию, дурака из класса в класс переводили, а наконец, и из заведения с чином выпустили. Но когда он домой с аттестатом явился, то мамочка, как взглянула, что там написано, так и залилась слезами. А папочка сурово спросил:

- Что ты, бесчувственный идол, набедокурил?

- Я, папочка, так себе, - ответил он, - это, должно быть, такое правило в заведении...

Даже не объяснился порядком; увидал на улице Левку и убежал.

Левку он полюбил пуще прежнего, потому что бедный дурак еще жальче стал. Как и шесть лет тому назад, он ходил босой, худой, держа руки граблями, - но весь оброс волосами и вытянулся с коломенскую версту.

Милитриса Кирбитьевна давно от него отказалась: не кормила его и почти совсем не одевала. Поэтому он был всегда голоден, и если б не сердобольные торговки-калашницы, то давно бы с голоду помер. Но больше всего он страдал от уличных мальчишек. Отдыху они ему не давали: дразнились, науськивали на него собак, щипали за икры, теребили на нем рубашку. Целый день раздавался на улице его вой, сопровождаемый неистовым дурацким щелканьем. Он выл от боли, но не понимал, откуда эта боль идет.

Дурак защитил Левку, обогрел, накормил и одел. Все, что для Левки было нужно, Иванушка брал без спроса; а ежели не знал, где найти, то требовал таким тоном, как будто самое представление об отказе ему было совершенно чуждо. Только у дураков бывает такая убежденность в голосе, такая непререкаемость во взорах. Никого и ничего он не боялся, ни к чему не питал отвращения и совсем не имел понятия об опасности. Завидев исправника, он не перебегал на другую сторону улицы, но шел прямо навстречу, точно ни в чем не был виноват. Случится в городе пожар - он первый идет в огонь; услышит ли, что где-нибудь есть трудный больной - он бежит туда, садится к изголовью больного и прислуживает. И умные слова у него в таких случаях оказывались, словно он и не дурак. Одно только тяжелым камнем лежало на его сердце: мамочка бессонные ночи проводила, пока он дурачество свое ублажал. Но было в его судьбе нечто непреодолимое, что фаталистически влекло его к самоуничижению и самопожертвованию, и он инстинктивно повиновался этому указанию, не справляясь об ожидаемых последствиях и не допуская сделок даже в пользу кровных уз.

Не раз родители задумывались, каким бы образом дурака пристроить, чтобы он хоть мало-мальски на человека похож был. Определил было папочка его на службу чем-то вроде попечителя местного училища (без жалованья, дескать, и дурак сойдет, а с жалованьем - даже наверное!); но дурак сразу такую ахинею понес, что исправник, только во внимание к испытанному благонравию родителей, согласился это дело замять. Тогда мамочка напала на мысль - женить дурака: может быть, Бог узы ему разрешит. Подыскали невесту, молодую купеческую вдову Подвохину. Невеста из себя писаная краля была и в гостином дворе две лавки имела. Вдовела она безупречно, товар держала всегда первейшего качества и дела свои по торговле вела умело и самостоятельно. Словом сказать, лучше партии и желать не надо. Дурак, в свою очередь, тоже понравился невесте: внешность у него была приличная, поведение - кроткое. Даже ума в нем она не отрицала, как другие, но только находила, что нужно этот ум развязать. И вполне на себя надеялась, что успеет в этом.

Но у дурака все вообще инстинкты до такой степени глубоко спали, что даже эта жалостливая и скромная женщина удивилась. Ни разу он не дрогнул от прикосновения к ней, ни разу не смутился, не почувствовал ни одной из тех неловкостей, к которым с таким сердечным жалением относятся женщины, инстинктивно угадывая в них первые, сладостнейшие трепетания любви. Придет дурак, отобедает, чаю напьется и, по-видимому, совсем не понимает, почему он находится у Подвохиной, а не дома.

- Как это вам не скучно! ничего вы не понимаете? - спросит его красавица вдова.

- Ах, нет, мне очень скучно! Говорят, будто оттого, что занятия у меня никакого нет.

- Так вы займитесь... полюбите кого-нибудь!

- Помилуйте! как же возможно не любить! всех любить надо. Счастливых - за то, что они сумели себя счастливыми сделать; несчастных - за то, что у них радостей нет.

Так это сватовство и не состоялось. Потужила вдова Подвохина и даже пообещала годок подождать, но месяц-другой потерпела, да в рождественский мясоед и вышла замуж за городского голову Лиходеева.

Теперь у них уж четыре лавки в гостином дворе; по будням они во всех четырех лавках торг ведут: она - по галантерейной части, он - по бакалейной; а по праздникам исправника и прочих властей пирогом угощают.

А дурак засел дома на родительской шее и ухом не ведет. На пожары бегает, больных выхаживает, нищих целыми табунами домой приводит.

- Хоть бы Господь его прибрал! - шепчет папочка потихоньку, чтоб мамочка не слыхала.

А мамочка все молится, на милость Божью надеется. Просветит Господь разум Иванушкин пониманием, направит стопы его по стезе господина исправника, его помощника и непременного заседателя! Должен же он какую-нибудь должность по службе получить! не может быть, чтоб для всех было дело, и только для него одного - ничего.

Только один человек на дурака иными глазами взглянул, да и тот был случайный проезжий. Ехал он мимо города и завернул к папочке, с которым он старинный-старинный приятель был. Пошли сказы да рассказы: помянули старину, об увлечениях молодости досыта наговорились, а между прочим и настоящего коснулись. Папочка двери на всякий случай притворил, и оба, что было на душе, все выложили. Объяснились. Не сказали, а подумали: "Так вот, брат, ты кто!" Разумеется, не обошлось без жалоб и на дурака; а так как с ним уж не чинились, то так-таки, в его присутствии, прямо "дураком" его и чествовали. Заинтересовался проезжий рассказами о дураке, остался ночевать у старого приятеля, а на другой день и говорит:

- Совсем он не дурак, а только подлых мыслей у него нет - от этого он и к жизни приспособиться не может. Бывают и другие, которые от подлых мыслей постепенно освобождаются, но процесс этого освобождения стоит больших усилий и нередко имеет в результате тяжелый нравственный кризис. Для него же и усилий никаких не требовалось, потому что таких пор в его организме не существовало, через которые подлая мысль заползти бы могла. Сама природа ему это дала. А впрочем, несомненно, что настанет минута, когда наплыв жизни силою своего гнета заставит его выбирать между дурачеством и подлостью. Тогда он поймет. Только не советовал бы я вам торопить эту минуту, потому что как только она пробьет, не будет на свете другого такого несчастного человека, как он. Но и тогда, - я в этом убежден, - он предпочтет остаться дураком.

Сказал это проезжий и проследовал из города дальше. А папочка между тем задумался. Начал всю свою жизнь перебирать, припоминая, какие у него подлые мысли бывали и каким манером он освобождался от них? И, разумеется, как ни строго себя экзаменовал, но вышел из испытания с честью. Никогда у него подлых мыслей не бывало, а следовательно, и освобождаться от них он надобности не ощущал. Отчего же, однако, он не дурак?

Наконец порешил на том, что у старого друга ум за разум зашел. "Сидят они там, в петербургских мурьях, да развиваются. Разовьются, да и завруются. А мы вот засели по Пошехоньям: не развиваемся, да зато и не завираемся - так-то прочнее. И врет он всё: никакого дара природы в дурачестве нет, и ежели, по милости божией, мой дурак когда-нибудь умницей сделается, то, наверное, несчастным оттого не будет, а поступит на службу, да и начнет жить да поживать, как и прочие все". Порешивши таким родом, стал ждать: вот-вот Иванушка просияет, и его, не в пример другим, на чреду служения призовут. Ан, вместо того, в одно прекрасное утро ему объявили, что дурак совсем из дома исчез.

Прошли годы; старики-родители очи выплакали. Не было той минуты, в которую бы они не ждали; не было той мысли, которая бы, прямо или косвенно, не относилась к исчезнувшему дураку. Все перезабыли старики, только об одном помнили: "Где он теперь? сыт ли? одет ли? много ли дураку нужно, чтоб погибнуть!" Не дай Бог врагу испытывать эту пытку родительского сердца, которое все вины на себя берет всеми детскими стонами, в тысячекратно раздающемся эхе, раздирается!

Однако дурак воротился. Внезапно, точно так же, как и исчез. Но от прежнего цветущего здоровьем дурака не осталось и следов. Он был бледен, худ и измучен. Где он скитался? что видел? понял или не понял? - никто ничего дознаться от него не мог. Пришел он домой и замолчал.

Во всяком случае, проезжий был прав: так до смерти и осталась при нем кличка: дурак.

Здравомысленный заяц

Хоть и обыкновенный это был заяц, а преумный. И так здраво рассуждал, что и ослу впору. Притаится под кустом, чтоб не видать его было, и сам с собой разговаривает.

- Всякому, говорит, зверю свое житье предоставлено. Волку - волчье, льву - львиное, зайцу - заячье. Доволен ты или недоволен своим житьем, никто тебя не спрашивает: живи, только и всего. Нашего брата, зайца, например, все едят - кажется, имели бы мы основание на сие претендовать? Однако, ежели рассудить здраво, то едва ли подобная претензия могла бы назваться правильною. Во-первых, кто ест, тот знает, зачем и почему ест; а во-вторых, если бы мы и правильно претендовали, от этого нас есть не перестанут. Сверх препорции все равно не будут есть, а сколько надо - непременно съедят. Статистические таблицы, при министерстве внутренних дел издаваемые...

На этом заяц обыкновенно засыпал, потому что статистика имела свойство приводить его в беспамятство. Но выспится и опять примется здраво рассуждать.

- Едят нас, едят, а мы, зайцы, что год, то больше плодимся. Стало быть, и нам пальца в рот не клади. И летом, и зимой, посмотри на поляну - то и дело, что зайцы вдоль и поперек сигают. Заберемся мы в капустники или в овсы, или около молодых яблонь пристроимся, - пожалуй, и от нашего брата солоно мужичку придется. Да, и за нами, за зайцами, глаз да глаз нужен. Недаром статистические таблицы, при министерстве внутренних дел издаваемые...

Новый сон, новые пробуждения, новые здравые мысли. Без конца заяц умную свою канитель разводил; и так прикинет, и этак смекнет - и все у него хорошо выходило. И что всего дороже - ни карьеры он при этом в виду не имел, ни перед начальством оригинальностью взглядов блеснуть не рассчитывал (он знал, что начальство, не выслушавши его, съест), а просто-напросто сам для себя любил солидно, по-заячьи, обо всем рассудить. Дескать,

Неправо о вещах те думают, Шувалов,
Которые стекло чтут ниже минералов...

Вот, мол, у нас как!

Сидел он однажды таким манером под кустиком, да и вздумал перед зайчихой своей здравыми мыслями щегольнуть. Встал на задние ножки, ушки на макушку взбодрил, передними лапками штуки-фигуры выделывает, а языком, слово за словом, точно горох, так и сыплет.

- Нет, говорит, мы, зайцы, даже очень хорошо прожить можем. Мы и свадьбы справляем, и хороводы водим, и пиво в престольные праздники варим. Расставим верст на десять сторожей, да и горланим. А волк услышит, да и прибежит: "Кто песни пел?.." Ну, тут, натурально, кто куда поспел! Успел улепетнуть - в другом месте пиво вари; не успел - съест тебя волк, как пить даст! И ничего ты с этим не поделаешь. Зайчиха! правду ли я говорю?

- Коли не врешь, так правду говоришь, - ответила зайчиха, которая уже за десятым мужем за этим зайцем была, и все прежние девятеро у нее на глазах напрасною смертью погибли.

- Подлый народ эти волки - это правду надо сказать. Все у них только разбой на уме! - продолжал заяц. - Сколько раз я и говорил, и в газетах писал: "Господа волки! вместо того, чтоб зайца сразу резать, вы бы только шкурку с него содрали - он бы, спустя время, другую вам предоставил! Заяц, хошь он и плодущ, однако, ежели сегодня целый косяк вырезать, да завтра другой косяк - глядь, ан на базаре-то, вместо двугривенного, заяц уж в полтину вскочил! А кабы вы чередом пришли: "Господа, мол, зайцы! не угодно ли на сегодняшнюю волчью трапезу столько-то десятков штук предоставить?" - "С удовольствием, господа волки! Эй, староста! гони очередных!" И шло бы у нас все по закону, как следует. И волки, и зайцы - все бы в надежде были. И мы бы, и вы бы, с одной стороны, и с другой стороны... ах, господа, господа!"

Говорил-говорил заяц и чуть было совсем не зарапортовался, как вдруг услышал, что неподалёчку, в траве, что-то шуршит. Смотрит, ан зайчиха-то его давно стречка дала, а лиса-кляузница легла на брюхо, да и ползет на него, словно поиграть с заинькой собралась.

- Вон ты какой, заяц, умный! - первая заговорила лиса, - так ты сладко растабарываешь, что век бы я тебя слушала, и все бы слушать хотелось!

Умен был заяц, а спервоначалу и он обомлел. Стоит на задних лапках, как вкопанный, не то в сторону глазами косит, куда бы стречка дать, не то обдумывает: "Вот оно, когда пришлось с здравой точки зрения на свое положение взглянуть..."

- Голодна, тетенька? - спросил он, стараясь как можно меньше робеть.
- И! что ты! господь с тобой! да я пресытехонька! разве потом что будет, а теперь - и боже меня сохрани! Здравствуй, заинька, будь здоров!

Села лиса по-собачьему и заиньку присесть пригласила; и он ножки под себя поджал. Поджал, сердечный, и все сам с собой рассуждает: "Как, мол, я ожидал, так, по-моему, и вышло. Всякому зверю свое житье: льву - львиное, лисе - лисье, зайцу - заячье. Ну-тка, вывози теперь, заячье житье!"

А лисица точно читает в его сокровенных мыслях, сидит, да знай, заиньку похваливает.

И откуда ты к нам, такой философ, пожаловал?
- Недавно я, тетенька, из-за тридевять земель, как угорелый, сюда прикатил. Жил я в своем месте, можно сказать, даже очень хорошо. И семейство у меня было, и обзаведеньице, и все такое. Целую зиму мы у помещика на скотном дворе в омете припеваючи прожили: днем спим, а ночью кленков да яблонек погрызем. Уж дело к весне шло, в лес бы

66

собираться на дачу пора, ан к нам в омет волк пожаловал. "Какие такие звери? по какому виду? с чьего разрешения?.." Я-то, признаться, убег, а зайчиха с зайчатами...

- Слышала я об этом. Волк-то мне кумом приходится, так сказывал. "Намеднись, говорит, я целое заячье гнездо разорил, а заяц убег, так как бы нам, кума, его разыскать?" Ан ты вот он - он. Смотри, жену-то, чай, жалко было?

- Уж и не помню. Вижу, что надо бежать, - и побежал. Прибежал, смотрю - зайчиха-вдова сидит: "Давай, мол, вместе жить!" И стали жить. Жили мы с ней, нельзя похаять, исправно, а теперь вот она убежала, а я остался.

- Ах ты, горюн, горюн! Ну, дай срок, мы ее изымем!

Лисица зевнула, легонько куснула зайца за ляжку (он, однако, сделал вид, что не заметил), повалилась на бок, откинула голову и зажмурилась.

- Ишь ведь солнце-то жарит, - лениво пробормотала она, - словно дело делает! Сем, я вздремну, а ты тем временем сядь поближе да покалякай.

Так и сделали. Лиса задремала, а заяц с таким расчетом сел, чтобы лисе его во всякое время мордой достать было можно, и начал сказки сказывать.

- Я, тетенька, не привередлив, - говорил он, - я всячески жить согласен. И трех лет еще нет, как я на свете живу, а уж чуть не половину России обегал. Только что в одном месте оснуёшься - глядь, либо волк, либо сова, либо охотнички с облавой на тебя собрались. Беги, сломя голову, устраивайся по-новому за тридевять земель. Но я на это не ропщу, потому понимаю, что такова есть заячья жизнь. А ежели иной раз и не понимаю, то и не понимаючи все-таки бегу. Все одно как мужики в наших местах. Он спать собрался, а под окном у него - тук-тук! "Ступай, дядя Михей, с подводой!" На дворе метель, стыть, лошаденка у него чуть дышит, а он навалит на подводу солдат, да и прет двадцать верст около саней пешком. Через сутки, гляди, опять домой вернулся, ребятам пряника привез, жене - платок на голову, всем вообще - слезы. Спроси его: "Что сие означает?" - он тебе ответит: "Означает сие мужицкую жизнь". Так-то и мы, зайцы. Жить - живем, а рук на себя не накладываем. Всегда мы готовы... Так ли я, тетенька, говорю?

Лиса, вместо ответа, тихо лайнула, точно во сне; заяц искоса взглянул на нее: "Не спит ли, мол, тетенька?" Не было ли у него при этом на уме, в случае чего, стречка дать? - Наверное сказать не могу, но очень возможно, что и такого рода политика в программу заячьей жизни входит. Однако хотя лиса не только глаза зажмурила, но легла на спину и даже ноги, подлая, распялила, но заяц чутьем догадался, что она это комедии перед ним разыгрывает.

- Расскажу я тебе, - продолжал он, - как у меня дядя у одного солдата в услужении жил. Поймал его солдат еще махонького и всему солдатскому обиходу выучил. Из ружья ли выпалить, артикул ли выкинуть, смаршировать ли, в барабан ли зорю отбить - на все дядя за первый сорт был. Ездят, бывало, вдвоем по базарам, представленья показывают, а им - кто яйцо, кто копеечку, кто хлеба кусок, Христа ради, подаст. Так вот этот самый солдат житие свое дяде рассказывал. - "Жил я, говорит, в дому у родителей, и послал меня однажды батюшка сани на зиму изладить. Излаживаю я, песенки попеваю, трубочку покуриваю - вдруг десятский на двор: "Ступай, Семен, в волостную, тебя в солдаты требуют". Я, в чем был, в том и ушел; хорошо, что трубку-то в штаны спрятать успел. Ушел, да двадцать лет после того и пропонтировал[24]. А через двадцать лет воротился в свое место - ни кола, ни двора, чисто!.." Так вот оно, - прибавил рассудительно заяц, - мужичья-то жизнь как оборачивается! Сейчас он - мужик, а сейчас - солдат, и то и другое житьем называется. Так-то вот и с нами, зайцами...

- Неужто ж и вас в солдаты отдают? - спросила лиса, точно сейчас проснулась.

- Нет, нас едят, - ответил заяц как можно веселее.

- И я тоже думаю, потому что какие же вы солдаты! хуже старинной гарнизы, которую славный генерал Бибиков "негодницей" звал. И дядю-то твоего, поди, солдат под конец съел?

- Нет, солдат-то умер, а дядя в ту пору бежал. Пришел домой, а заячьей работы работать не может - отвык. И тетка задаром кормить его не согласна. Вот он однажды и надумал: "Пойду в село на базар, буду комедии представлять". Да только что зачал "кавалерийскую рысь" на барабане отхватывать - его собаки и разорвали!

- И поделом: зачем публику беспокоил. Впрочем, ведь дядя-то твой, чай, и зараньше знал, что когда-нибудь да съедят его. Не собаки, так волк, не волк, так лисица. Резолюция-то вам всем одна. Ну, а покуда что, скажи мне: лисицы-то каковы в вашей стороне? Лихи, чай?

- В нашей стороне лисицы, нужно правду сказать, даже очень лихи. Я-то ни с одной близко не встречался, а видел, как однажды лисицу, меня в глазах, охотничек заполевал. И, признаться...

Заяц хотел сказать: "обрадовался", но спохватился и обробел; однако лиса отгадала его мысль.

- Вот ведь ты кровопивец какой! - укорила она его и так больно укусила ему бок, что из раны полилась кровь.

---

[24] Заяц, очевидно, говорит про очень старинные времена, когда солдатская служба продолжалась не меньше 20 лет и когда рекрутов, из опасения, чтобы они не бежали, по дороге забивали в колодки. (Прим. М. Е. Салтыкова-Щедрина.).

- Ах! - взвизгнул заяц от боли, но в одну минуту сдержал себя и молодецки поправился, - это я, ваше высокое степенство, о тамошних лисах говорю, а здешние лисицы, сказывают, добрые.

- Ой ли?

- Верно говорю. В прошлом году у нас в лесу зайчик-сирота остался, так одна лисица его с своими детьми, слышь, воспитала.

- Вырастила, значит, и выпустила? Где ж он теперь, сиротка-то ваш?

- Кто его знает, где он теперь... Пропал будто. Поворовывать, говорят, начал, скружился, а наконец, и лисицу молоденькую соблазнил. За это будто бы его старуха-лисица и съела.

- Я его съела, я - та самая лисица и есть, о которой ты слышал. Только не за то я его съела, что он скружился и в разврат впал, а за то, что пора его приспела.

Лисица на минуту задумалась и щелкнула зубами, поймав блоху. Потом, не торопясь, встала, встряхнулась и совершенно добродушно спросила зайца:

- А теперь, как ты полагаешь, кого я есть буду?

Умен был заяц, а не угадал. Или, лучше сказать, у него тогда же в уме мелькнуло: "Вот оно, заячье-то житье... начинается!" - но ему смерть не хотелось даже самому себе признаться в этом.

- Не знаю, - ответил он.

Однако и по лицу, и по голосу его так было явно, что он лжет, что лиса не на шутку рассердилась.

- Вот ты какой лгун! - сказала она. - Мне про тебя и невесть чего наговорили: и философ-то ты, и сердцеведец-то, а выходит, что ты самый обыкновенный, плохой зайчонко! Тебя буду есть! тебя, сударь, тебя!

Лиса отпрянула назад и сделала вид, что вот-вот сейчас бросится на зайца и съест. Но вслед за тем она села и, как ни в чем не бывало, начала задней ногой за ухом чесать.

- А может быть, ты и помилуешь? - вполголоса сделал робкое предположение заяц.

- Час от часу не легче! - еще пуще рассердилась лиса, - где ты это слыхал, чтобы лисицы миловали, а зайцы помилование получали? Разве для того мы с тобой, фофан ты этакой, под одним небом живем, чтобы в помилованья играть... а?

- Ну, тетенька, примеры-то эти бывали! - настаивал заяц, все еще хорохорясь. Но тут же, впрочем, упал духом и затосковал.

Вспомнилось ему, как он из конца в конец бегал, словно мужик-раскольщик, "вышнего града взыскуя"; как он по целым суткам в дупле, не евши, дрожал; как однажды, от лихого зверя спасаясь, он в подполицу к мужику расскакался, да благо в ту пору великий пост был, мужик-от его и

69

выпустил. Вспомнил про своих зайчих-любушек, как он вместе с ними зайчат зоблил, и как ни с одной порядком даже надышаться не успел. И, вспоминая, то и дело втихомолку твердил:

- Ах, кабы пожить! Ах, кабы хоть чуточку еще пожить!

А лиса, тем временем, и взаправду приятный сюрприз зайцу приготовила.

- Слушай, подлый зайчишко, - сказала она, - я ведь думала, что ты в самом деле филозоф, а тебя между тем, вишь, как от одной мысли о смерти коробит. Так вот я какую для тебя вольготу придумала. Отойду я на четыре сажени вперед, сяду к тебе задом и не буду на тебя, на гаденка этакого, целых пять минут смотреть. А ты в это время старайся мимо меня так пробежать, чтобы я тебя не поймала. Успеешь улизнуть - твоя взяла; не успеешь - сейчас тебе резолюция готова.

- Ах, тетенька, где уже мне!

- Глупый! ежели и не улизнешь, так все-таки время проведешь. Делом займешься, потрафлять будешь - ан тоски-то и убавится. Все равно, как солдат на войне: потрафляет да потрафляет - смотришь, ан и пропал!

Заяц подумал-подумал и должен был согласиться, что лиса хорошо придумала. Между делом быть съеденным все-таки вольготнее, нежели в томительно-праздном ожидании. Настоящая-то заячья смерть именно такова и есть, чтобы на всем скаку: бежишь во весь опор, ан тут тебе и капут.

"Ничего ты не понимаешь, что с тобой делается, а тебя вдруг пополам разорвали! - соображал заяц и машинально прибавил, - а может быть..."

- Ну, эти фантазии-то ты оставь! - предупредила его лиса, угадав неясную надежду, мелькнувшую у него в голове. - Ты лучше уж без фантазий... раз, два, три! господи благослови, начинай!

Сказавши это, лиса отошла на четыре сажени вперед, предварительно посадивши зайца задом к частому-частому кустарнику, чтобы никак он не мог назад убежать, а бежал бы не иначе, как мимо нее.

Села лисица и занялась своим делом, словно и не видит зайца. Но заяц нимало не сомневался, что если б она и еще на четыре сажени вперед отошла, то и тогда ни одно самомалейшее его движение не ускользнуло бы от нее. Несколько раз он вскакивал на ноги и уши на спину складывал; несколько раз он весь собирался в комок, намереваясь сделать какой-то диковинный скачок, благодаря которому он сразу очутился бы вне преследования; но уверенность, что лиса, и не видя, все видит, приводила его в оцепенение. Тем не менее лиса все-таки была, по-своему, права; у зайца, действительно, нашлось заячье дело, которое в значительной мере агонию его смягчило.

Наконец урочные пять минут истекли, застав зайца неподвижным на прежнем месте и всецело погруженным в созерцание своего заячьего дела.

- Ну, теперь давай, заяц, играть! - предложила лисица.

Начали они играть. С четверть часа лисица прыгала вокруг зайца: то укусит его и совсем уж сберется горло перервать, то прыгнет в сторону и задумается: "Не простить ли, мол?" Но даже и это было для зайца своего рода дело, потому что ежели он и не оборонялся взаправду, то все-таки лапками закрывался, верезжал...

Но через четверть часа все было кончено. Вместо зайца остались только клочки шкуры да здравомысленные его слова: "Всякому зверю свое житье: льву - львиное, лисе - лисье, зайцу - заячье".

Игрушечного дела людишки

В 184* году я жил в одной из северных губерний России. Жил, то есть состоял на службе, как это само собой разумелось в то время. И при этом всякие дела делал: возлежал на лоне у начальника края, танцевал котильон с губернаторшей, разговаривал с жандармским штаб-офицером о величии России и, совместно с управляющим палатой государственных имуществ, плакал горючими слезами, когда последний удостоверял, что будущее принадлежит окружным начальникам. И, что всего важнее, ужасно сердился, когда при мне называли окружных начальников эмиссарами Пугачева. Одним словом, проводил время не весьма полезно.

В то время, вблизи губернского города, процветал (а быть может, и теперь процветает) уездный городок Любезнов, куда я частенько-таки езжал, во-первых, потому что праздного времени было пропасть, а во-вторых, потому, что там служил, в качестве городничего, мой приятель, штабс-капитан Вальяжный, а у него жила экономка Аннушка. Эта Аннушка была премилая особа, и, признаюсь, когда мне случалось пить у Вальяжного чай или кофе, то очень приятно было думать, что предлагаемый напиток разливала девица благоутробная, а не какая-нибудь пряничная форма. Но, впрочем, только и всего. Хотя же и был на меня донос, будто б я езжу в Любезнов "для лакомства", но, ввиду моей беспорочной службы, это представляло так мало вероятия, что сам его превосходительство собственноручно на доносе написал: "Не верю; пусть ездит".

Подобно тому, как у любого отца семейства всегда бывает особенно надежное чадо, о котором родители говорят: "Этот не выдаст!" - подобно сему и у каждого губернатора бывает свой излюбленный город, который его превосходительство называет своею "гвардией" и относительно которого сердце его не знает никаких тревог. Об таких городах ни в губернаторской канцелярии, ни в губернском правлении иногда по целым месяцам слыхом не слыхать. Исправники в них - непьющие; городничие - такие, что две рюмки вставши, да три перед обедом, да три перед ужином - и сами говорят: "Баста!", городские головы - такие, что только о том и думают, как бы новую пожарную трубу приобрести или общественный банк устроить, а обыватели - трудолюбивые, к начальству ласковые и к уплате податей склонные.

К числу таких веселящих начальственные сердца муниципий принадлежал и Любезнов. Я помню, губернатор даже руки потирал, когда заводили речь об этом городе. "За Любезнов я спокоен! Любезновцы меня не выдадут!" - восклицал его превосходительство, и все губернское правление, в полном составе, вторило: "Да, за Любезнов мы спокойны! Любезновцы нас не выдадут!" Зато, бывало, как только придет из Петербурга циркуляр о принятии пожертвований на памятник Феофану Прокоповичу или на стипендию имени генерал-майора Мардария Отчаянного, так тотчас же первая мысль: поскорее дать знать любезновцам! И точно: не успеет начальство и оглянуться, как исправник Миловзоров уже шлет 50 коп., а городничий Вальяжный - целых 75 коп. Тогда как из Полоумного городничий с тоской доносит, что, по усиленному его приглашению, пожертвований на означенный предмет поступила всего 1 копейка... Да еще испрашивает в разрешение предписания, как с одной копейкой поступить, потому-де что почтовая контора принимает к пересылке деньги лишь в круглых суммах!

Любезнов был городок небольшой, но настолько опрятный, что только разве в самую глухую осень, да и то не на всех его улицах, можно было увязнуть. В нем был общественный банк, исправная пожарная команда, бульвар на берегу реки Любезновки, небольшой каменный гостиный двор, собор, две мощеные улицы - одним словом, все, что может веселить самое прихотливое начальническое сердце. Но главным украшением города был городской голова. Этот замечательно деятельный человек целых пять трехлетий не сходил с головства и в течение этого времени неуклонно задавал пиры губернским властям, а местным - кидал подачки. С помощью этой внутренней политики он и сам твердо держался на месте, и в то же время содержал любезновское общество в дисциплине, подходящей к ежовым рукавицам. И вот, быть может, благодаря этим последним, в Любезнове процвели разнообразнейшие мастерства, которые

72

сделали имя этого города известным не только в губернии, но и за пределами ее.

Этот блестящий результат был, однако ж, достигнут не без труда. Есть предание, что Любезнов некогда назывался Буяновым и что кличка эта была ему дана именно за крайнюю необузданность его обывателей. Было будто бы такое время, когда любезновцы проводили время в гульбе и праздности и все деньги, какие попадали им в руки, "крамольным обычаем" пропивали и проедали; когда они не токмо не оказывали начальству должных знаков почитания, но одного из своих градоначальников продали в рабство в соседний город (см. "Северные народоправства", соч. Н. И. Костомарова). Даже и доднесь наиболее распространенные в городе фамильные прозвища свидетельствуют о крамольническом их происхождении. Таковы, например, Изуверовы, Идоловы, Строптивцевы, Вольницыны, Непроймёновы и т. д. Так что несколько странно видеть какого-нибудь Идолова, которого предок когда-то градоначальника в рабство продал, а ныне потомок постепенными мерами до того доведен, что готов, для увеселения начальства, сам себя в рабство задаром отдать.

К счастию для Буянова, случилось сряду четыре удачных и продолжительных головства, которые и положили конец этой неурядице. Первый из этих удачных градских голов дал городу раны, второй - скорпионы, третий - согнул в бараний рог, а четвертый познакомил с ежовыми рукавицами. И, независимо от этого, все четверо прибегали и к мерам кротости, неослабно внушая приведенным в изумление гражданам, что человек рожден для трех целей: во-первых, дабы пребывать в непрерывном труде; во-вторых, дабы снимать перед начальством шапку, и в-третьих, - лить слезы. Повторяю: результат оказался блестящий. Изуверовы, вместо того, чтобы заниматься "противодействиями", занялись изобретением perpetuum mobile[25], и в ожидании, покуда это дело выгорит, работали самокаты и делали какие-то особенные игрушки, которые "чуть не говорят"; Идоловы, прекратив "филантропии", избрали специальностью сборку деревянных часов, которые в сутки показывали двое суток, но и за всем тем, как образчик русской смекалки, могли служить поводом для размышлений о величии России; Строптивцевы, бросив "революции", изобрели такие шкатулки, до которых нельзя было дотронуться, чтобы по всему дому не пошел гвалт и звон; а один из Непроймёновых, занявшийся торговлей муравьиными яйцами (для кормления соловьев), до того осмелился, что написал даже диссертацию "О сравнительной плотности муравьиных яиц" и, отослав оную в

---

[25] Вечного двигателя (лат.).

надлежащее ученое общество (вместе с удостоверением, что недоимок за ним не состоит), получил за сие диплом на звание члена-соревнователя.

И вот, когда город совсем очистился от крамолы и все старые недоимки уплатил, когда самый последний из мещан настолько углубился в свою специальность, что буйствовать стало уж некогда, а впору было платить дани и шапки снимать, - случилось нечто торжественное и чудное! Обыватели, созванные на вече (это было последнее вече, после которого вечевой колокол был потоплен в реке) городским головой Вольницыным, принесли публичное покаяние, а затем, в порыве чувств, единогласно постановили: просить вышнее начальство, дабы имя Буянова из географии Арсеньева исключить, а город ихний возродить к новой жизни под именем Любезнова...

Нужно ли прибавлять, что ходатайство сие было уважено?

Повторяю: в 184* году Любезнов ни о каких "народоправствах" уже не думал, а просто принадлежал к числу городов, осужденных радовать губернаторские сердца. А так как времена были тогда патриархальные, то члены губернского синклита частенько-таки туда езжали, во-первых, чтобы порадоваться на трудолюбивых и ласковых мещан, а во-вторых, чтобы попить и поесть у гостеприимного головы. Следуя общему настроению умов, ездил туда и я.

Однажды приезжаю прямо к другу моему, Вальяжному, и уже на лестнице слышу, что в городнической квартире происходит что-то не совсем обычное. Отворяю дверь и вижу картину. Городничий стоит посреди передней, издавая звуки и простирая длани (с рукоприкладством или без оного - заверить не могу), а против него стоит, прижавшись в угол, довольно пожилой мужчина, в синем кафтане тонкого сукна, с виду степенный, но бледный и как бы измученный с лица. Очевидно, это был один из любезновских граждан, который до того уж проштрафился, что даже голова нашел находящиеся в его руках меры кротости недостаточными и препроводил виновного на воздействие предержащей власти.

- Степан Степаныч! голубчик! - воскликнул я, приветствуя дорогого хозяина, - а мы-то в губернии думаем, что в Любезнове даже самое слово "расправа" упразднено!

- Да... вот... - сконфузился было Вальяжный, но тотчас же поправился и, обращаясь к стоявшим тут "десятникам", присовокупил: - Эй! бегите в лавку за Твердолобовым, да судья чтобы... В бостончик? - обратился он ко мне.

- С удовольствием.

- Отлично. Милости просим! А я - вот только кончу!

И покуда я разоблачался (дело было зимой), он продолжал суд.

- Говори! почему ты не хочешь с женой "жить"? Вальяжный остановился на минуту и укоризненно покачал головой. Подсудимый молчал.

- И баба-то какая... Давеча пришла... печь печью! Да с этакой бабой... конца-краю этакой бабе нет! А ты!! Ах ты, ах!

Но подсудимый продолжал молчать.

- Да ты знаешь ли, что даже в книгах сказано: "Муж, иже жены своея..." - хотел было поучить от Писания Вальяжный, но запнулся и опять произнес: - Ах-ах-ах!

Мещанин продолжал переминаться с ноги на ногу, но на лице его постепенно выступало какое-то бесконечно-тоскливое выражение.

- Говори! что ж ты не говоришь?

- Что же я, вашескородие, скажу?

- Будешь ли "жить" с женой как следует... как закон велит? Говори!

Подсудимый несколько секунд помолчал и наконец вдруг заметался.

- Вашескородие! Мне не токма что говорить, а даже думать... увольте меня, вашескородие!

- А коли так - марш в холодную! И завтра чтобы без разговоров! А будешь разговаривать - так вспрысну, что до новых веников не забудешь! Марш!

И, помахав (чтоб крепче было) у подсудимого под носом указательным перстом, Вальяжный приказал его увести и затем, обратившись ко мне, протянул обе руки и воскликнул:

- Ну, вот вы и к нам! очень рад! очень рад! Аннушка! чаю!

До бостона я с полчаса спорил с Вальяжным. Он говорил, что "есть в законах"; я говорил, что "нет в законах". Послали за письмоводителем - тот ответил надвое: "Сам не видал, а, должно быть, где-нибудь да есть". Аннушка, вслушавшаяся в наш разговор, тоже склонялась в пользу того мнения, что где-нибудь да должно быть: "Потому, ежели они теперича в браке, то какие же это будут порядки, если жена свово положения от мужа получать не будет". Даже подоспевший к бостону судья - и тот сказал, что нужно где-нибудь в примечаниях поискать, потому что иногда где не чаешь, там-то именно и обретешь сокровище. Кончилось тем, что Вальяжный приказал письмоводителю к завтраму отыскать закон и в заключение прибавил:

- А ночь он пускай в холодной посидит! Там что еще окажется, а ему - наука!

В течение вечера дело хотя и недостаточно, но все-таки слегка для меня объяснилось. Обвиняемый был любезновский мещанин, Никанор Сергеев Изуверов, имевший в городе лучшую игрушечную мастерскую. Человек трезвый, трудолюбивый и послушливый, он представлял собой идеал обывателя, каким ему перед богом и Страшным его судом предстать надлежит. Слава об его мастерстве доходила некоторым образом даже до столиц, потому что всякий заезжий по делам службы столичный чиновник или офицер считал своею обязанностью поощрить "самородка" и приобрести у него несколько особенно хитрых игрушечных механизмов. Говорили, что он не игрушки делает, а "настоящих деревянных человечков". И еще говорили, что если бы всех самородков, в недрах земли русской скрывающихся, откопать, то вышла бы такая каша, которой врагам России и вовек бы не расхлебать.

Изуверов до сорока лет прожил одиноко с старухой матерью. Всецело углубившись в свою специальность, он, по-видимому, даже не ощущал потребности в обществе жены; но лет пять тому назад старуха мать умерла, и Изуверова попутал бес. Некому было шти сготовить, некому - заплату на штаны положить. Он затосковал и начал было даже попивать. В это время под руку подвернулась двадцатипятилетняя девица Матрена Идолова, рослая, рыхлая, как будто нарочно созданная, чтобы горшки из печи ухватом таскать. Изуверов решился. Он даже радовался, что у него будет жена сильная, печь печью; думал, что при сильной бабе в доме больше порядку будет. Но, увы! Матрена с первых же шагов заявила наклонность не столько к тасканию горшков из печи, сколько к тому, чтобы муж вел себя относительно ее как дамский кавалер. И так как Никанор Сергеев, по-видимому, к роли дамского угодника чувствовал призвание очень слабое, то немедленно же обнаружилась полнейшая семейная неурядица, а под конец дело дошло и до разбирательства полиции.

Разумеется, на другой день письмоводитель доложил, что "в законах нет". Но, кроме того, оказалось и еще кое-что, а именно, что даже "вспрыснуть" Изуверова нельзя, так как закон на этот раз гласил прямо, что мещане, яко образованные, от телесных воздействий освобождаются. Поэтому Изуверова тогда же выпустили, а жене его Вальяжный объявил кратко: "Закона нет".

Результат этого я отчасти приписываю себе. Конечно, я был тут орудием случайным и даже страдательным, но все-таки, в качестве чиновника из губернии, в известной мере олицетворял авторитет. Я убежден, что, не наткнись я на сцену и не возбуди вопроса о том, есть ли в законе, или нет, никто (и всех меньше сам Изуверов) и не подумал бы об этом. Никанор Сергеев не только высидел бы в холодной свое "положенное", но, наверное, был бы и "вспрыснут". Много-много, если бы Вальяжный перед "вспрыснутием" сказал бы: "А ну, образованный, ложись!" Это был бы единственный компромисс, который он допустил бы в свидетельство, что в городническом правлении, действительно, имеется шкап, в котором, в качестве узника, заключен закон.

К стыду моему, я должен сознаться, что, очень часто слыша о необыкновенных способностях Изуверова, я до сих пор еще ни разу не полюбопытствовал познакомиться с произведениями его мастерства. Поэтому теперь, когда, помимо его репутации, меня заинтересовала самая личность "самородка-механика", я счел уже своею обязанностью посетить его и его заведение.

Домик, в котором жил Изуверов, стоял в одной из пригородных слобод и почти ничем не отличался от соседних домов. Такой же чистенький, словно подскобленный, так же о трех окнах и с таким же маломерным двором. Вообще мастерские и ремесленные слободы Любезнова были распланированы и обстроены с изумительным однообразием, так что сами граждане в шутку говаривали: "Точно у нас каторга!" В домиках с утра до ночи шла неусыпающая деятельность; все работали: и взрослые, и подростки, и малолетки, и мужеск, и женск пол; зато улицы стояли пустынные и безмолвные.

Я застал хозяина в мастерской одного. Изуверов принял меня с каким-то робким радушием и показался мне чрезвычайно симпатичным. Лицо его, изжелта-бледное и слегка изнуренное, было очень привлекательно, а в особенности приятно смотрели большие серые глаза, в которых, от времени до времени, проблескивало глубоко тоскливое чувство. Тело у него было совсем тщедушное, так что сразу было видно, что ему на роду написано: не быть исправным кавалером. Плечи узкие, грудь впалая, руки худые, безволосые, явно непривычные к тяжелой работе. Когда я вошел, он стоял в одной рубахе за верстаком и суетливо заторопился надеть армяк, который висел возле на гвоздике. На верстаке лежала кукла, сделанная вчерне. Плешивая голова без глаз; вместо груди и живота - две пустые коробки, предназначенные для помещения механизма; деревянные остовы рук и ног с обнаженными шалнерами.

Я, конечно, видал в своей жизни великое множество разоренных кукол, но как-то они никогда не производили на меня впечатления. Но тут, в этой насыщенной "игрушечным делом" атмосфере, меня вдруг охватило какое-то щемящее чувство, не то чтобы грусть, а как бы оторопь. Точно я вошел в какое-то совсем оголтелое царство, где все в какой-то отупелой безнадежности застыло и онемело. Это последнее обстоятельство было в особенности тяжко, потому что немота именно заключает в себе что-то безнадежное. Так что мне ужасно жалким показался этот человек, который осужден проводить жизнь в этом застывшем царстве, смотреть в просверленные глаза, начинять всякой чепухой пустые груди и направлять всю силу своей изобретательности на то, чтобы руки, приводимые в движение замаскированным механизмом, не стучали "по-деревянному", а плавно и мягко, как у ханжей и клеветников, ложились на перси, слегка подправленные тряпкой и ватой и, "для натуральности", обтянутые лайкой.

- Как живете? - приветствовал я хозяина.

- Тихо-с. Смирно у нас здесь-с. Прохор Петрович (голова) такую в нашем городе тишину завел, что, кажется, кабы не стучал станок - подумал бы, что и сам-то умер.

- Скучно?

- Не скучно-с, а как будто совсем нет ничего: ни скуки, ни веселости - одна тишина-с. Все мы здесь на равных правах состоим, точно веревка скрозь продернута. Один утром проснулся; за веревку потянул - и все проснулись; один за станок стал - и все стали. Порядок-с.

- Что ж, это хорошо. Порядок и притом тишина - это прежде всего. Оттого и начальники, глядя на вас, радуются; оттого и недоимок на вас нет. А присем, весьма возможно, что и порочиые наклонности ваши, не встречая питания...

К счастию, я поперхнулся на этом слове, и когда откашлялся, то потерял нить, и, таким образом, учительное настроение как-то само собой оставило меня.

- Вы, сказывали мне, игрушечным мастерством занимаетесь? И притом какие-то особенные, отличнейшие куклы работаете?

- Хвалить себя не смею, а, конечно, стараюсь доходить. Весь век промежду кукол живешь, все молчишь, все думаешь... Думаешь да думаешь - и вдруг, это, кукла перед тобой как живая стоит! Ну, натурально, потрафить хочется... А в этом разе, уж само собой, одной тряпкой да лайкой мудрено обойтись.

- Значит, вы отчасти и в скульптуру вдаетесь?

- Не знаю, сударь, как на это вам доложить. По-моему, я куклу работаю, - только, разумеется, потрафить стараюсь. Скажем теперича хоть так: желаю я куклу-подьячего сделать - как с этим быть? Разумеется, можно и так: взял чурбашок, наметил на нем глаза, нос, губы, напялил камзолишко да штанишки - и снес на базар продавать по гривеннику за штуку. А можно и иначе. Можно так сделать, что этот самый подьячий разговаривать будет, мимику руками разводить.

- Вот как!

- Да и это, позвольте вам доложить, еще не самый конец. И подьячие тоже разные бывают. Один подьячий - мздоимец; другой - мзды не емлет, но лакомству предан; третий - руками вперед без резону тычет; четвертый - только о том думает, как бы ему мужичка облагодетельствовать. Вот изволите видеть: только четыре сорта назвал, а уж и тут четыре особенные куклы понадобились.

- Так что если бы всех сортов подьячих в кукольном виде представить, так они, пожалуй, всю мастерскую бы вашу заполонили?

- Мудреного нет-с. Или, например, женский род - сколько тут для кукольного дела материалу сыщется! Одних "щеголих" десятками не сосчитаешь, а сколько бесстыжих, закоснелых, оглашенных, сколько таких, которые всю жизнь зря мотаются и ни к какому безделью пристроить себя не могут! Да вон она-с! извольте присмотреть! - вскрикнул он, указывая в окошко, - это соседка наша, госпожа Строптивцева, по улице мостовой идет! Муж у ней часовым мастерством занимается, так она за него, вишь, устала, погулять вышла! Извольте взглянуть - чем не кукла-с?

Действительно, по другой стороне улицы проходила молодая женщина, несколько странного, как бы забвенного, вида. Идет, руками машет, головой болтает, ногами переплетает. Не то чего-то ищет, не то припоминает: "Чего, бишь, я ищу?"

- Вот этакую-то куклу, да ежели ейный секрет как следует уследить - стоит ли за ней посидеть, спрошу вас, или нет? А многие ли, позвольте спросить, из нашего брата, игрушечников, понимают это? Большая часть так думает: насовал тряпки, лайкой обтянул да платьем прикрыл - и готов женский пол! Да вот, позвольте-с! у меня и образчик отличнейший в этом роде найдется - не угодно ли полюбопытствовать?

Он подошел к стеклянному шкапу и вынул оттуда довольно большую и ценную куклу. Кукла представляла собой богато убранную "новобрачную", в кринолине, в белом атласном платье, украшенном серебряным шитьем и кружевными тряпочками. Личико у нее было восковое, с нежным румянчиком на щеках; глазки - фарфоровые; волосы на голове - желтенькие. С головы до полу спускался длинный тюлевый вуаль.

- Полковник здесь у набора был, - объяснил Изуверов, -так он заведение мое осматривал, а впоследствии мне эту куклу из Петербурга в презент прислал. Как, сударь, по-вашему, дорого эта кукла стоит?

- Да рублей двадцать, двадцать пять.

- Вот видите-с. Мне этакой суммы и не выговорить, а по-моему, вся ей цена, этой кукле, - грош!

- Что так?

- Пустая кукла - вот отчего-с. Что она есть, что нет ее - не жалко. Сейчас ты у ней голову разбил - и без головы хороша; платье изорвал - другое сшить можно. Ишь у ней глазки-то зря болтаются; ни она сыскоса взглянуть ими, ни кверху их завести - ничего не может. Пустая кукла - только и всего!

В самом деле, рассмотревши внимательно щегольскую петербургскую куклу, я и сам убедился, что эта пустая кукла. Дадут ее ребенку в руки, сейчас же он у нее голову скусит - и поделом. Однако ж я все-таки попытался хоть немного смягчить приговор Изуверова.

- Послушайте! да ведь это "новобрачная"! - сказал я, - чего ж вы хотите от нее?

- Ежели, вашескородие, насчет ума это изволите объяснять, так позвольте вам доложить: хоть и трудно от "новобрачной" настоящего ума ожидать, однако, ежели нет у ней ума, так хоть простота должна быть! А у этой куклы даже и простоты настоящей нет. Почему она "новобрачная"? на какой предмет и в каком градусе состоит? - Какие ответы она на эти вопросы может дать? Что уваль-то у ней на голове, в знак, непорочности, положен? так ведь его можно и снять-с! Что тогда она будет? "новобрачная" или просто пологрудая баба, которая наготою своею глаза прохожим людям застелить хочет?

- Да разве можно от нее ответов требовать, коль скоро она "новобрачная"? ведь она и сама, вероятно, о себе ничего сказать не сумеет.

- Бывает с ними, конечно, и это-с. Бывают промежду ихней сестры такие, что об чем ты с ней ни заговори, она все только целоваться лезет... Так ведь нужно, чтобы и это было сразу понятно. Чтобы всякий, как только взглянул на нее, так и сказал! "Вот так баба... ах-ах-ах!" А то - натко! Нацепил уваль - и думает, что дело сделал! Этакие-то куклы у нас на базаре по гривеннику штука продают. Вон их, чурбашков, сколько в углу навалено!

- Так вы, значит, и простую куклу работаете?

- Без простой куклы нам пропитаться бы нечем. А настоящую куклу я работаю, когда досуг есть.

- И это интересует вас?

- Известно, кабы не было занято, так лучше бы чурбашки работать: по крайности, полтинников больше в кармане водилось бы. А от этих от "человечков" и пользы для дому не видишь, да не ровен час и от тоски, пожалуй, пропадешь с ними.

- Тоска-то с чего же?

- С того самого и тоска, что тебе вот "дойти" хочется, а дело показывает, что руки у тебя коротки, Хочется тебе, например, чтоб "подьячий"... ну, рассердился бы, что ли... а он, заместо того, только "гневается"! Хочется, чтоб он сегодня - одно, а завтра - другое; а он с утра до вечера все одну и ту же канитель твердит! Хочется, чтоб у "человечков" твоих поступки были, а они только руками машут!

- Еще бы вы чего захотели: чтоб у кукол поступки были!

- Знаю, сударь, что умного в этом хотенье мало, да ведь хотеть никому не заказано - вот горе-то наше какое! Думаешь: "Сейчас взмахну и полечу!" - а "человечек"-то вцепился в тебя, да и не пускает. Как встал он на свою линию, так и не сходит с нее. Я даже такую механику придумал, что людишки мои из лица краснеют - ан и из этого проку не вышло. Пустишь это в лицо ему карминцу, думаешь: "Вот сейчас он рассердится!" - а он "гневается", да и шабаш! А нынче и еще фортель приспособил: сердца им в нутро вкладывать начал, да уж наперед знаю, что и из этого только проформа выйдет одна.

И он показал мне целую связку крошечных кукольных сердец, из которых на каждом мелкими-мелкими буквами было вырезано: "Цена сему серцу Адна копек.".

- Так вот как поживешь, этта, с ними: ума у них - нет, поступков - нет, желаний - нет, а на место всего - одна видимость, ну, и возьмет тебя страх. Того гляди, зарежут. Сидишь посреди этой немоты и думаешь: "Господи! да куда же настоящие-то люди попрятались?"

- Ах, голубчик, да ведь и в заправской-то жизни разве много таких найдется, которых можно "настоящими" Людьми назвать?

- Вот, сударь, вот. Это одно и смиряет. Взглянешь кругом: все-то куклы! везде-то куклы! не есть конца этим куклам! Мучат! тиранят! в отчаянность, в преступление вводят! Верите ли, иногда думается: "Господи! кабы не куклы, ведь десятой бы доли злых дел не было против того, что теперь есть!"

- Гм... отчасти это, пожалуй, и так.

- Вполне верно-с. Потому настоящий человек - он вперед глядит. Он и боль всякую знает, и огорчение понять может, и страх имеет. Осмотрительность в нем есть. А у куклы - ни страху, ни боли - ничего. Живет как забвенная, ни у ней горя, ни радости настоящей, живет да душу изнимает - и шабаш! Вот хоть бы эта самая госпожа Строптивцева, которую сейчас изволили видеть, - хоть распотроши ее, ничего в ней, окромя тряпки и прочего кукольного естества, найти нельзя. А сколько она, с помощью этой тряпки, злодеяниев наделает, так, кажется, всю жизнь ее судить, так и еще на целую такую же жизнь останется. Так вот как рассудишь это порядком - и смиришься-с. Лучше, мол, я к своим деревянным людишкам уйду, не чем с живыми куклами пропадать буду!

- С деревянными-то людишками, стало быть, поваднее?

- Как же возможно-с! С деревянным "человечком" я какой хочу, такой разговор и поведу. А коли надоел, его и угомонить можно: ступай в коробку, лежи! А живую куклу как ты угомонишь? она сама тебя изведет, сама твою душу вынет, всю жизнь тебе в сухоту обратит!

Изуверов высказал это страстно, почти с ненавистью. Видно было, что он знал "живую куклу", что она, пожалуй, и теперь, в эту самую минуту, невидимо изводила его, вынимала из него душу и скулила над самым его ухом.

- У нас, сударь, в здешнем земском суде хороший человек служит, - продолжал он, - так он, как ему чуточку в голову вступит, сейчас ко мне идет. "Изуверов, говорит, исправник одолел! празднословит с утра до вечера - смерть! Сделай ты мне такую куклу, чтоб я мог с нею, заместо исправника, разговаривать!"

- А любопытно было бы исправника вашей работы видеть - есть у вас?

- Материалу покуда у нас, вашескородие, еще не припасено, чтобы господ исправников в кукольном виде изображать. А впрочем, и то сказать: невелику бы забаву и господин секретарь получил, если б я его каприз выполнил. Сегодня он позабавился, сердце себе утолил, а завтра ему и опять к той же живой кукле на расправу идти. Тяжело, сударь, очень даже тяжело промежду кукол на свете жить!

Он помолчал с минуту, вздохнул и прибавил:

- Отец дьякон соборный не однажды говаривал мне: "Прямой ты, Изуверов, дурак! И от живых людишек на свете житья нет, а он еще деревянных плодит!"

Изуверов опять умолк, и на этот раз, по-видимому, даже усомнился, правильно ли он поступил, сообщив разговору философическое направление. Он застенчиво ходил около верстака и полою армяка сметал с него опилки и стружки.

- А не покажете ли вы мне своих "людишек"? - попросил я.

- Помилуйте! отчего же-с! - ответил он, - даже за честь почту-с! Да вот, позвольте, для начала, хоть господ "подьячих" вам отрекомендовать.

- А ну-тка, господин коллежский асессор, вылезай! - воскликнул Изуверов, вынимая из картонки куклу и становя ее на верстак.

Передо мною стоял "человечек" величиною около пяти вершков; лицо и части тела его были удовлетворительно соразмерены; голова, руки и ноги свободно двигались. Тип подьячего был схвачен положительно хорошо. Волоса на голове - черные, тщательно прилизанные, с завиточками на висках и с коком над лбом; лицо, вздернутое кверху, самодовольное, с узким лбом и выдающимися скулами; глаза маленькие, подвижные и блудливые, с сильным бликом; щеки одутловатые, отливающие желтизною и в выдающихся местах как бы натертые кирпичиком (вместо румянца); губы пухлые, красные, масленые, точно сейчас после принятия жирной пищи; подбородок бритый и порезанный; кой-где по лицу рассеяны прыщи. Одет в вицмундир серого казинета, с красным казинетовым же воротником, и притом несколько странного покроя: с узенькими-узенькими фалдочками, падающими почти до земли; при вицмундире серенькие штанишки, коротенькие и отрепанные; карманы везде глубокие, способные вместить содержание сумы нищего, возвращающегося домой после удачного сбора "кусков". В петлице висит серебряной фольги медаль с надписью: "За спасение погибающих". Бедра крутые, женского типа; брюшко круглое, как комочек, и весело колеблющееся, как будто в нем еще продолжают трепыхаться только что заглотанные живьем куры и другая живность. Одну руку он утвердил фертом на бедре, другую - засунул в карман брюк, как бы нечто в оный поспешно опуская; ноги сложил ножницами. Вообще всей своей фигурой он напоминал ножницы, опрокинутые острым концом вниз. И хотя я не мог доподлинно вспомнить, где именно я эту личность видел, но несомненно, что где-то она мне встречалась, и даже нередко.

- "Мздоимец"? - спросил я.

- Он самый-с; как на ваш взгляд-с?

- Недурен. Только, признаюсь, я не совсем понимаю, зачем вы его в серый вицмундир одели, да еще с красным воротником? Ведь такой формы, сколько мне известно, не существует.

- Для цензуры-с. Ежели бы я в настоящий вицмундир его нарядил - куда бы я с ним сунулся-с? А теперь с меня взятки гладки-с. Там, как хочешь разумей, а у меня один ответ: партикулярный, мол, человек, - только и всего.

- Ну а зачем вы его коллежским асессором прозвали?

- Тоже для цензуры-с. Приезжал ко мне, позвольте вам доложить, в мастерскую человек один - он в Петербурге чиновником служит, - так он мне сказывал, что там свыше коллежского асессора представлять в кукольном виде не дозволяется, а до коллежского асессора будто бы можно. Вот я с тех пор и поставил себе за правило эту самую норму брать.

- Правильно. Ну, так покажите мне теперь вашего коллежского асессора, как он действует.

- Сейчас, вашескородие. Мы ему сперва-наперво экзамент учиним. Сказывай, коллежский асессор: взятки любишь?

- Папп-п-па! - вдруг совершенно отчетливо крикнул "человечек".

Я даже вздрогнул. Как-то удивительно неприятно поражал голос, которым были произнесены эти звуки. Точно попугай в соседней комнате крикнул, да еще в старозаветных помещичьих домах приживалки и попадьи таким голосом говаривали, когда желали веселить своих благодетелей.

- Это значит: люблю-с, - пояснил Изуверов и, вновь обращаясь к "коллежскому асессору", продолжал: - Большую, поди, мзду любишь?

- Папп-п-па!

- Такую, чтоб ограбить? дотла чтобы?

- Паппа! паппа! паппа!

Троекратно произнося этот возглас, коллежский асессор выказывал чрезвычайное волнение: вращал глазами, кивал головой, колыхал животом и хлопал руками по бедрам, точь-в-точь как бьет крыльями птица, которая неожиданно налетела на рассыпанный корм. Мне показалось, что даже было одно мгновение, когда он покраснел.

- Вот вы говорили, что ваши "человечки" поступков не имеют, - сказал я, - а посмотрите, какой неподдельный восторг ваш коллежский асессор выказывает!

- То-то и есть, что не вполне, вашескородие! - возразил Изуверов, - и руками он хлопает, и глазами бегает - это действительно; а в лице все-таки настоящей алчности нету! Вот у нас в магистрате секретарь служит, так тот, как взятку-то увидит, даже из себя весь помертвеет! И взгляд у него помутится, и руки затрясутся, и слюна на губах. Ну, а мой до этого не дошел-с.

- Мне кажется, что вы чересчур уж скромны, Никанор Сергеич. По моему мнению, и ваш "подьячий" - мерзавец хоть куда!

- Нет, сударь, что уж? Дальше - лучше увидите доказательства, что не напрасно я недоволен им. А покуда позвольте мне экзамент продолжать. - Ну, коллежский асессор, сказывай! Что большую мзду ты любишь - это мы знаем, а как насчет малой мзды - приемлешь?

- Папп... взззз...

"Человечек" как будто спохватился и зашипел. Признаться, я подумал, не испортился ли в нем механизм, но Изуверов поспешил разуверить меня.

- Это значит: приемлю и малую мзду, но лишь в тех случаях, когда сорвать больше нечего. - Ну, а как ты насчет того скажешь, чтобы, например, совсем без мзды дело решить?

- Взззз...

Коллежский асессор не только зашипел, но даже закружился. Лицо у него совсем налилось красною жидкостью; глаза блудливо бегали в орбитах. Вообще было видно, что самая идея решить дело без мзды может довести его до исступления.

Даже Изуверов возмутился такою наглостью и строго покачал головой.

- Как посмотрю я на тебя, "Мздоимец", - сказал он, - так ты жаден, так жаден, что, кажется, отца родного за взятку продать готов?

- Папп-па! папп-па! папп-па!

- А под суд за это попасть хочешь?

- Взззз...

- Не любишь? Конечно!.. Кому под суд попасть хочется! Какой ни на есть пансион, хоть грош, а все-таки заслужить лестно! Ты, поди, уж и деревнюшку для себя присмотрел?

- Папп-па!

- Наберешь взятков, женишься, уедешь в вотчину, станешь деток зоблить, крестьян на барщину гонять, в праздники на крылосе за обедней подпевать!

- Папп-па!

- И вдруг кондрашка?!

- Взззз...

- Не любишь? Ничем его так, вашескородие, огорчить нельзя, как ежели о смертном часе напомнить. Ну, ладно, коллежский асессор! Покуда что, а мы тебя теперь с одним человечком сведем...

Изуверов отыскал другую картонку и вынул оттуда "мужика".

Мужик был совсем настоящий и, по-видимому, даже зажиточный. Борода длинная, с сильною проседью; волосы, обильно вымазанные коровьим маслом; на плечах - синий армяк, подпоясанный красным кушаком, на ногах - совсем новенькие лапти. Из-за пазухи у него высовывались куры, гуси, утки, индюшки, поросята, а в одном из карманов торчала даже целая корова. Изуверов поставил его сначала поодаль от коллежского асессора.

- Ну, что, мужичок! виноват?

- Мм-му-у!

- А коли виноват - становись, значит, на коленки!

Он поставил мужика на колени и обратил лицом к коллежскому асессору.

- Ползи!

Мужик пополз и остановился перед "Мздоимцем". Коллежский асессор сначала отвернул голову в сторону, притворяясь, будто не видит просителя; но после несколько раз повторенных "мм-му-у!" постепенно начал взглядывать по направлению виноватого и наконец вдруг плотоядно и пронзительно взвизгнул:

- Папп-па!

И тотчас же вырвал у мужика из-за пазухи гуся, которого тут же, при неистовом гоготании птицы, живьем и сожрал.

- Кланяйся же! кланяйся, мужичок! - поощрял Изуверов, - проси прощенья... вот так! виноват, мол, ваше высокородие! не буду!

- Мму-у-у! мму-у-у! мму-у-у! - твердил мужичок.

Поощренный этим, коллежский асессор словно остервенился. Откинулся всем корпусом назад и некоторое время стоял в этой позе, как бы разглядывая свою жертву; потом начал раскачиваться из стороны в сторону, наливаясь при этом кровью, и наконец со всех ног бросился на мужика и принялся его теребить и грабить. Все это было проделано до такой степени живо, что у меня даже волосы встали дыбом. "Мздоимец" повытаскал из-за пазухи мужика всех курят, выволок из кармана за рога корову, потом выворотил другой карман и нашел там свинью, которая со страху сейчас же опоросилась десятью поросятами, и при всякой находке восклицал:

- Папп-па! папп-па! папп-па!

Мужик же в умилении вторил ему:- Мму-у-у!!

Наконец "Мздоимец" отцепился, и мужик, думая, что вина ему уж прощена, тоже начал проворно становиться на ноги. Однако ж не тут-то было. Коллежский асессор опять что-то вспомнил (и, по-видимому, самое важное) и энергично замахал руками, указывая мужику на лапти. Мужик сконфузился, как будто его уличили в плутне; затем беспрекословно опустился на пол и стал разувать онучи и лапти. Все время, покуда происходил процесс разувания, "Мздоимец" внимательно следил за виноватым и лукаво улыбался, как бы говоря: "Надуть хотел... негодяй!!" И точно: по мере того, как развертывались мужиковы онучи, из них во множестве сыпались беленькие и желтенькие кружочки.

- Это крестовики и полуимпериальчики-с! - пояснял Изуверов.

Коллежский асессор остервенился вновь. В одно мгновение ока бросился он на виноватого, обшарил с головы до ног, обрал деньги, снял с мужика армяк и даже отнял медный гребень, висевший у него на поясе.

- Папп-па! папп-па! папп-па! - восклицал он в восхищении.

- Мму-у-у! - вторил ему мужик.

- Ну вот, теперь вставай! - решил Изуверов, становя мужика на ноги.

Мужик был сильно помят, но, по-видимому, нимало не огорчен. Он понимал, что исполнил свой долг, и только потихоньку встряхивался.

- Доволен? - обратился к нему Изуверов.

- Мму-у-у!

- Ну, то-то! теперь твое дело - верное! и дома всем так говори: "Теперь, мол, меня хоть с кашею ешь, хоть на куски режь - мое дело верное!" Ну-ну! добро, полезай опять в картонку да обрастай до будущего раза!

Он ухватил мужика поперек туловища и уложил его обратно в картонку.

- Этот мужичок у меня для "представлений" служит, - объяснил мне Изуверов, - сам по себе он персоны не обозначает, а коли-ежели силу души кому показать нужно, так складнее парня не сыскать! А засим позвольте, вашескородие, попросить: не угодно ли будет вам уж от себя вопросы господину коллежскому асессору предложить?

- Какие же вопросы?

- Что, сударь, вздумаете, то и спросите. Увидите, по крайности, какую силу он перед вами выкажет.

- Извольте! Что бы, например?.. Ну, например: понимаешь ли ты, коллежский асессор, какое значение слово "правда" имеет?

Молчание.

- А бога... боишься?

Молчание.

- Ну, что бы еще?.. На пользу ближнему послужить не прочь?

Опять и опять молчание. Я в недоумении взглянул на Изуверова.

- Не понимает-с, - объяснил он кратко.

- То есть, как же это не понимает? Кажется, вопросы не очень мудреные?

- И не мудреные, а он ответить не может. Нет у него "добродетельного" разговора - и шабаш! все воровство, да подлости, да грабеж - только на уме! Вообще, позвольте вам доложить, сколько я ни старался добродетельную куклу сделать - никак не могу! Мерзавцев - сколько угодно, а что касается добродетели, так, кажется, экого слова и в заводе-то в этом царстве нет!

- Да ведь это, впрочем, и естественно. Возьмите даже живую куклу - разве она понимает, что такое добродетель?

- Не понимает - это верно-с. Да, по крайности, она хоть лицемерить может. Спросите-ка, например, нашего магистратского секретаря: "Боишься ли ты бога?" - так он, пожалуй, даже в умиление впадет! Ну, а мой коллежский асессор - этого не может.

- Это, я полагаю, оттого, что, в сущности, ваш "коллежский асессор" добродетельнее, нежели магистратский секретарь, - вот и всё. А попробуйте-ка вы "добродетельные" разговоры с точки зрения лицемерия повести - тогда я уверен, что и ваш "Мздоимец" не хуже магистратского секретаря на всякий вопрос ответит.

Идея эта, сама по себе очень простая, - сделать доступною для негодяя добродетель, обратив ее, при посредстве лицемерия, в подлость, - по-видимому, не приходила до сих пор в голову Изуверову. Даже и теперь он не сразу понял: как это так? сейчас была добродетель... и вдруг будет подлость!! Но, в конце концов, метаморфоза, разумеется, объяснилась для него вполне.

- А ведь я, вашескородие, попробую! - сказал он, робко взглядывая на меня.

- Разумеется, попробуйте! И я уверен, что успех будет полный.

- Ведь я тогда, вашескородие, пожалуй, и госпожу Строптивцеву вполне сработать могу?

- Еще бы! Да вот, постойте: попробуемте даже сейчас с вашим "Мздоимцем" опыт сделать. Поставимте ему вопрос по-новому - что он нам скажет?

И, обращаясь к кукле, я формулировал вопрос так:

- Слушай, "Мздоимец"! Что ты не понимаешь, что значит правда, - это мы знаем. Но если бы, например, на пироге у головы кто-нибудь разговор об правде завел, ведь и ты, поди, сумел бы притвориться: одною, мол, правдою и свет божий мил?

"Коллежский асессор" взглянул на нас с недоразумением и несколько мгновений как бы соображал, стараясь понять. И вдруг пронзительно и радостно крикнул: - Папп-па! папп-па! папп-па!

Новая кукла, "Лакомка", с внешней стороны оказалась столь же удовлетворительною, как и "Мздоимец". "Лакомках" был "человек" неизвестных лет, в напудренном парике, с косичкою назади и бульками на висках, в костюме петиметра осьмнадцатого столетия, как их изображают на дешевеньких гравюрах, украшающих стены провинциальных гостиниц. Лицо полное, румяное, улыбающееся, губы сочные, глаза с поволокою. Одной рукой он зажимал трехугольную шляпу, другую - держал наотмашь, как бы посылая в пространство воздушный поцелуй. Сзади его стояли ширмы, на которых сусального золота буквами было написано: "Приют слатких адахнавений"; сбоку были поставлены другие ширмы с надписью: "Вхот для прелесниц". Вообще было заметно поползновение устроить такую обстановку, которая сразу указывала бы на постыдный характер занятий действующего лица.

- Тоже состоит на службе? - спросил я.

- Помилуйте! пряжку имеете!

После этого предварительного объяснения "Лакомка", по данному знаку, учащенно замахал свободной рукой, то прижимая ее к сердцу, то поднося к губам. И в то же время, как бы повинуясь какому-то тонкому психологическому побуждению, одну ногу поднял.

- Это он женский пол чует! - объяснил мне Никанор Сергеич, покуда "Лакомка", что есть мочи, кричал:

- Мамм-чка! мамм-чка! мамм-чка!

Как бы в ответ на этот призыв, занавеска, скрывающая "вход для прелестниц", заколыхалась. Я ждал, что вот-вот сейчас войдет какая-нибудь ветреная маркиза, но, к удивлению моему, вошла... старуха!.. И не маркиза, а старая мещанка, в отрепанном платьишке, с платком на голове, и даже, по-видимому, добродетельная. Лицо у нее сморщилось, глаза слезились, подбородок трясся, нос выказывал признаки затяжного насморка, во рту не было видно ни одного зуба. Она держала в руках прошение и тотчас же бросилась на колени перед "Лакомкой", как бы оправдываясь, что у нее ничего нет, кроме бесплодных воспоминаний о добродетельно проведенной жизни.

Сначала "Лакомка" как бы не верил глазам своим, но потом ужасно разгневался.

- Взз... - шипел он злобно, топая ногами и изо всей силы потрясая крошечным колокольчиком.

- Ишь, Искариот, ошалел! - шепнул мне Изуверов, по-видимому, принимавший в старухе большое участие. - Он, вашескородие, у нас по благотворительной части попечителем служит, так бабья этого несть конца что к нему валит. И чтобы он, расподлец, хворости или старости на помощь пришел - ни в жизнь этому не бывать! Вот хоть бы старуха эта самая! Колькой уж год она в богадельню просится, и все пользы не видать!

Покуда Изуверов выражал свое негодование, на звон колокольчика прибежал сторож, и между действующими лицами произошла так называемая "комическая" сцена. "Лакомка" бросился с кулаками на сторожа, сторож с тем же оружием - на старуху; с головы у старухи слетел шлык, и она, обозлившись, ущипнула "Лакомку" в жирное место. Тогда сторож и "Лакомка" окончательно рассвирепели и стали тузить старуху уже соединенными силами. Одним словом, вышло что-то неестественное, сумбурное и невеселое, и я был даже доволен, когда добродетельную старуху наконец вытолкали.

- Взз... - потихоньку шипел "Лакомка", оправляясь перед зеркалом и с трудом овладевая охватившим его волнением.

Мало-помалу, однако ж, все пришло в порядок; сторож скрылся, а "Лакомка", успокоенный, встал в прежнюю позу и вновь, что есть мочи, закричал:

- Мамм-чка! мамм-чка! мамм-чка!

На этот раз из-за занавески показалась молодая женщина. Но так как чувство изящного было не особенно развито в Изуверове, то красота вошедшей "прелестницы" отличалась каким-то совсем особенным характером. Все в ней, и лицо, и тело, заплыло жиром; краски не то выцвели, не то исчезли под густым слоем неумытости и заспанности. Одета она была маркизой осьмнадцатого столетия, в коротком платье, сделанном из лоскутков старых оконных драпри, в фижмах и почти до пояса обнажена. Несмотря, однако ж, на непривлекательность "прелестницы", "Лакомка" даже шляпу из рук выронил при виде ее: так она пришлась ему по вкусу!

- Индюшка-с! - шепнул мне Изуверов. Действительно, остановившись перед "Лакомкой",

"прелестница" как-то жалобно и с расстановкой протянула:

- П-пля! п-пля! п-пля!

На что "Лакомка" немедленно возопил:

- Курлы-рлы-рлы! Кур-курлы!

Началась мимическая сцена обольщения. Как ни глупа казалась "Индюшка", но и она понимала, что без предварительной игры ходатайство ее не будет уважено. А ходатайство это было такого рода, что человеку, получающему присвоенное от казны содержание, нельзя было не призадуматься над ним. А именно - требовалось, чтоб "Лакомка", забыв долг и присягу, соединился с внутренним врагом, сделал из подведомственных ему учреждений тайное убежище, в котором могли бы укрываться неблагонадежные элементы и оттуда безнаказанно сеять крамолу. Понятно, что "Индюшка" должна была пустить в ход все доступные ей чары, чтобы доставить торжество своему преступному замыслу.

Мы, видевшие на своем веку появление и исчезновение бесчисленного множества вольнолюбивых казенных ведомств, - мы уж настолько притупили свои чувства, что даже судебная или земская крамола не производит на нас надлежащего действия. Но в то время крамола была еще внове. "Лакомка", по-видимому, и сам не вполне понимал, в чем именно заключается опасность, а только смутно сознавал, что шаг, который ему предстоит, может иметь роковые последствия для его карьеры. И под гнетом этого предчувствия потихоньку вздрагивал.

Сцена обольщения продолжалась. "Индюшка" закатывала глаза, сгибала стан, потрясала бедрами, а "Лакомка" все стоял, вперив в нее мутный взор, и вздрагивал. Что происходило в это время в душе его? Понял ли он, наконец? приходил ли в ужас от дерзости преступной незнакомки, или же наивно обдумывал: "Сначала часок-другой приятно позабавлюсь, а потом и отошлю со сторожем в полицию на дальнейшее распоряжение..."

Как бы то ни было, но, ввиду этих колебаний, "Индюшка" решилась на крайнюю меру: начала всею горстью скрести себе бедра, томно при этом выкрикивая:

- П-ля! п-ля! п-ля!

Тогда он не выдержал. Забыв долг службы, весь в мыле, он устремился к обольстительнице и ухватил ее поперек талии... Признаюсь, я ужасно сконфузился. "Приют сладких отдохновений" находился так близко, что я так и думал: "Вот-вот сейчас будет скандал". Но Изуверов угадал мои опасения и поспешил успокоить меня.

- Не извольте опасаться, вашескородие! недолжного ничего не будет! - сказал он в ту минуту, когда, по-видимому, ничто уже не препятствовало осуществлению крамолы.

И действительно, вдруг откуда ни возьмись... мужик!! Это был тот же самый мужичина, который, за несколько минут перед тем, фигурировал и у "Мздоимца", - но как он в короткое время оброс! Опять на нем был синий армяк, подпоясанный красным кушаком; опять из-за пазухи торчал целый запас кур, уток, гусей и проч., а из кармана, ласково мыча, высовывала рогатую голову корова; опять онучи его кипели млеком и медом, то есть сребром и златом... И опять он был виноват!

Он вбежал, как угорелый, бросился на колени и замер.

- Это он по ошибке! - объяснил Изуверов, - ему опять надлежало к "Мздоимцу" отъявиться, а он этажом ошибся, да к "Лакомке" попал!

И рассказал при этом анекдот, как однажды сельский поп, приехав в губернский город, повез к серебрянику старое серебро на приданое дочери подновить, да тоже этажом ошибся и, вместо серебряника - к секретарю консистории влопался.

- И таким родом воротился восвояси уже без сребра, - прибавил Изуверов в заключение.

Первую минуту и "Лакомка", и "Индюшка" стояли в оцепенении, точно сейчас проснулись. Но вслед за тем оба зашипели, бросились на мужика и начали его тузить. На шум прибежал, разумеется, сторож и тоже стал направо и налево тузить. Опять произошла довольно грубая "комическая" сцена, в продолжение которой действующие лица до того перемешались, что начали угощать тумаками без разбора всякого, кто под руку попадет. Мужика, конечно, вытолкали, но в общей свалке, к моему удовольствию, исчезла и "Индюшка".

- Надеюсь, что она больше уж не явится? - обратился я к Изуверову.

- Явится, - отвечал он, - но только тогда, когда вопрос о крамоле окончательно созреет.

"Лакомка" остался один и задумчиво поправлял перед зеркалом слегка вывихнутую челюсть.

Несмотря на принятые побои, он, однако ж, не унялся, и как только поврежденная челюсть была вправлена, так сейчас же, и даже умильнее прежнего, зазевал:

- Мамм-чка! мамм-чка! мамм-чка!

Впорхнула довольно миловидная субретка (тоже по рисункам XVIII столетия), скромно сделала книксен и, подавая "Лакомке" книжку, мимикой объяснила:

- Барышня приказали кланяться и благодарить; просят, нет ли другой такой же книжки - почитать?

Увы! к величайшему моему огорчению, я должен сказать, что на обертке присланной книжки было изображено: "Сочинения Баркова. Москва. В университетской типографии. Печатано с разрешения Управы Благочиния".

Я так растерялся при этом открытии, что даже посовестился узнать фамилию барышни.

Между тем "Лакомка", бережно положив принесенный том на стол, устремился к субретке и ущипнул ее. Произошла мимическая сцена, по выразительности своей не уступавшая таковым же, устраиваемым на театре города Мариуполя Петипа.

- Еще ничего я от вас не видела, - говорила субретка, - а вы уж щиплетесь!

Тогда "Лакомка", смекнув, что перед ним стоит девица рассудительная, без потери времени вынул из шкапа банку помады и фунт каленых орехов и поверг все это к стопам субретки.

- А ежели ты будешь мне соответствовать, - прибавил он телодвижениями, - то я, подобно сему, и прочие мои сокровища не замедлю в распоряжение твое предоставить!

Субретка задумалась, некоторое время даже рассчитывала что-то по пальцам и наконец сказала:

- Ежели к сему прибавишь еще полтинник, то - согласна соответствовать.

Весь этот разговор произошел ужасно быстро. И так как не было причины предполагать, чтоб и развязка заставила себя ждать (я видел, как "Лакомка" уже начал шарить у себя в карманах, отыскивая требуемую монету), то я со страхом помышлял: "Ну, уж теперь-то наверное скандала не миновать!"

Но гнусному сластолюбцу было написано на роду обойтись в этот день без "лакомства". В ту минуту, когда он простирал уже трепетные руки, чтобы увлечь новую жертву своей ненасытности, за боковой кулисой послышались крики, и на сцену ворвалась целая толпа женщин. То были старые "Лакомкины" прелестницы. Я счел их не меньше двадцати штук; все они были в разнообразных одеждах, и у каждой лежало на руках по новорожденному ребенку.

- П-ля! п-ля! п-ля! - кричали они разом. "Лакомка" на минуту как бы смутился. Но сейчас же оправился и, обращаясь в нашу сторону, с гордостью произнес, указывая на младенцев:

- Таковы результаты моей попечительной деятельности за минувший год!

Этим представление кончилось.

После этого Изуверов разыграл передо мной еще два "представления": одно - под названием "Наказанный Гордец", другое - "Нерассудительный Выдумщик, или Сделай милость, остановись!" Я, впрочем, не буду в подробности излагать здесь сценарий этих представлений, а ограничусь лишь кратким рассказом их содержания.

Пьеса "Наказанный Гордец" начиналась тем, что коллежский асессор появился в телеге, запряженной тройкой лихих лошадей, и с чрезвычайной быстротой проскакал несколько кругов по верстаку. Едва въехал он на сцену, как во всю мочь заорал: "Го-го-го!", объявил, что едет на усмирение, и дал ямщику тумака в спину. На нем было форменное пальто с светлыми пуговицами и фуражка с кокардой на голове; в левой руке он держал мешок с выбитыми, по разным административным соображениям, зубами, а правую имел в готовности. Несмотря на захватывающую дух езду, он ни на минуту не переставал гоготать, мерно ударяя ямщика в спину, вылущивая ему зубы и лишая волос. Наконец частные членовредительства, по-видимому, показались ему мало действительными и он решил покончить с ямщиком разом. Снял с него голову и бросил ее в кусты. Почуяв свободу, лошади бешено рванули вперед, и я уж предвидел минуту, когда телега и ее утлый седок будут безжалостно растрепаны; но, к счастию, станция была уже близко. Повинуясь инстинкту, лошади, как вкопанные, остановились перед станционным столбом и тотчас же все три поколели. Покуда "Гордец" скакал последние полверсты, я заметил, что на станционном дворе происходило какое-то чрезвычайно суетливое движение; но когда тройка подскакала и раздалось раскатистое "го-го-го!", то никто на этот оклик не ответил. "Гордец", закинув голову назад, ходил взад и вперед, держа в руках часы и твердо уверенный, что через минуту новая перекладная будет подана. Но урочная минута прошла, и никакого движения не проявлялось. Тогда "Гордец" удивленно огляделся кругом, и унылая картина предстала очам его...

Почтовый двор стоял одиноко в лесу, и внутри его все словно умерло. Какие-то таинственные звуки доносились со двора, не то шепот, не то фырканье, да слышно было, что где-то вдали, в лесной чаще, аукается леший. "Гордец" отлично понял, что тут кроется противодействие властям, и сейчас же бросился на розыски. Действительно, не прошло и минуты, как он вытащил за шиворот из потаенных убежищ писаря и четверых ямщиков. И, по мере того как вытаскивал, немедленно лишал их жизни даже без допроса. Когда же лишил жизни последнего ямщика, то вновь возопил: "Го-го-го!", думая, что теперь-то уж непременно выедет готовая перекладная. Однако и на этот оклик никто не явился. Тогда, вне себя от гнева, он поймал петуха и оторвал ему голову; потом, завидев бегущую собаку, погнался за ней, догнал и разорвал на части. Но и это не помогло.

Между тем времени прошло немало; на землю спустились сумерки, и в глубине леса показалось стадо голодных волков. Впервые в голове "Гордеца" блеснула мысль, что если б он не заботился так много об ограждении прерогатив власти, то, вероятно, в эту минуту преспокойно продолжал бы путь, а может быть, доехал бы уж до места. А волки между тем, почуяв убиенных, подходили всё ближе и ближе, и подняли, наконец, такой надрывающий душу вой, что даже вороны, облепившие, в чаянии пира, соседнюю сосну, поняли, что тут взятки гладки, и, с шумом снявшись с дерева, полетели дальше.

Мрак сгущался, волки выли, лес начинал гудеть... Долго крепился "Гордец", все думал: "Не может этого быть!" - но наконец заплакал. Плакал он много и горько, плакал безнадежно, как человек, который неожиданно понял, сколько жестокого, сатанински бессмысленного заключает в себе акт лишения жизни. И, плача, вспоминал папеньку, маменьку, братцев, сестриц и горько взывал к ним: "Где вы?" Потом обратился мыслью к начальникам и тоже вопиял: "Где вы?" И среди этой агоний слез - кощунствовал, говорил: "А ведь управлять и опустошать - не одно и то же!"

Но тут совершилось нечто ужасное. Стая волков настолько приблизилась, что совершенно заслонила собой "Гордеца". Еще минута - и на пороге станционного дома валялась одна фуражка, украшенная кокардою...

Содержание "Нерассудительного Выдумщика" было несколько сложнее.

Некоторый коллежский асессор, получив власть, вдруг почему-то сообразил, что она дана ему не напрасно. А так как начальники, облекшие его властью, ничего ему на этот счет не объяснили, то он начал додумываться сам. Думал-думал и наконец выдумал: власть дается для искоренения невежества. "Уж больше столетия, - сказал он себе, - как коллежские асессоры искореняют русское невежество, а толку все нет. Отчего? А оттого, сударь мой, что не все коллежские асессоры в одинаковой силе действуют. Много есть между ними мздоимцев, много прелюбодеев, много зубосокрушителей и очень мало настоящих искоренителей невежества. Начнет истинный искоренитель искоренять, а невежество возьмет да за полтинник откупится. А надо так на невежество нажать, чтоб ему вздыху не было, чтоб куда оно ни сунулось - везде ему мат".

И как только решил про себя "Выдумщик", какая ему задача предстоит, так сел за письменный стол, да с тех пор и не выходит оттуда. Не пьет, не ест, не спит - всё "нерассудительные" выдумки выдумывает.

Строчит с утра до вечера; но так как он и сам не понимает, что строчит, то все выходит у него без связи, вразброд. То вдруг, с большого ума, покажется: оттого в России невежество, что община по рукам и по ногам мужика связывает, - и вот готов проект: общину упразднить. То вдруг мелькнет: оттого царствует невежество, что в деревнях хороших племенных жеребцов нет, - немедленно таковых приобрести! Или вздумается: истинное основание русскому невежеству полагают кабаки - сейчас резолюции: кабаки закрыть, а вместо оных повсеместно открыть торговлю печатными пряниками. А наконец и еще: куда были бы мы просвещеннее, если б мужики сеяли на полях, вместо ржи, персидскую ромашку, а на огородах, вместо репы, морковь! И опять резолюция: дать знать, кому ведать надлежит, и т. д.

Но беда в том, что невежество упорно. Недостаточно сказать ему: "В видах твоего искоренения необходимо упразднить общину". Надо, кроме того, еще сделать его способным к восприятию этой истины. Иначе, пожалуй, оно и того не поймет, с какой стати его невежеством зовут и зачем непременно понадобилось его искоренить. Каким же образом добиться, чтобы невежество сделалось способным к восприятию? Думал-думал коллежский асессор и наконец хоть и с болью в сердце, но пришел к заключению, что самое лучшее средство - это экзекуция! "Конечно, - рассудил он сам с собою, - это то же самое, что в древности называлось "поронцами", но ведь одно другого дороже: или церемониться, или достигать! Поронцы, так поронцы!"

И вот сидит он да нерассудительность свою не уставаючи тешит, а по дороге солдатики в рога трубят, а в рощице волостные начальнички веники режут, а на селе мужичок кричит: "Вашескородие! не буду!" Слышит эти крики "Выдумщик", но некоторое время делает вид, что не понимает. Однако ж, наконец, и он видит, что притворяться непонимающим дольше нельзя. Вскочит, приложит руку к сердцу и скажет в свое оправдание: "Знаю, милые, что ныне вам больно, но надеюсь, что впоследствии вы сами поймете, сколь сие было для вас полезно!"

И что всего ужаснее - не только неподкупен, но и неумолим. Сколько раз мужички всем миром ходили, хабару носили, на коленях просили - не внемлет и не приемлет. "Глупенькие! - говорит, - стерпится - слюбится, а после вы меня же благодарить будете!"

Так у них до сих пор колесом дело и идет. Он нерассудительные выдумки выдумывает, они - вопиют: "Вашескородие! не будем!" Ромашку персидскую посеяли, а клопы пуще прежнего одолели; о племенных жеребцах докучали, а начальство, по недоразумению, племенных поросят прислало; кабаки закрыли - корчемщиков развели.

Одна только община о сю пору цела стоит: видно, уж сам бог ее бережет!

"Подьячие" были исчерпаны. Только и додумался Изуверов до этих четырех типов, да, может быть, и в самом деле только их и было в тогдашнее несложное время. Я, впрочем, был очень этому рад. Несмотря на то, что мое посещение длилось не больше двух часов, я чувствовал какую-то чрезвычайную усталость. И не только физическую, но и нравственную. Как будто ощущение оголтения, о котором я говорил выше, мало-помалу заползло и в меня самого, и все внутри у меня онемело и оскудело.

Я немало на своем веку встречал живых кукол и очень хорошо понимаю, какую отраву они вносят в человеческое существование; но на этот раз чувство немоты произвело на меня такое угнетающее впечатление, что я готов был вытерпеть бесчисленное множество живых кукол, лишь бы уйти из мира "людишек". Даже госпожа Строптивцева, возвращавшаяся в это время по улице домой, - и та показалась мне "умницей".

Мне кажется, разгадка этого чувства угнетенности заключается в том, что живых кукол мы встречаем в разнообразнейших комбинациях, которые не позволяют им всегда оставаться вполне цельными, верными своему кукольному естеству. А сверх того, они живут хотя и скудною, но все-таки живою жизнью, в которой имеются некоторые, общие людскому роду, инстинкты и вожделения. Словом сказать - принимают участие в общей жизненной драме. Тогда как деревянные людишки представляются нам как-то наянливо сосредоточенными, до тупости последовательными и вполне изолированными от каких-либо осложнений, вызываемых наличностью живого инстинкта. Участвуя в общей жизненной драме, вперемежку с другими такими же куклами, живая кукла уже по тому одному действует не так вымогательно, что назойливость ее отчасти умеряется разными жизненными нечаянностями. Деревянные людишки и этого отпора не встречают. У них в запасе имеется только одна струна, но они бьют в эту струну с беспрепятственностью и регулярностью, доводящими мыслящего зрителя до отчаяния.

Правда, Изуверов утверждает, что его "людишек" можно легко угомонить, тогда как живая кукла сама, дескать, вынет из тебя душу и заставит проклинать час твоего рождения. Положим, что это и так; но в таком случае стоит ли интересоваться этими людишками, стоит ли тратить на них свою жизнь? И не прав ли был соборный дьякон, укорявший Изуверова: "И от живых людишек отбою на свете нет, а ты еще деревянных плодишь!"

Но, сверх того, ежели хорошенько вникнуть в дело, то Изуверов окажется не прав и в другом. Он слишком презрительно, свысока отозвался о присланной из Петербурга "Новобрачной", слишком поспешил назвать ее "пустою" куклой. Во-первых, чтобы сделать такую куклу, не нужно ни задумываться, ни изобретать, ни мнить себя гением, а достаточно обладать некоторым навыком, иметь под рукой достаточное количество тряпок и лайки и уметь со вкусом распорядиться наружными украшениями. А во-вторых, как "Новобрачная", эта кукла положительно не оставляет ничего желать. Изуверов спрашивает: "на какой предмет? и в каком- градусе? " - странные вопросы! Да на всякий предмет и во всяком градусе - вот и все.

Природа благосклонна; люди - злее. Природа не допускает строго последовательного пустоутробия; люди, напротив, слишком охотно настаивают на этой последовательности. Если б природа хотела быть до конца жестокою, она награждала бы живых людишек тем же идиотским упорством побуждений и движений, каким награждает Изуверов своих деревянных людишек. Вот тогда было бы ужасно, ужасно, ужасно - в полном смысле этого слова! Ни угомонить куклу, ни уйти от нее нельзя! сиди и ежемгновенно чувствуй, как она вынимает из тебя душу! и не шелохнись, потому что всякий протест, всякое движение вызывают новую жестокость, новую невыносимую боль!

Но, может быть, жизнь уж и созидает таких людишек? Может быть, в тех бесчисленных принудительных сферах, которые со всех сторон сторожат человека, совсем не в редкость те потрясающие "кукольные комедии", в которых живая кукла попирает своей пятой живого человека? Может быть, Изуверов является совсем не изобретателем, а только бледным копиистом того, что уже давно изобретено жизнью?

Кто возьмет на себя смелость утверждать, что это не так? И кто не согласится, что из всех тайн, раскрытие которых наиболее интересует человеческое существование, "тайна куклы" есть самая существенная, самая захватывающая?

Карась-идеалист

Карась с ершом спорил. Карась говорил, что можно на свете одною правдою прожить, а ерш утверждал, что нельзя без того обойтись, чтоб не слукавить. Что именно разумел ерш под выражением "слукавить" - неизвестно, но только всякий раз, как он эти слова произносил, карась в негодовании восклицал:

- Но ведь это подлость!

На что ерш возражал:

- Вот ужо увидишь!

Карась - рыба смирная и к идеализму склонная: недаром его монахи любят. Лежит он больше на самом дне речной заводи (где потише) или пруда, зарывшись в ил, и выбирает оттуда микроскопических ракушек для своего продовольствия. Ну, натурально, полежит-полежит, да что-нибудь и выдумает. Иногда даже и очень вольное. Но так как караси ни в цензуру своих мыслей не представляют, ни в участке не прописывают, то в политической неблагонадежности их никто не подозревает. Если же иногда и видим, что от времени до времени на карасей устраивается облава, то отнюдь не за вольнодумство, а за то, что они вкусны.

Ловят карасей, по преимуществу, сетью или неводом; но, чтобы ловля была удачна, необходимо иметь сноровку. Опытные рыбаки выбирают для этого время сейчас вслед за дождем, когда вода бывает мутна, и затем, заводя невод, начинают хлопать по воде канатом, палками и вообще производить шум. Заслышав шум и думая, что он возвещает торжество вольных идей, карась снимается со дна и начинает справляться, нельзя ли и ему как-нибудь пристроиться к торжеству. Тут-то он и попадает во множестве в мотню, чтобы потом сделаться жертвою человеческого чревоугодия. Ибо, повторяю, караси представляют такое лакомое блюдо (особливо изжаренные в сметане), что предводители дворянства охотно потчуют ими даже губернаторов.

Что касается до ершей, то это рыба уже тронутая скептицизмом и притом колючая. Будучи сварена в ухе, она дает бесподобный бульон.

Каким образом случилось, что карась с ершом сошлись, - не знаю; знаю только, что однажды, сошедшись, сейчас же заспорили. Поспорили раз, поспорили другой, а потом и во вкус вошли, свидания друг другу стали назначать. Сплывутся где-нибудь под водяным лопухом и начнут умные речи разговаривать. А плотва-белобрюшка резвится около них и ума-разума набирается.

Первым всегда задирал карась.

- Не верю, - говорил он, - чтобы борьба и свара были нормальным законом, под влиянием которого будто бы суждено развиваться всему живущего на земле. Верю в бескровное преуспеяние, верю в гармонию и глубоко убежден, что счастие - не праздная фантазия мечтательных умов, но рано или поздно сделается общим достоянием!

- Дожидайся! - иронизировал ерш.

Ерш спорил отрывисто и неспокойно. Это - рыба нервная, которая, по-видимому, помнит немало обид. Накипело у нее на сердце... ах, накипело! До ненависти покуда еще не дошло, но веры и наивности уж и в помине нет. Вместо мирного жития она повсюду распрю видит; вместо прогресса - всеобщую одичалость. И утверждает, что тот, кто имеет претензию жить, должен все это в расчет принимать. Карася же считает "блаженненьким", хотя в то же время сознает, что с ним только и можно "душу отводить".

- И дождусь! - отзывался карась, - и не я один, все дождутся. Тьма, в которой мы плаваем, есть порождение горькой исторической случайности; но так как ныне, благодаря новейшим исследованиям, можно эту случайность по косточкам разобрать, то и причины, ее породившие, нельзя уже считать неустранимыми. Тьма - совершившийся факт, а свет - чаемое будущее. И будет свет, будет!

- Значит, и такое, по-твоему, время придет, когда и щук не будет?

- Каких таких щук? - удивился карась, который был до того наивен, что когда при нем говорили: "На то щука в море, чтоб карась не дремал", то он думал, что это что-нибудь вроде тех никс и русалок, которыми малых детей пугают, и, разумеется, ни крошечки не боялся.

- Ах, фофан ты, фофан! Мировые задачи разрешать хочешь, а о щуках понятия не имеешь!

Ерш презрительно пошевеливал плавательными перьями и уплывал восвояси; но, спустя малое время, собеседники опять где-нибудь в укромном месте сплывались (в воде-то скучно) и опять начинали диспутировать.

- В жизни первенствующую роль добро играет, - разглагольствовал карась, - зло - это так, по недоразумению допущено, а главная жизненная сила все-таки в добре замыкается.

- Держи карман!

- Ах, ерш, какие ты несообразные выражения употребляешь! "Держи карман"! разве это ответ?

- Да тебе, по-настоящему, и совсем отвечать не следует. Глупый ты - вот тебе и сказ весь!

- Нет, ты послушай, что я тебе скажу. Что зло никогда не было зиждущей силой - об этом и история свидетельствует. Зло душило, давило, опустошало, предавало мечу и огню, а зиждущей силой являлось только добро. Оно устремлялось на помощь угнетенным, оно освобождало от цепей и оков, оно пробуждало в сердцах плодотворные чувства, оно давало ход парениям ума. Не будь этого воистину зиждущего фактора жизни, не было бы и истории. Потому что ведь, в сущности, что такое история? История - это повесть освобождения, это рассказ о торжестве добра и разума над злом и безумием.

- А ты, видно, доподлинно знаешь, что зло и безумие посрамлены? - подтрунивал ерш.

- Не посрамлены еще, но будут посрамлены - это я тебе верно говорю. И опять-таки сошлюсь на историю. Сравни, что некогда было, с тем, что есть, - и ты без труда согласишься, что не только внешние приемы зла смягчились, но и самая сумма его приметно уменьшилась. Возьми хоть бы нашу рыбную породу. Прежде нас во всякое время ловили, и преимущественно во время "хода", когда мы, как одурелые, сами прямо в сеть лезем; а нынче именно во время "хода"-то и признается вредным нас ловить. Прежде нас, можно сказать, самыми варварскими способами истребляли - в Урале, сказывают, во время багрения, вода на многие версты от рыбьей крови красная стояла, а нынче - шабаш. Неводы, да верши, да уды - больше чтобы ни-ни! Да и об этом еще в комитетах рассуждают: какие неводы? по какому случаю? на какой предмет?

- А тебе, видно, не все равно, каким способом в уху попасть?

- В какую такую уху? - удивлялся карась.

- Ах, прах тебя побери! Карасем зовется, а об ухе не слыхал! Какое же ты после этого право со мной разговаривать имеешь? Ведь чтобы споры вести и мнения отстаивать, надо, по малой мере, с обстоятельствами дела наперед познакомиться. О чем же ты разговариваешь, коли даже такой простой истины не знаешь, что каждому карасю впереди уготована уха? Брысь... заколю!

Ерш ощетинивался, а карась быстро, насколько позволяла его неуклюжесть, опускался на дно. Но через сутки друзья-противники опять сплывались и новый разговор затевали.

- Намеднись в нашу заводь щука заглядывала, - объявлял ерш.

- Та самая, о которой ты намеднись упоминал?

- Она. Приплыла, заглянула, молвила: "Чтой-то будто уж слишком здесь тихо! должно быть, тут карасям вод?" И с этим уплыла.

- Что же мне теперича делать?

- Изготовляться - только и всего. Ужо, как приплывает она да уставится в тебя глазищами, ты чешую-то да перья подбери поплотнее, да прямо и полезай ей в хайло!

- Зачем же я полезу? Кабы я был в чем-нибудь виноват...

- Глуп ты - вот в чем твоя вина. Да и жирен вдобавок. А глупому да жирному и закон повелевает щуке в хайло лезть!

- Не может такого закона быть! - искренно возмущался карась. - И щука зря не имеет права глотать, а должна прежде объяснения потребовать. Вот я с ней объяснюсь, всю правду выложу. Правдой-то я ее до седьмого пота прошибу.

- Говорил я тебе, что ты фофан, и теперь то же самое повторю: фофан! фофан! фофан!

Ерш окончательно сердился к давал себе слово на будущее время воздерживаться от всякого общения с карасем. Но через несколько дней, смотришь, привычка опять взяла свое.

- Вот кабы все рыбы между собой согласились... - загадочно начинал карась.

Но тут уж и самого ерша брала оторопь. "О чем это фофан речь заводит? - думалось ему, - того гляди, проврется, а тут головель неподалеку похаживает. Ишь, и глаза в сторону, словно не его дело, скосил, а сам знай прислушивается".

- А ты не всякое слово выговаривай, какое тебе на ум взбредет! - убеждал он карася, - не для чего пасть-то разевать: можно и шепотком, что нужно, сказать.

- Не хочу я шептаться, - продолжал карась невозмутимо, - а говорю прямо, что ежели бы все рыбы между собой согласились, тогда...

Но тут ерш грубо прерывал своего друга.

- С тобой, видно, гороху наевшись, говорить надо! - кричал он на карася и, навостривши лыжи, уплывал от него восвояси.

И досадно ему, да и жалко карася было. Хоть и глуп он, а все-таки с ним одним по душе поговорить можно. Не разболтает он, не предаст - в ком нынче качества-то эти сыщешь? Слабое нынче время, такое время, что на отца с матерью надеяться нельзя. Вот плотва, хоть и нельзя о ней прямо что-нибудь худое сказать, а все-таки, того гляди, не понимаючи, сболтнет! А об головлях, язях, линях и прочей челяди и говорить нечего! За червяка присягу под колоколами принять готовы! Бедный карась! ни за грош он между ними пропадет!

- Посмотри ты на себя, - говорил он карасю, - ну, какую ты, не ровен час, оборону из себя представить можешь? Брюхо у тебя большое, голова малая, на выдумки негораздая, рот - чутошный. Даже чешуя на тебе - и та не серьезная. Ни проворства в тебе, ни юркости - как есть увалень! Всякий, кто хочет, подойди к тебе и ешь!

- Да за что же меня есть, коли я не провинился? - по-прежнему упорствовал карась.

- Слушай, дурья порода! Едят-то разве "за что"? Разве потому едят, что казнить хотят? Едят потому, что есть хочется - только и всего. И ты, чай, ешь. Не попусту носом-то в иле роешься, а ракушек вылавливаешь. Им, ракушкам, жить хочется, а ты, простофиля, ими мамон с утра до вечера набиваешь. Сказывай: какую такую они вину перед тобой сделали, что ты их ежеминутно казнишь? Помнишь, как ты намедни говорил: "Вот кабы все рыбы между собой согласились..." А что, если бы ракушки между собой согласились, - сладко ли бы тебе, простофиле, тогда было?

Вопрос был так прямо и так неприятно поставлен, что карась сконфузился и слегка покраснел.

- Но ракушки - ведь это... - пробормотал он смущенно.

- Ракушки - ракушки, а караси - караси. Ракушками караси лакомятся, а карасями - щуки. И ракушки ни в чем не повинны, и караси не виноваты, а и те, и другие должны ответ держать. Хоть сто лет об этом думай, а ничего другого не выдумаешь.

Спрятался после этих ершовых слов карась в самую глубь тины и стал на досуге думать. Думал, думал и, между прочим, ракушек ел да ел. И что больше ест, то больше хочется. Наконец, однако ж, додумался.

- Я не потому ем ракушек, чтоб они виноваты были - это ты правду сказал, - объяснил он ершу, - а потому я их ем, что они, эти ракушки, самой природой мне для еды предоставлены.

- Кто же тебе это сказал?

- Никто не сказал, а я сам, собственным наблюдением, дошел. У ракушки не душа, а пар; ее ешь, а она и не понимает. Да и устроена она так, что никак невозможно, чтоб ее не проглотить. Потяни рылом воду, ан в зобу у тебя уж видимо-невидимо ракушек кишит. Я и не ловлю их - сами в рот лезут. Ну, а карась - совсем другое. Караси, брат, от десяти вершков бывают, - так с этаким стариком еще поговорить надо, прежде нежели его съесть. Надо, чтоб он серьезную пакость сделал - ну, тогда, конечно...

- Вот как щука проглотит тебя, тогда ты и узнаешь, что надо для этого сделать. А до тех пор лучше помалчивал бы.

- Нет, я не стану молчать. Хоть я отроду щук не видывал, но только могу судить по рассказам, что и они к голосу правды не глухи. Помилуй, скажи: может ли такое злодейство статься! Лежит карась, никого не трогает, и вдруг, ни дай ни вынеси за что, к щуке в брюхо попадает! Ни в жизнь я этому не поверю.

- Чудак! да ведь намеднись, на глазах у тебя, монах целых два невода вашего брата из заводи вытащил... Как ты думаешь: любоваться, что ли, он на карасей-то будет?

- Не знаю. Только это еще бабушка надвое сказала, что с теми карасями сталось: ино их съели, ино в сажалку посадили. И живут они там припеваючи на монастырских хлебах!

- Ну, живи, коли так, и ты, сорвиголова!

Проходили дни за днями, а диспутам карася с ершом и конца было не видать. Место, в котором они жили, было тихое, даже слегка зеленою плесенью подернутое, самое для диспутов благоприятное. О чем ни калякай, какими мечтами ни задавайся - безнаказанность полная. Это до такой степени ободрило карася, что он с каждым сеансом все больше и больше тон своих экскурсий в область эмпиреев повышал.

- Надобно, чтоб рыбы любили друг друга! - ораторствовал он, - чтобы каждая за всех, а все за каждую - вот когда настоящая гармония осуществится!

- Желал бы я знать, как ты с своею любовью к щуке подъедешь! - расхолаживал его ерш.

- Я, брат, подъеду! - стоял на своем карась, - я такие слова знаю, что любая щука в одну минуту от них в карася превратится!

- А ну-тка, скажи!

- Да просто спрошу: знаешь ли, мол, щука, что такое добродетель и какие обязанности она в отношении к ближним налагает?

- Огорошил, нечего сказать! А хочешь, я тебе за этот самый вопрос иглой живот проколю?

- Ах, нет! сделай милость, ты этим не шути!

Или:

- Только тогда мы, рыбы, свои права сознаем, когда нас, с малых лет, в гражданских чувствах воспитывать будут!

- А на кой тебе ляд гражданские чувства понадобились?

- Все-таки...

- То-то "все-таки". Гражданские-то чувства только тогда ко двору, когда перед ними простор открыт. А что же ты с ними, в тине лежа, делать будешь?

- Не в тине, а вообще...

- Например?

- Например, монах меня в ухе захочет сварить, а я ему скажу: "Не имеешь, отче, права без суда такому ужасному наказанию меня подвергать!"

- А он тебя, за грубость, на сковороду, либо в золу в горячую... Нет, друг, в тине жить, так не гражданские, а остолопьи чувства надо иметь - вот это верно. Схоронился где погуще и молчи, остолоп!

Или еще:

- Рыбы не должны рыбами питаться, - бредил наяву карась. - Для рыбьего продовольствия и без того природа многое множество вкусных блюд уготовала. Ракушки, мухи, черви, пауки, водяные блохи; наконец, раки, змеи, лягушки. И все это добро, все на потребу.

- А для щук на потребу караси, - отрезвлял его ерш.

- Нет, карась сам себе довлеет. Ежели природа ему не дала оборонительных средств, как тебе, например, то это значит, что надо особливый закон, в видах обеспечения его личности, издать!

- А ежели тот закон исполняться не будет?

- Тогда надо внушение распубликовать: лучше, дескать, совсем законов не издавать, ежели оные не исполнять.

- И ладно будет?

- Полагаю, что многие устыдятся.

Повторяю: дни проходили за днями, а карась все бредил. Другому за это хоть щелчок бы в нос дали, а ему - ничего. И растабарывал бы он таким родом аридовы веки, если бы хоть крошечку поостерегся. Но он так уж о себе возмечтал, что совсем из расчета вышел. Припускал да припускал, как вдруг к нему головель с повесткой: назавтра, дескать, щука изволит в заводь прибыть, так ты, карась, смотри! чуть свет ответ держать явись!

103

Карась, однако ж, не оробел. Во-первых, он столько разнообразных отзывов о щуке слышал, что и сам познакомиться с ней любопытствовал; а во-вторых, он знал, что у него такое магическое слово есть, которое, ежели его сказать, сейчас самую лютую щуку в карася превратит. И очень на это слово надеялся.

Даже ерш, видя такую его веру, задумался, не слишком ли он уж далеко зашел в отрицательном направлении. Может быть, и в самом деле щука только того и ждет, чтобы ее полюбили, благой совет ей дали, ум и сердце ее просветили? Может быть, она... добрая? Да и карась, пожалуй, совсем не такой простофиля, каким по наружности кажется, а, напротив того, с расчетцем свою карьеру облаживает? Вот завтра явится он к щуке да прямо и ляпнет ей самую сущую правду, какой она отроду ни от кого не слыхивала. А щука возьмет да и скажет: "За то, что ты мне, карась, самую сущую правду сказал, жалую тебя этою заводью; будь ты над нею начальник!"

Приплыла наутро щука, как пить дала. Смотрит на нее карась и дивится: каких ему про щуку сплеток ни наплели, а она - рыба как рыба! Только рот до ушей да хайло такое, что как раз ему, карасю, пролезть.

- Слышала я, - молвила щука, - что очень ты, карась, умен и разглагольствовать мастер. Хочу я с тобой диспут иметь. Начинай.

- Об счастии я больше думаю, - скромно, но с достоинством ответил карась. - Чтобы не я один, а все были бы счастливы. Чтобы всем рыбам во всякой воде свободно плавать было, а ежели которая в тину спрятаться захочет, то и в тине пускай полежит.

- Гм... и ты думаешь, что такому делу статься возможно?

- Не только думаю, но и всечасно сего ожидаю.

- Например: плыву я, а рядом со мною... карась?

- Так что же такое?

- В первый раз слышу. А ежели я обернусь да карася-то... съем?

- Такого закона, ваше высокостепенство, нет; закон говорит прямо: ракушки, комары, мухи и мошки да послужат для рыб пропитанием. А кроме того, позднейшими разными указами к пище сопричислены: водяные блохи, пауки, черви, жуки, лягушки, раки и прочие водяные обыватели. Но не рыбы.

- Маловато для меня. Головель! неужто такой закон есть? - обратилась щука к головлю.

- В забвении, ваше высокостепенство! - ловко вывернулся головель.

- Я так и знала, что не можно такому закону быть. Ну, а еще ты чего всечасно, карась, ожидаешь?

- А еще ожидаю, что справедливость восторжествует. Сильные не будут теснить слабых, богатые - бедных. Что объявится такое общее дело, в котором все рыбы свой интерес будут иметь и каждая свою долю делать будет. Ты, щука, всех сильнее и ловче - ты и дело на себя посильнее возьмешь; а мне, карасю, по моим скромным способностям, и дело скромное укажут. Всякий для всех, и все для всякого - вот как будет. Когда мы друг за дружку стоять будем, тогда и подкузьмить нас никто не сможет. Невод-то еще где покажется, а уж мы драло! Кто под камень, кто на самое дно в ил, кто в нору или под корягу. Уху-то, пожалуй что, видно, бросить придется!

- Не знаю. Не очень-то любят люди бросать то, что им вкусным кажется. Ну, да это еще когда-то будет. А вот что: так значит, по-твоему, и я работать буду должна?

- Как прочие, так и ты.

- В первый раз слышу. Поди, проспись!

Проспался ли, нет ли карась, но ума у него, во всяком случае, не прибавилось. В полдень опять он явился на диспут, и не только без всякой робости, но даже против прежнего веселее.

Так ты полагаешь, что я работать стану, а ты от моих трудов лакомиться будешь? - прямо поставила вопрос щука.

- Все друг от дружки... от общих, взаимных трудов...

- Понимаю: "друг от дружки"... а между прочим, и от меня... гм! Думается, однако ж, что ты это зазорные речи говоришь. Головель! как, по-нынешнему, такие речи называются?

- Сицилизмом, выше высокостепенство!

- Так я и знала. Давненько я уж слышу: "Бунтовские, мол, речи карась говорит!" Только думаю: "Дай лучше сама послушаю..." Ан вон ты каков!

Молвивши это, щука так выразительно щелкнула по воде хвостом, что как ни прост был карась, но и он догадался.

- Я, ваше высокостепенство, ничего, - пробормотал он в смущении, - это я по простоте...

- Ладно. Простота хуже воровства, говорят. Ежели дуракам волю дать, так они умных со свету сживут. Наговорили мне о тебе с три короба, а ты - карась как карась, - только и всего. И пяти минут я с тобой не разговариваю, а уж до смерти ты мне надоел.

Щука задумалась и как-то так загадочно на карася посмотрела, что он уж и совсем понял. Но, должно быть, она еще после вчерашнего обжорства сыта была, и потому зевнула и сейчас же захрапела.

Но на этот раз карасю уж не так благополучно обошлось. Как только щука умолкла, его со всех сторон обступили головли и взяли под караул.

Вечером, еще не успело солнышко сесть, как карась в третий раз явился к щуке на диспут. Но явился уже под стражей и притом с некоторыми повреждениями. А именно: окунь, допрашивая, покусал ему спину и часть хвоста.

Но он все еще бодрился, потому что в запасе у него было магическое слово.

- Хоть ты мне и супротивник, - начала опять первая щука, - да, видно, горе мое такое: смерть диспуты люблю! Будь здоров, начинай!

При этих словах карась вдруг почувствовал, что сердце в нем загорелось. В одно мгновение он подобрал живот, затрепыхался, защелкал по воде остатками хвоста и, глядя щуке прямо в глаза, во всю мочь гаркнул:

- Знаешь ли ты, что такое добродетель?

Щука разинула рот от удивления. Машинально потянула она воду и, вовсе не желая проглотить карася, проглотила его.

Рыбы, бывшие свидетельницами этого происшествия, на мгновенье остолбенели, но сейчас же опомнились и поспешили к щуке - узнать, благополучно ли она поужинать изволила, не подавилась ли. А ерш, который уж заранее все предвидел и предсказал, выплыл вперед и торжественно провозгласил:

- Вот они, диспуты-то наши, каковы!

Кисель

Сварила кухарка кисель и на стол поставила. Скушали кисель господа, сказали спасибо, а детушки пальчики облизали. На славу вышел кисель; всем по нраву пришелся, всем угодил. "Ах, какой сладкой кисель!", "ах какой мягкой кисель!", "вот так кисель!" - только и слов про него. - "Смотри, кухарка, чтобы каждый день на столе кисель был!" И сами наелись, и гостей употчевали, а под конец и прохожим на улицу чашку выставили. "Поешьте, честные господа, киселя! вон он у нас какой: сам в рот лезет! Ешьте больше, он это любит!" И всякий подходил, совал в кисель ложкой, ел и утирался.

Кисель был до того разымчив и мягок, что никакого неудобства не чувствовал оттого, что его ели. Напротив того, слыша общие похвалы, он даже возмечтал. Стоит на столе да знай себе пузырится. "Стало быть, я хорош, коли господа меня любят! Не зевай, кухарка! подливай!"

Долго ли, коротко ли так шло, только стал постепенно кисель

господам прискучивать. Господа против прежнего сделались образованнее; даже из подлого звания которые мало-мальски в чины произошли - и те начали желеи да бламанжеи предпочитать.

- Помилуйте! - говорит один, - что хорошего в этом киселе? разве это еда? попробуйте, какой он мягкой, да слизкой, да сладкой!

- Отдадимте, господа, кисель свиньям! - подхватил другой, - а сами уедем на теплые воды гулять! Нагуляемся вдосталь, а там, если уж это непременно нужно, и опять домой воротимся кисель есть.

Что же! свиньи так свиньи - право, киселю все равно, в каком ранге особа его ест. Лишь бы ели. Засунула свинья рыло в кисель по самые уши и на весь скотный двор чавкотню подняла. Чавкает да похрюкивает: "Покатаюся, поваляюся, господского киселя наевшись!" Сытости, подлая, не знает: чуть замешкается кухарка, она уж хрюкает: "Подливай!" А ежели скажут: "Был кисель, да весь вышел", - она и по углам, и по закоулкам, и под навозом мордой вышарит и уж где-нибудь да отыщет.

Ела да ела свинья и наконец все до капли съела. А господа между тем гуляли-гуляли, да и догулялись. Догулялись и говорят друг другу: "Теперь нам гулять больше не на что; айда домой кисель есть!"

Приехали домой, взялись за ложки - смотрят, ан от киселя остались только засохшие поскребушки.

И теперь все - и господа, и свиньи - все в один голос вопиют:

- Ели мы кисель, а про запас не оставили! Чем-то на будущее время сыты будем! Где ты, кисель? ау!

Коняга

Коняга лежит при дороге и тяжко дремлет. Мужичок только что выпряг его и пустил покормиться. Но Коняге не до корма. Полоса выбралась трудная, с камешком: в великую силу они с мужичком ее одолели.

Коняга - обыкновенный мужичий живот, замученный, побитый, узкогрудый, с выпяченными ребрами и обожженными плечами, с разбитыми ногами. Голову Коняга держит понуро; грива на шее у него свалялась; из глаз и ноздрей сочится слизь; верхняя губа отвисла, как блин. Немного на такой животине наработаешь, а работать надо. День-

деньской Коняга из хомута не выходит. Летом с утра до вечера землю работает; зимой, вплоть до ростепели, "произведения" возит.

А силы Коняге набраться неоткуда: такой ему корм, что от него только зубы нахлопаешь. Летом, покуда в ночную гоняют, хоть травкой мяконькой поживится, а зимой перевозит на базар "произведения" и ест дома резку из прелой соломы. Весной, как в поле скотину выгонять, его жердями на ноги поднимают; а в поле ни травинки нет; кой-где только торчит махрами сопрелая ветошь, которую прошлой осенью скотский зуб ненароком обошел.

Худое Конягино житье. Хорошо еще, что мужик попался добрый и даром его не калечит. Выедут оба с сохой в поле: "Ну, милый, упирайся!" - услышит Коняга знакомый окрик и понимает. Всем своим жалким остовом вытянется, передними ногами упирается, задними - забирает, морду к груди пригнет. "Ну, каторжный, вывози!" А за сохой сам мужичок грудью напирает, руками, словно клещами, в соху впился, ногами в комьях земли грузнет, глазами следит, как бы соха не слукавила, огреха бы не дала. Пройдут борозду из конца в конец - и оба дрожат: вот она, смерть, пришла! Обоим смерть - и Коняге и мужику; каждый день смерть.

Пыльный мужицкий проселок узкой лентой от деревни до деревни бежит; юркнет в поселок, вынырнет и опять неведомо куда побежит. И на всем протяжении, по обе стороны, его поля сторожат. Нет конца полям; всю ширь и даль они заполонили; даже там, где земля с небом слилась, и там все поля. Золотящиеся, зеленеющие, обнаженные - они железным кольцом охватили деревню, и нет у нее никуда выхода, кроме как в эту зияющую бездну полей. Вон он, человек, вдали идет; может, ноги у него от спешной ходьбы подсекаются, а издали кажется, что он все на одном месте топчется, словно освободиться не может от одолевающего пространства полей. Не вглубь уходит эта малая, едва заметная точка, а только чуть тускнеет. Тускнеет, тускнеет и вдруг неожиданно пропадет, точно пространство само собой ее засосет.

Из века в век цепенеет грозная, неподвижная громада полей, словно силу сказочную в плену у себя сторожит. Кто освободит эту силу из плена? кто вызовет ее на свет? Двум существам выпала на долю эта задача: мужику да Коняге. И оба от рождения до могилы над этой задачей бьются, пот проливают кровавый, а поле и поднесь своей сказочной силы не выдало, - той силы, которая разрешила бы узы мужику, а Коняге исцелила бы наболевшие плечи.

Лежит Коняга на самом солнечном припеке; кругом ни деревца, а воздух до того накалился, что дыханье в гортани захватывает. Изредка пробежит по проселку вихрами пыль, но ветер, который поднимает ее, приносит не освежение, а новые и новые ливни зноя. Оводы и мухи, как бешеные, мечутся над Конягой, забиваются к нему в уши и в ноздри, впиваются в побитые места, а он - только ушами автоматически вздрагивает от уколов. Дремлет ли Коняга, или помирает - нельзя угадать. Он и пожаловаться не может, что все нутро у него от зноя да от кровавой натуги сожгло. И в этой утехе бог бессловесной животине отказал.

Дремлет Коняга, а над мучительной агонией, которая заменяет ему отдых, не сновидения носятся, а бессвязная подавляющая хмара. Хмара, в которой не только образов, но даже чудищ нет, а есть громадные пятна, то черные, то огненные, которые и стоят и движутся вместе с измученным Конягой, и тянут его за собой все дальше и дальше в бездонную глубь.

Нет конца полю, не уйдешь от него никуда! Исходил его Коняга с сохой вдоль и поперек, и все-таки ему конца-краю нет. И обнаженное, и цветущее, и цепенеющее под белым саваном - оно властно раскинулось вглубь и вширь, и не на борьбу с собою вызывает, а прямо берет в кабалу. Ни разгадать его, ни покорить, ни истощить нельзя: сейчас оно помертвело, сейчас - опять народилось. Не поймешь, что тут смерть и что жизнь. Но и в смерти и в жизни первый и неизменный свидетель - Коняга. Для всех поле раздолье, поэзия, простор; для Коняги оно - кабала. Поле давит его, отнимает у него последние силы и все-таки не признает себя сытым. Ходит Коняга от зари до зари, а впереди его идет колышущееся черное пятно и тянет, и тянет за собой. Вот теперь оно колышется перед ним, и теперь ему, сквозь дремоту, слышится окрик: "Ну, милый! ну, каторжный! ну!"

Никогда не потухнет этот огненный шар, который от зари до зари льет на Конягу потоки горячих лучей; никогда не прекратятся дожди, грозы, вьюги, мороз... Для всех природа - мать, для него одного она - бич и истязание. Всякое проявление ее жизни отражается на нем мучительством, всякое цветение - отравою. Нет для него ни благоухания, ни гармонии звуков, ни сочетания цветов; никаких ощущений он не знает, кроме ощущения боли, усталости и злосчастия. Пускай солнце напоет природу теплом и светом, пускай лучи его вызывают к жизни и ликованию - бедный Коняга знает о нем только одно: что оно прибавляет новую отраву к тем бесчисленным отравам, из которых соткана его жизнь.

Нет конца работе! Работой исчерпывается весь смысл его существования; для нее он зачат и рожден, и вне ее он не только никому не нужен, но, как говорят расчетливые хозяева, представляет ущерб. Вся обстановка, в которой он живет, направлена единственно к тому, чтобы не дать замереть в нем той мускульной силе, которая источает из себя возможность физического труда. И корма и отдыха отмеривается ему именно столько, чтобы он был способен выполнить свой урок. А затем пускай поле и стихии калечат его - никому нет дела до того, сколько новых ран прибавилось у него на ногах, на плечах и на спине. Не благополучие его нужно, а жизнь, способная выносить иго работы. Сколько веков он несет это иго - он не знает; сколько веков предстоит нести его впереди - не рассчитывает. Он живет, точно в темную бездну погружается, и из всех ощущений, доступных живому организму, знает только ноющую боль, которую дает работа.

Самая жизнь Коняги запечатлена клеймом бесконечности. Он не живет, но и не умирает. Поле, как головоног, присосалось к нему бесчисленными щупальцами и не спускает его с урочной полосы. Какими бы наружными отличками не наделил его случай, он всегда один и тот же: побитый, замученный, еле живой. Подобно этому полю, которое он орошает своею кровью, он не считает ни дней, ни лет, ни веков, а знает только вечность. По всему полю он разбрелся, и там и тут одинаково вытягивается всем своим жалким остовом, и везде все он, все один и тот же, безымянный Коняга. Целая масса живет в нем, неумирающая, нерасчленимая и неистребимая. Нет конца жизни - только одно это для этой массы и ясно. Но что такое сама эта жизнь? зачем она опутала Конягу узами бессмертия? откуда она пришла и куда идет? - вероятно, когда-нибудь на эти вопросы ответит будущее... Но, может быть, и оно останется столь же немо и безучастно, как и та темная бездна прошлого, которая населила мир привидениями и отдала им в жертву живых.

Дремлет Коняга, а мимо него пустоплясы проходят. Никто, с первого взгляда, не скажет, что Коняга и Пустопляс - одного отца дети. Однако предание об этом родстве еще не совсем заглохло.

Жил, во времена оны, старый конь, и было у него два сына: Коняга и Пустопляс. Пустопляс был сын вежливый и чувствительный, а Коняга - неотесанный и бесчувственный. Долго терпел старик Конягину неотесанность, долго обоих сыновей вел ровно, как подобает чадолюбивому отцу, но наконец рассердился и сказал: "Вот вам на веки вечные моя воля: Коняге - солома, а Пустоплясу - овес". Так с тех пор и пошло. Пустопляса в теплое стойло поставили, соломки мяконькой постелили, медовой сытой напоили и пшена ему в ясли засыпали; а Конягу привели в хлев и бросили охапку прелой соломы: "Хлопай зубами. Коняга! А пить - вон из той лужи".

Совсем было позабыл Пустопляс, что у него братец на свете живет, да вдруг с чего-то загрустил и вспомнил. "Надоело, говорит, мне стойло теплое, прискучила сыта медовая, не лезет в горло пшено ярое; пойду, проведаю, каково-то мой братец живет!"

Смотрит - ан братец-то у него бессмертный! Бьют его чем ни попадя, а он живет; кормят его соломою, а он живет! И в какую сторону поля ни взгляни, везде все братец орудует; сейчас ты его здесь видел, а мигнул глазом - он уж вон где ногами вывертывает. Стало быть, добродетель какая-нибудь в нем есть, что палка сама об него сокрушается, а его сокрушить не может!

И вот начали пустоплясы кругом Коняги похаживать.

Один скажет:

- Это оттого его ничем донять нельзя, что в нем от постоянной работы здравого смысла много накопилось. Понял он, что уши выше лба не растут, что плетью обуха не перешибешь, и живет себе смирнехонько, весь опутанный пословицами, словно у Христа за пазушкой. Будь здоров. Коняга! Делай свое дело, бди!

Другой возразит:

- Ах, совсем не от здравого смысла так прочно сложилась его жизнь! Что такое здравый смысл? Здравый смысл, это - нечто обыденное, до пошлости ясное, напоминающее математическую формулу или приказ по полиции. Не это поддерживает в Коняге несокрушимость, а то, что он в себе жизнь духа и дух жизни носит! И покуда он будет вмещать эти два сокровища, никакая палка его не сокрушит!

Третий молвит:

- Какую вы, однако, галиматью городите! Жизнь духа, дух жизни - что это такое, как не пустая перестановка бессодержательных слов? Совсем не потому Коняга неуязвим, а потому, что он "настоящий труд" для себя нашел. Этот труд дает ему душевное равновесие, примиряет его и со своей личною совестью и с совестью масс, и наделяет его тою устойчивостью, которую даже века рабства не могли победить! Трудись, Коняга! упирайся! загребай! и почерпай в труде ту душевную ясность, которую мы, пустоплясы, утратили навсегда.

А четвертый (должно быть, прямо с конюшни от кабатчика) присовокупляет:

- Ах, господа, господа! все-то вы пальцем в небо попадаете! Совсем не оттого нельзя Конягу донять, чтобы в нем особенная причина засела, а оттого, что он спокон веку к своей юдоли привычен. Теперича хоть целое дерево об него обломай, а он все жив. Вон он лежит - кажется, и духу-то в нем нисколько не осталось, - а взбодри его хорошенько кнутом, он и опять ногами вывертывать пошел. Кто к какому делу приставлен, тот то дело и делает. Сосчитайте-ка, сколько их, калек этаких, по полю разбрелось - и все как один. Калечьте их теперича сколько угодно - их вот ни на эстолько не убавится. Сейчас - его нет, а сейчас - он опять из-под земли выскочил.

И так как все эти разговоры не от настоящего дела завелись, а от грусти, то поговорят-поговорят пустоплясы, а потом и перекоряться начнут. Но, на счастье, как раз в самую пору проснется мужик и разрешит все споры словами:

- Н-но, каторжный, шевелись!

Тут уж у всех пустоплясов заодно дух от восторга займется.

- Смотрите-ка, смотрите-ка! - закричат они вкупе и влюбе, - смотрите, как он вытягивается, как он передними ногами упирается, а задними загребает! Вот уж именно дело мастера боится! Упирайся, Коняга! Вот у кого учиться надо! вот кому надо подражать! Н-но, каторжный, н-но!

Либерал

В некоторой стране жил-был либерал, и притом такой откровенный, что никто слова не молвит, а он уж во все горло гаркает: "Ах, господа, господа! что вы делаете! ведь вы сами себя губите!" И никто на него за это не сердился, а, напротив, все говорили: "Пускай предупреждает - нам же лучше!"

- Три фактора, - говорил он, - должны лежать в основании всякой общественности: свобода, обеспеченность и самодеятельность. Ежели общество лишено свободы, то это значит, что оно живет без идеалов, без горения мысли, не имея ни основы для творчества, ни веры в предстоящие ему судьбы. Ежели общество сознает себя необеспеченным, то это налагает на него печать подавленности и делает равнодушным к собственной участи. Ежели общество лишено самодеятельности, то оно становится неспособным к устройству своих дел и даже мало-помалу утрачивает представление об отечестве.

Вот как мыслил либерал, и, надо правду сказать, мыслил правильно. Он видел, что кругом него люди, словно отравленные мухи бродят, и говорил себе: "Это оттого, что они не сознают себя строителями своих судеб. Это колодники, к которым и счастие, и злосчастие приходит без всякого с их стороны предвидения, которые не отдаются беззаветно своим ощущениям, потому что не могут определить, действительно ли это ощущения или какая-нибудь фантасмагория". Одним словом, либерал был твердо убежден, что лишь упомянутые три фактора могут дать обществу прочные устои и привести за собою все остальные блага, необходимые для развития общественности.

Но этого мало: либерал не только благородно мыслил, но и рвался благое дело делать. Заветнейшее его желание состояло в том, чтобы луч света, согревавший его мысль, прорезал окрестную тьму, осенил ее и все живущее напоил благоволением. Всех людей он признавал братьями, всех одинаково призывал насладиться под сению излюбленных им идеалов.

Хотя это стремление перевести идеалы из области эмпиреев на практическую почву припахивало не совсем благонадежно, но либерал так искренно пламенел, и притом был так мил и ко всем ласков, что ему даже неблагонадежность охотно прощали. Умел он и истину с улыбкой высказать, и простачком, где нужно прикинуться, и бескорыстием щегольнуть. А главное, никогда и ничего он не требовал, наступя на горло, а всегда только по возможности.

Конечно, выражение "по возможности" не представляло для его ретивости ничего особенно лестного, но либерал примирялся с ним, во-первых, ради общей пользы, которая у него всегда на первом плане стояла, и, во-вторых, для ограждения своих идеалов от напрасной и преждевременной гибели. Сверх того, он знал, что идеалы, его одушевляющие, носят слишком отвлеченный характер, чтобы воздействовать на жизнь непосредственным образом. Что такое свобода? обеспеченность? самодеятельность? Все это отвлеченные термины, которые следует наполнить несомненно осязательным содержанием, чтобы в результате вышло общественное цветение. Термины эти, в своей общности, могут воспитывать общество, могут возвышать уровень его верований и надежд, но блага осязаемого, разливающего непосредственное ощущение довольства, принести не могут. Чтобы достичь этого блага, чтобы сделать идеал общедоступным, необходимо разменять его на мелочи и уже в этом виде применять к исцелению недугов, удручающих человечество. Вот тут-то, при размене на мелочи, и вырабатывается само собой это выражение: "по возможности", которое, из двух приходящих в соприкосновение сторон, одну заставляет в известной степени отказаться от замкнутости, а другую - в значительной степени сократить свои требования.

Все это отлично понял наш либерал и, заручившись этими соображениями, препоясался на брань с действительностью. И прежде всего, разумеется, обратился к сведущим людям.

- Свобода - ведь, кажется, тут ничего предосудительного нет? - спросил он их.

- Не только не предосудительно, но и весьма похвально, - ответили сведущие люди, - ведь это только клевещут на нас, будто бы мы не желаем свободы; в действительности мы только об ней и печалимся... Но, разумеется, в пределах...

- Гм..."в пределах"... понимаю! А что вы скажете насчет обеспеченности?

- И это милости просим... Но, разумеется, тоже в пределах.

- А как вы находите мой идеал общественной самодеятельности?

- Его только и недоставало. Но, разумеется, опять-таки в пределах.

Что ж! в пределах, так в пределах! Сам либерал хорошо понимал, что иначе нельзя. Пусти-ка савраса без узды - он в один момент того накуролесит, что годами потом не поправишь! А с уздою - святое дело! Идет саврас и оглядывается: а ну-тко я тебя, саврас, кнутом шарахну... вот так!

И начал либерал "в пределах" орудовать: там урвет, тут урежет; а в третьем месте и совсем спрячется. А сведущие люди глядят на него и не нарадуются. Одно время даже так работой его увлеклись, что можно было подумать, что и они либералами сделались.

- Действуй! - поощряли они его, - тут обойди, здесь стушуй, а там и вовсе не касайся. И будет все хорошо. Мы бы, любезный друг, и с радостью готовы тебя, козла, в огород пустить, да сам видишь, каким тыном у нас огород обнесен!

- Вижу-то, вижу, - соглашался либерал, - но только как мне стыдно свои идеалы ломать! так стыдно! ах, как стыдно!

- Ну и постыдись маленько: стыд глаза не выест! зато, по возможности, все-таки затею свою выполнишь!

Однако, по мере того, как либеральная затея по возможности осуществлялась, сведущие люди догадывались, что даже и в этом виде идеалы либерала не розами пахнут. С одной стороны, чересчур широко задумано; с другой стороны - недостаточно созрело, к восприятию не готово.

- Невмоготу нам твои идеалы! - говорили либералу сведущие люди, - не готовы мы, не выдержим!

И так подробно и отчетливо все свои несостоятельности и подлости высчитывали, что либерал, как ни горько ему было, должен был согласиться, что, действительно, в предприятии его существует какой-то фаталистический огрех: не лезет в штаны, да и баста.

- Ах, как это печально! - роптал он на судьбу.

- Чудак! - утешали его сведущие люди, - есть от чего плакать! Тебе что нужно? - будущее за твоими идеалами обеспечить? - так ведь мы тебе в этом не препятствуем. Только не торопись ты, ради Христа! Ежели нельзя "по возможности", так удовольствуйся хоть тем, что отвоюешь "хоть что-нибудь"! Ведь и "хоть что-нибудь" свою цену имеет. Помаленьку, да полегоньку, не торопясь, да богу помолясь - смотришь, ан одной ногой ты уж и в капище! В капище-то, с самой постройки его никто не заглядывал; а ты взял да и заглянул... И за то бога благодари.

Делать нечего, пришлось и на этом помириться. Ежели нельзя "по возможности", так "хоть что-нибудь" старайся урвать, и на том спасибо скажи. Так и либерал и поступил, и вскоре так свыкся со своим новым положением, что сам дивился, как он был так глуп, полагая, что возможны какие-нибудь иные пределы. И уподобления всякие на подмогу к нему явились. И пшеничное, мол, зерно не сразу плод дает, а также поцеремонится. Сперва его надо в землю посадить, потом ожидать, покуда в нем произойдет процесс разложения, потом оно даст росток, который прозябнет, в трубку пойдет, восколосится и т.д. Вот через сколько волшебств должно перейти зерно, прежде нежели даст плод сторицею! Так же и тут, в погоне за идеалами. Посадил в землю "хоть что-нибудь" - сиди и жди.

И точно: посадил либерал в землю "хоть что-нибудь" - сидит и ждет. Только ждет-пождет, а не прозябает "хоть что-нибудь", и вся недолга. На камень оно, что ли, попало, или в навозе сопрело - поди, разбирай!

- Что за причина такая? - бормотал либерал в великом смущении.

- Та самая причина и есть, что загребаешь ты чересчур широко, - отвечали сведущие люди. - А народ у нас между тем слабый, располдеющий. Ты к нему с добром, а он норовит тебя же в ложке утопить. Большую надо сноровку иметь, чтобы с этим народом в чистоте себя сохранить!

- Помилуйте! что уж теперь об чистоте говорить! С каким я запасом-то в путь вышел, а кончил тем, что весь его по дороге растерял. Сперва " по возможности" действовал, потому на "хоть что-нибудь" съехал - неужто можно и еще дальше под гору идти?

- Разумеется, можно. Не хочешь ли, например, "применительно к подлости"?

- Как так?

- Очень просто. Ты говоришь, что принес нам идеалы, а мы говорим: "Прекрасно; только ежели ты хочешь, чтобы мы восчувствовали, то действуй применительно".

- Ну?

- Значит, идеалами-то не превозносись, а по нашему масштабу их сократи да применительно и действуй. А потом, может быть, и мы, коли пользу увидим... Мы, брат, тоже травленые волки, прожектеров-то видели! Намеднись генерал Крокодилов вот этак же к нам отъявился: "Господа, говорит, мой идеал - кутузка! пожалуйте!" Мы сдуру-то поверили, а теперь и сидим у него под ключом.

Крепко задумался либерал, услышав эти слова. И без того у него от первоначальных идеалов только одни ярлыки остались, а тут еще подлость напрямую для них прописывают! Ведь этак, пожалуй, не успеешь оглянуться, как и сам в подлецах очутишься. Господи! вразуми!

А сведущие люди, видя его задумчивость, с своей стороны стали его понуждать. "Коли ты, либерал, заварил кашу, так уж не мудри, вари до конца! Ты нас взбудоражил, ты же нас и ублаготвори ... действуй!"

И стал он действовать. И все применительно к подлости. Попробует иногда, грешным делом, в сторонку улизнуть; а сведущий человек сейчас его за рукав: "Куда, либерал, глаза скосил? гляди прямо!"

Таким образом, шли дни за днями, а за ними шло вперед и дело преуспеяния "применительно к подлости". Идеалов и в помине уж не было - одна мразь осталась, - а либерал все-таки не унывал. "Что ж такое, что я свои идеалы по уши в подлости завязил? Зато я сам, яко столп, невредим стою! Сегодня я в грязи валяюсь, а завтра выглянет солнышко, обсушит грязь - я и опять молодец-молодцом!" А сведущие люди слушали эти его похвальбы и поддакивали: "Именно так!"

И вот, шел он однажды по улице со своим приятелем, по обыкновению, об идеалах калякал и свою мудрость на чем свет превозносил. Как вдруг он почувствовал, словно бы на щеку ему несколько брызгов пало. Откуда? с чего? Взглянул либерал наверх: не дождик ли, мол? Однако видит, что в небе ни облака, и солнышко, как угорелое, на зените играет. Ветерок хоть и подувает, но так как помои из окон выливать не указано, то и на эту операцию подозрение положить нельзя.

- Что за чудо! - говорит приятелю либерал, - дождя нет, помоев нет, а у меня на щеку брызги летят!

- А видишь, вот за углом некоторый человек притаился, - ответил приятель, - это его дело! Плюнуть ему на тебя за твои либеральные дела захотелось, а в глаза сделать это смелости не хватает. Вот он, "применительно к подлости", из-за угла и плюнул, а на тебя ветром брызги нанесло.

Медведь на воеводстве

Злодейства крупные и серьезные нередко именуются блестящими и, в качестве таковых, заносятся на скрижали Истории. Злодейства же малые и шуточные именуются срамными, и не только Историю в заблуждение не вводят, но и от современников не получают похвалы.

I. ТОПТЫГИН 1-й

Топтыгин 1-й отлично это понимал. Был он старый служака-зверь, умел берлоги строить и деревья с корнями выворачивать; следовательно, до некоторой степени и инженерное искусство знал. Но самое драгоценное качество его заключалось в том, что он во что бы то ни стало на скрижали Истории попасть желал, и ради этого всему на свете предпочитал блеск кровопролитий. Так что об чем бы с ним ни заговорили: об торговле ли, о промышленности ли, об науках ли - он все на одно поворачивал: "Кровопролитиев... кровопролитиев... вот чего нужно!"

За это Лев произвел его в майорский чин и, в виде временной меры, послал в дальний лес, вроде как воеводой, внутренних супостатов усмирять.

Узнала лесная челядь, что майор к ним в лес едет, и задумалась. Такая в ту пору вольница между лесными мужиками шла, что всякий по-своему норовил. Звери - рыскали, птицы - летали, насекомые - ползали; а в ногу никто маршировать не хотел. Понимали мужики, что их за это не похвалят, но сами собой остепениться уж не могли. "Вот ужо приедет майор, - говорили они, - засыплет он нам - тогда мы и узнаем, как Кузькину тещу зовут!"

И точно: не успели мужики оглянуться, а Топтыгин уж тут как тут. Прибежал он на воеводство ранним утром, в самый Михайлов день, и сейчас же решил: "Быть назавтра кровопролитию". Что заставило его принять такое решение - неизвестно: ибо он, собственно говоря, не был зол, а так, скотина.

И непременно бы он свой план выполнил, если бы лукавый его не попутал.

Дело в том, что, в ожидании кровопролития, задумал Топтыгин именины свои отпраздновать. Купил ведро водки и напился в одиночку пьян. А так как берлоги он для себя еще не выстроил, то пришлось ему, пьяному, среди полянки спать лечь. Улегся и захрапел, а под утро, как на грех, случилось мимо той полянки лететь Чижику. Особенный это был Чижик, умный: и ведерко таскать умел, и спеть, по нужде, за канарейку мог. Все птицы, глядя на него, радовались, говорили: "Увидите, что наш Чижик со временем поноску носить будет!" Даже до Льва об его уме слух дошел, и не раз он Ослу говаривал (Осел в ту пору у него в советах за мудреца слыл): "Хоть одним бы ухом послушал, как Чижик у меня в когтях петь будет!"

Но как ни умен был Чижик, а тут не догадался. Думал, что гнилой чурбан на поляне валяется, сел на медведя и запел. А у Топтыгина сон тонок. Чует он, что по туше у него кто-то прыгает, и думает: "Беспременно это должен быть внутренний супостат!"

- Кто там бездельным обычаем по воеводской туше прыгает? - рявкнул он, наконец.

Улететь бы Чижику надо, а он и тут не догадался. Сидит себе да дивится: чурбан заговорил! Ну, натурально, майор не стерпел: сгреб грубияна в лапу, да, не рассмотревши с похмелья, взял и съел.

Съесть-то съел, да съевши спохватился: "Что такое я съел? И какой же это супостат, от которого даже на зубах ничего не осталось?" Думал-думал, но ничего, скотина, не выдумал. Съел - только и всего. И никаким родом этого глупого дела поправить нельзя. Потому что, ежели даже самую невинную птицу сожрать, то и она точно так же в майорском брюхе сгниет, как и самая преступная.

- Зачем я его съел? - допрашивал сам себя Топтыгин, - меня Лев, посылаючи сюда, предупреждал: "Делай знатные дела, от бездельных же стерегись!" - а я, с первого же шага, чижей глотать вздумал! Ну, да ничего! первый блин всегда комом! Хорошо, что, по раннему времени, никто дурачества моего не видал.

Увы! не знал, видно, Топтыгин, что в сфере административной деятельности первая-то ошибка и есть самая фатальная. Что, давши с самого начала административному бегу направление вкось, оно впоследствии все больше и больше будет отдалять его от прямой линии...

И точно, не успел он успокоиться на мысли, что никто его дурачества не видел, как слышит, что скворка ему с соседней березы кричит:

- Дурак! его прислали к одному знаменателю нас приводить, а он Чижика съел!

Взбеленился майор; полез за скворцом на березу, а скворец, не будь глуп, на другую перепорхнул. Медведь - на другую, а скворка - опять на первую. Лазил-лазил майор, мочи нет измучился. А глядя на скворца, и ворона осмелилась:

- Вот так скотина! добрые люди кровопролитиев от него ждали, а он Чижика съел!

Он - за вороной, ан из-за куста заинька выпрыгнул:

- Бурбон стоеросовый! Чижика съел!

Комар из-за тридевять земель прилетел:

- Risum teneatis, amici![26] Чижика съел!

Лягушка в болоте квакнула:

- Олух царя небесного! Чижика съел!

---

[26] Возможно ли не рассмеяться, друзья! (лат.).

Словом сказать, и смешно, и обидно. Тычется майор то в одну, то в другую сторону, хочет насмешников переловить, и все мимо. И что больше старается, то у него глупее выходит. Не прошло и часу, как в лесу уж все, от мала до велика, знали, что Топтыгин-майор Чижика съел. Весь лес вознегодовал. Не того от нового воеводы ждали. Думали, что он дебри и болота блеском кровопролитий воспрославит, а он на-тко что сделал! И куда ни направит Михаиле Иваныч свой путь, везде по сторонам словно стон стоит: "Дурень ты, дурень! Чижика съел!"

Заметался Топтыгин, благим матом взревел. Только однажды в жизни с ним нечто подобное случилось. Выгнали его в ту пору из берлоги и напустили стаю шавок - так и впились, собачьи дети, и в уши, и в загривок, и под хвост! Вот так уж подлинно он смерть в глаза видел! Однако все-таки кой-как отбоярился: штук с десяток шавок перекалечил, а от остальных утек. А теперь и утечь некуда. Всякий куст, всякое дерево, всякая кочка, словно живые, дразнятся, а он - слушай! Филин, уж на что глупая птица, а и тот, наслышавшись от других, по ночам ухает: "Дурак! Чижика съел!"

Но что всего важнее: не только он сам унижение терпит, но видит, что и начальственный авторитет в самом своем принципе с каждым днем все больше да больше умаляется. Того гляди, и в соседние трущобы слух пройдет, и там его на смех подымут!

Удивительно, как иногда причины самые ничтожные к самым серьезным последствиям приводят. Маленькая птица Чижик, а такому, можно сказать, стервятнику репутацию навек изгадил! Покуда не съел его майор, никому и на мысль не приходило сказать, что Топтыгин дурак. Все говорили: "Ваше степенство! вы - наши отцы, мы - ваши дети!" Все знали, что сам Осел за него перед Львом предстательствует, а уж если Осел кого ценит - стало быть, он того стоит. И вот, благодаря какой-то ничтожнейшей административной ошибке, всем сразу открылось. У всех словно само собой с языка слетело: "Дурак! Чижика съел!" Все равно, как если б кто бедного крохотного гимназистика педагогическими мерами до самоубийства довел... Но нет, и это не так, потому что довести гимназистика до самоубийства - это уж не срамное злодейство, а самое настоящее, к которому, пожалуй, прислушается и История... Но... Чижик! скажите на милость! Чижик! "Этакая ведь, братцы, уморушка!" - крикнули хором воробьи, ежи и лягушки.

Сначала о поступке Топтыгина говорили с негодованием (за родную трущобу стыдно); потом стали дразниться; сначала дразнили окольные, потом начали вторить и дальние; сначала птицы, потом лягушки, комары, мухи. Все болото, весь лес.

- Так вот оно, общественное-то мнение что значит! - тужил

Топтыгин, утирая лапой обшарпанное в кустах рыло, - а потом, пожалуй, и на скрижали Истории попадешь... с Чижиком!

А История такое большое дело, что и Топтыгин, при упоминовении об ней, задумывался. Сам по себе, он знал об ней очень смутно, но от Осла слыхал, что даже Лев ее боится: "Не хорошо, говорит, в зверином образе на скрижали попасть!" История только отменнейшие кровопролития ценит, а о малых упоминает с оплеванием. Вот если б он, для начала, стадо коров перерезал, целую деревню воровством обездолил или избу у полесовщика по бревну раскатал - ну, тогда История... а впрочем, наплевать бы тогда на Историю! Главное, Осел бы тогда ему лестное письмо написал! А теперь, смотрите-ка! - съел Чижика и тем себя воспрославил! Из-за тысячи верст прискакал, сколько прогонов и порционов извел - и первым делом Чижика съел... ах! Мальчишки на школьных скамьях будут знать! И дикий тунгуз, и сын степей калмык - все будут говорить: "Майора Топтыгина послали супостата покорить, а он, вместо того. Чижика съел!" Ведь у него, у майора, у самого дети в гимназию ходят! До сих пор их майорскими детьми величали, а напредки проходу им школяры не дадут, будут кричать: "Чижика съел! Чижика съел!" Сколько потребуется генеральных крозополитиев учинить, чтоб экую пакость загладить! Сколько народу ограбить, разорить, загубить!

Проклятое то время, которое с помощью крупных злодеяний цитадель общественного благоустройства сооружает, но срамное, срамное, тысячекратно срамное то время, которое той же цели мнит достигнуть с помощью злодеяний срамных и малых!

Мечется Топтыгин, ночей не спит, докладов не принимает, все об одном думает: "Ах, что-то Осел об моей майорской проказе скажет!"

И вдруг, словно сон в руку, предписание от Осла: "До сведения его высокостепенства господина Льва дошло, что вы внутренних врагов не усмирили, а Чижика съели - правда ли?"

Пришлось сознаваться. Покаялся Топтыгин, написал рапорт и ждет. Разумеется, никакого иного ответа и быть не могло, кроме одного: "Дурак! Чижика съел!" Но частным образом Осел дал виноватому знать (Медведь-то ему кадочку с медом в презент при рапорте отослал): "Непременно вам нужно особливое кровопролитие учинить, дабы гнусное оное впечатление истребить..."

- Коли за этим дело стало, так я еще репутацию свою поправлю! - молвил Михаиле Иваныч и сейчас же напал на стадо баранов и всех до единого перерезал. Потом бабу в малиннике поймал и лукошко с малиной отнял. Потом стал корни и нити разыскивать, да кстати целый лес основ выворотил. Наконец забрался ночью в типографию, станки разбил, шрифт смешал, а произведения ума человеческого в отхожую яму свалил.

Сделавши все это, сел, сукин сын, на корточки и ждет поощрения. Однако ожидания его не сбылись.

Хотя Осел, воспользовавшись первым же случаем, подвиги Топтыгина в лучшем виде расписал, но Лев не только не наградил его, но собственнолапно наОсловом докладе сбоку нацарапал: "Не верю, штоп сей офицер храбр был; ибо это тот самый Таптыгин, который маво Любимова Чижика сиел!"

И приказал отчислить его по инфантерии.

Так и остался Топтыгин 1-й майором навек. А если б он прямо с типографий начал - быть бы ему теперь генералом.

II. ТОПТЫГИН 2-й

Но бывает и так, что даже блестящие злодеяния впрок не идут. Плачевный пример этому суждено было представить другому Топтыгину.

В то самое время, когда Топтыгин 1-й отличался в своей трущобе, в другую такую же трущобу послал Лев другого воеводу, тоже майора и тоже Топтыгина. Этот был умнее своего тезки и, что всего важнее, понимал, что в деле административной репутации от первого шага зависит все будущее администратора. Поэтому, еще до получения прогонных денег, он зрело обдумал свой план кампании и тогда только побежал на воеводство.

Тем не менее карьера его была еще менее продолжительна, нежели Топтыгина 1-го.

Главным образом, он рассчитывал на то, что как приедет на место, так сейчас же разорит типографию: это и Осел ему советовал. Оказалось, однако ж, что во вверенной ему трущобе ни одной типографии нет; хотя же старожилы и припоминали, что существовал некогда - вон под той сосной - казенный ручной станок, который лесные куранты[27] тискал, но еще при Магницком[28] этот станок был публично сожжен, а оставлено было только цензурное ведомство, которое возложило обязанность, исполнявшуюся курантами, на скворцов. Последние каждое утро, летая по лесу, разносили политические новости дня, и никто от того никаких неудобств не ощущал. Затем известно было еще, что дятел на древесной коре, не переставаючи, пишет "Историю лесной трущобы", но и эту кору, по мере начертания на ней письмен, точили и растаскивали воры-муравьи. И, таким образом, лесные мужики жили, не зная ни прошедшего,

---

[27] Газеты (от голл. - courant).

[28] М.Л.Магницкий (1778-1855), попечитель Казанского университета в последние годы царствования Александра I.

ни настоящего и не заглядывая в будущее. Или, другими словами, слонялись из угла в угол, окутанные мраком времен.

Тогда майор спросил, нет ли в лесу, по крайней мере, университета или хоть академии, дабы их спалить; но оказалось, что и тут Магницкий его намерения предвосхитил: университет в полном составе поверстал в линейные батальоны, а академиков заточил в дупло, где они и поднесь в летаргическом сне пребывают. Рассердился Топтыгин и потребовал, чтобы к нему привели Магницкого, дабы его растерзать ("similia similibus curantur"[29]), но получил в ответ, что Магницкий, волею божией, помре.

Нечего делать, потужил Топтыгин 2-й, но в уныние не впал. "Коли душу у них, у мерзавцев, за неимением, погубить нельзя, - сказал он себе, - стало быть, прямо за шкуру приниматься надо!"

Сказано - сделано. Выбрал он ночку потемнее и забрался во двор к соседнему мужику. По очереди, лошадь задрал, корову, свинью, пару овец, и хоть знает, негодяй, что уж в лоск мужичка разорил, а все ему мало кажется. "Постой, - говорит, - я у тебя двор по бревну раскатаю, навеки тебя с сумой по миру пущу!" И, сказавши это, полез на крышу, чтоб злодейство свое выполнить. Только не рассчитал, что матица-то гнилая была. Как только он на нее ступил, она возьми да и провались. Повис майор на воздухе; видит, что неминучее дело об землю грохнуться, а ему не хочется. Облапил обломок бревна и заревел.

Сбежались на рев мужики, кто с колом, кто с топором, а кто и с рогатиной. Куда ни обернутся - кругом, везде погром. Загородки поломаны, двор раскрыт, в хлевах лужи крови стоят. А посреди двора и сам ворог висит. Взорвало мужиков.

- Ишь, анафема! перед начальством выслужиться захотел, а мы через это пропадать должны! А ну-тко-то, братцы, уважим его!

Сказавши это, поставили рогатину на то самое место, где Топтыгину упасть надлежало, и уважили. Затем содрали с него шкуру, а стерво вывезли в болото, где к утру его расклевали хищные птицы.

Таким образом, явилась новая лесная практика, которая установила, что и блестящие злодейства могут иметь последствия не менее плачевные, как и злодейства срамные.

Эту вновь установившуюся практику подтвердила и лесная История, присовокупив, для вящей вразумительности, что принятое в исторических руководствах (для средних учебных заведений издаваемых) подразделение злодейств на блестящие и срамные упраздняется навсегда и что отныне всем вообще злодействам, каковы бы ни были их размеры, присвояется наименование "срамных".

По докладу о сем Осла Лев собственнолапно на одном нацарапал так:

---

[29] Клин клином вышибают (лат.).

"О приговоре Истории дать знать майору Топтыгину 3-му: пускай изворачивается".

III. ТОПТЫГИН 3-й

Третий Топтыгин был умнее своих тезоименитых предшественников. "Дело-то выходит бросовое! - сказал он себе, прочитав резолюцию Льва, - мало напакостишь - поднимут на смех; много напакостишь - на рогатину поднимут... Полно, ехать ли уж?"

Спрашивал он рапортом у Осла: "Ежели-де ни большие, ни малые злодеяния совершать не разрешается, то нельзя ли хоть средние злодеяния совершать?" - но Осел ответил уклончиво: "Все-де нужные по сему предмету указания вы найдете в Лесном уставе". Заглянул он в Лесной устав, но там обо всем говорилось: и о пушной подати, и о грибной, и об ягодной, даже об шишках еловых, а о злодеяниях - молчок! И затем, на все его дальнейшие докуки и настояния. Осел отвечал с одинаковою загадочностью: "Действуйте по пристойности!"

Вот до какого мы времени дожили! - роптал Топтыгин 3-й, - чин на тебя большой накладывают, а какими злодействами его подтвердить - не указывают!

И опять мелькнуло у него в голове: "Полно, ехать ли?" - и если б не вспомнилось, какая уйма подъемных и прогонных денег для него в казначействе припасена, право, кажется, не поехал бы!

Прибыл он в трущобы на своих на двоих - очень скромно. Ни официальных приемов не назначил, ни докладных дней, а прямо юркнул в берлогу, засунул лапу в хайло и залег. Лежит и думает: "Даже с зайца шкуру содрать нельзя - и то, пожалуй, за злодейство сочтут! И кто сочтет? добро бы Лев или Осел - это бы куда ни шло! - а то мужики какие-то. Да Историю еще какую-то нашли - вот уж подлинно ис-то-ри-я!!" Хохочет Топтыгин в берлоге, про Историю вспоминаючи, а на сердце у него жутко: чует он, что сам Лев Истории боится... Как тут будешь лесную сволочь подтягивать - и ума приложить не может. Спрашивают с него много, а разбойничать не велят! В какую бы сторону он ни устремился, только что разбежится - стой, погоди! не в свое место заехал! Везде "права" завелись. Даже у белки, и у той нынче права! Дробину тебе в нос - вот какие твои права! У них - права, а у него, вишь, обязанности! Да и обязанностей-то настоящих нет - просто пустое место! Они - друг друга поедом едят, а он - задрать никого не смеет! На что похоже! А все Осел! Он, именно он мудрит, он эту канитель разводит! "Кто осла дивия быстра соделал? узы ему кто разрешил?" - вот об чем нужно бы ему всечасно помнить, а он об "правах" мычит! "Действуйте по пристойности!" - ах!

Долго он таким образом лапу сосал и даже настоящим образом в управление вверенной ему трущобой не вступал. Пробовал он однажды об себе "по пристойности" заявить, влез на самую высокую сосну и оттуда не своим голосом рявкнул, но и от этого пользы не вышло. Лесная сволочь, давно не видя злодейств, до того обнаглела, что, услышавши его рев, только молвила: "Чу, Мишка ревет! гляди, что лапу во сне прокусил!" С тем и отъехал Топтыгин 3-й опять в берлогу...

Но повторяю: он был медведь умный и не затем в берлогу залег, чтобы в бесплодных сетованиях изнывать, а затем, чтоб до чего-нибудь настоящего додуматься.

И додумался.

Дело в том, что, покуда он лежал, в лесу все само собой установленным порядком шло. Порядок этот, конечно, нельзя было назвать вполне "благополучным", но ведь задача воеводства совсем не в том состоит, чтобы достигать какого-то мечтательного благополучия, а в том, чтобы исстари заведенный порядок (хотя бы и неблагополучный) от повреждений оберегать и ограждать. И не в том, чтобы какие-то большие, средние или малые злодейства устраивать, а довольствоваться злодействами "натуральными". Ежели исстари повелось, что волки с зайцев шкуру дерут, а коршуны и совы ворон ощипывают, то, хотя в таком "порядке" ничего благополучного нет, но так как это все-таки "порядок" - стало быть, и следует признать его за таковой. А ежели при этом ни зайцы, ни вороны не только не ропщут, но продолжают плодиться и населять землю, то это значит, что "порядок" не выходит из определенных ему искони границ. Неужели и этих "натуральных" злодейств недостаточно?

В данном случае все именно так происходило. Ни разу лес не изменил той физиономии, которая ему приличествовала. И днем и ночью он гремел миллионами голосов, из которых одни представляли агонизирующий вопль, другие - победный клик. И наружные формы, и звуки, и светотени, и состав населения - все представлялось неизменным, как бы застывшим. Словом сказать, это был порядок, до такой степени установившийся и прочный, что при виде его даже самому лютому, рьяному воеводе не могла прийти в голову мысль о каких-либо увенчательных злодействах, да еще "под личною вашего степенства ответственностью".

Таким образом, перед умственным взором Топтыгина 3-го вдруг выросла целая теория неблагополучного благополучия. Выросла со всеми подробностями и даже с готовой проверкой на практике. И вспомнилось ему, как однажды, в дружеской беседе. Осел говорил:

- Об каких это вы все злодействах допрашиваете? Главное в нашем ремесле - это: laissez passer, laissez faire![30]. Или, по-русски выражаясь: "Дурак на дураке сидит и дураком погоняет!" Вот вам. Если вы, мой друг, станете этого правила держаться, то и злодейство само собой сделается, и все у вас будет обстоять благополучно!

Так оно именно по его и выходит. Надо только сидеть и радоваться, что дурак дурака дураком погоняет, а все остальное приложится.

- Я даже не понимаю, зачем воевод посылают! ведь и без них... - слиберальничал было майор, но, вспомнив о присвоенном ему содержании, замял нескромную мысль: ничего, ничего, молчание...

С этими словами он перевернулся на другой бок и решился выходить из берлоги только для получения присвоенного содержания. И затем все пошло в лесу как по маслу. Майор спал, а мужики приносили поросят, кур, меду и даже сивухи, и складывали свои дани у входа в берлогу. В указанные часы майор просыпался, выходил из берлоги и жрал.

Таким образом пролежал Топтыгин 3-й в берлоге многие годы. И так как неблагополучные, но вожделенные лесные порядки ни разу в это время нарушены не были и так как никаких при этом злодейств, кроме "натуральных", не производилось, то и Лев не оставил его милостью. Сначала произвел в подполковники, потом в полковники и наконец...

Но тут явились в трущобу мужики-лукаши, и вышел Топтыгин 3-й из берлоги в поле. И постигла его участь всех пушных зверей.

Недреманное око

В некотором царстве, в некотором государстве жил-был прокурор, и было у него два ока: одно - дреманное, а другое - недреманное. Дреманным оком он ровно ничего не видел, а недреманным видел пустяки.

В этом царстве исстари так было заведено: как только у обывателя родится мальчик с двумя оками, дреманным и недреманным, так тотчас в ревизских сказках записывают: "У обывателя Куролеса Проказникова, на Болоте, уродился мальчишечка, по имени Прокурор". И потом ожидают, когда мальчишечка в совершенные лета придет.

---

[30] Позволять, не мешать! (фр.), предоставление со стороны государства полной свободы действий частному предпринимательству.

Так было и тут. Не успел мальчишечка от земли вырасти, как ему сейчас же доложили:

- Пожалуйте!

- С удовольствием. Но в скором ли времени предвидится сенаторская вакансия?

- Ах, сделайте милость! Как скоро, так сейчас.

- То-то.

Приосанился мальчишечка, посмотрелся в зеркало, видит: какой такой оттуда хитрец выглядывает? - ан это он самый и есть. Ладно. И, не говоря худого слова, сейчас же за дело принялся: дреманным оком ничего не видит, а недреманным видит пустяки. "Я, говорит, здесь на минутку, по дороге в сенат, а там и оба ока сомкну. Да и уши у меня, бог даст, к тому времени заложит".

Увидели мздоимцы, клеветники, душегубы, хищники и воры, что мальчишечка на них недреманным оком смотрит, и сейчас же испугались. Думали-думали, как с этим делом быть, и решили всем с недреманной стороны уйти и укрыться под сенью дреманного прокурорского ока. И сделалось с недреманной стороны так чисто, как будто ни лиходеев, ни воров, ни душегубов отроду никогда не бывало, а были и есть только обыкновенные лгуны, проходимцы, предатели, изменники и ханжи, до которых прокурору, собственно говоря, и дела нет. А мальчишечка видит, что от одного его недреманного взгляда такие чистые горизонты открылись, и радуется. "Неужто, думает, начальство усердия его во внимание не примет?"

И пошел он по судебно-административному полю гоголем похаживать. Ходит да посвистывает: берегись! в ложке воды утоплю!

Только видит: стоит человек и криком кричит: "Ограбили! батюшки, караул!" Разумеется, он - к ограбленному.

- Что ты, такой-сякой, на всю улицу зеваешь! вот я тебя!

- Помилуйте, Прокурор Куролесыч, воры!

- Где воры? какие воры? врешь ты: никаких воров нет и не бывало (а они у него под ноздрею с дреманной стороны притаились)! Это вы нарочно, бездельники, не заслуживающими внимания жалобами начальство затруднить хотите... Взять его под арест!

Идет дальше, слышит: "Мздоимцы, Прокурор Куролесыч, одолели! мздоимцы! лихоимцы! кривотолки! прелюбодеи!"

- Где мздоимцы? какие лихоимцы? никаких я мздоимцев не вижу! Это вы нарочно, такие-сякие, кричите, чтобы авторитеты подрывать... Взять его под арест!

Еще дальше идет; слышит: "Добро казенное и общественное врозь тащат! Чего вы, Прокурор Куролесыч, смотрите! Вон они, хищники-то, вон!"

126

- Где хищники? Кто казенное добро тащит?

- Вон хищники! вон они! Вон он какой домино на краденые деньги взбодрил! А тот вон - ишь сколько тысяч десятин земли у казны украл!

- Врешь ты, такой-сякой! Это не хищники, а собственники! Они своим имуществом спокойно владеют, и все документы у них налицо. Это вы нарочно, бездельники, кричите, чтобы принцип собственности подрывать! Взять его под арест!

Дальше - больше. "Жена мужу жизнь с утра до вечера точит!" - "Муж жену в гроб, того гляди, заколотит!" - "Ни за чем вы, Прокурор Куролесыч, не смотрите!"

- Я-то не смотрю? А ты видел ли, какое у меня око? Одно оно у меня, но - ах, как далеко я им вижу! Так далеко, что и твою, бездельникову, душу насквозь понимаю! И знаю, чего вам, негодникам, хочется: семейный союз вам хочется подорвать! Взять его под арест!

Словом сказать, все союзы перебрал и везде нашел: сами по себе стоят союзы незыблемо, но крикунишки непременно им как пить дадут, ежели им своевременно уста не замазать. А когда до государственного союза мальчишечка дошел, то и разговаривать не стал. Кричит как озаренный: "Взять его! связать его! замуровать! законопатить!" Сам кричит, а недреманное око так у него колесом и вертится в глазнице.

День-деньской таким манером мальчишечка мается, союзы оберегает, а к вечеру домой отдыхать вернется. Ляжет на кровать и думает: "Все-то я в полной мере, как хочется начальству, выполнил! хищников, мздоимцев, распутников и злоупотребителей с помощью одного моего недреманного ока рассеял, а с подрывателями, кои недельными жалобами начальство утруждают, особливо распорядился! Чисто, благородно. Надеюсь, что и начальство, с своей стороны, мои труды в надлежащей мере оценит".

- Чего, бишь, мне, например, пожелать? - говорил он сам себе. - В сенат ежели - так я еще на одно ухо слышу, да сенат от меня и не уйдет... Вот кабы - хоть не теперь, а со временем - вот кабы в... да нет, это уж разве когда и обоняние я потеряю! Нет, вот сейчас, в ближайшем будущем, чего бы мне, например, пожелать?

Расстраивал-расстраивал себе воображение, да, наконец, и расстроил. "Жениться надо как можно скорее - вот что!"

И так как он для поисков невесты недреманное око в ход пустил, то, разумеется, сейчас же нашел. А именно: девицу Агриппину такой красоты, что ни в сказках сказать, ни пером описать. И при ней двести тысяч: точь-в-точь как при билете внутреннего с выигрышами займа полагается.

Женился. Отпраздновали свадьбу на славу в кухмистерской Завитаева и домой на новоселье приехали.

127

Только смотрит мальчишечка, а новобрачная с чего-то под сень дреманного ока спряталась. Хвать-похвать: "Агриппина! где ты?"

- Не Агриппина я, но Агафья. И тезоименитство мое бывает пятого февраля.

Вот так штука! Даже побледнел мальчишечка с испугу: неужто в прохожденье его службы чертовщина вмешалась?

- Покажись... Агафья! - вымолвил он.

Смотрит: и у Агафьи, как у него, одно око дреманное, а другое - недреманное. Только у него недреманное око с правой стороны, а у нее - с левой. Точно им сама судьба определила совместно прокурорское служение проходить.

- Приданое-то у тебя есть ли?

- И приданого у меня нет. Одно недреманное око - только и всего.

Ах, прах побери, да и совсем! Была-была Агриппина, и вдруг Агафья сделалась! Стал он разыскивать, каким манером такое дело случиться могло, и оказалось, что очень просто. Покуда он недреманным оком в одну сторону стрелял, Агриппина на минуточку отлучилась да и вышла замуж за офицера. А он за себя взял... Агафью!

Делать, однако, нечего. Недаром же Завитаеву деньги за свадьбу отданы - надо как-нибудь жить. Легли они спать, да не остереглись: смотрят друг на дружку недреманными оками - инда жутко ему стало! Ему-то жутко, а ей точно с гуся вода - даже приятно!

- Ведьма ты, что ли? - спросил он ее, - сказывай!

- Нет, я не ведьма, но твоя законная жена. А до сих пор я крадеными старыми носками на Апраксином торговала.

- Как "крадеными"? каким же образом я тебя не изловил?

- Разве ты можешь кого-нибудь изловить? Ты все в одну сторону оком стреляешь, а что у тебя под левой ноздрей делается - не видишь.

- Ну, давай вместе воров ловить, коли так. Я - справа, ты - слева.

Словом сказать, так отлично устроились, что через год у них сын родился, и тоже с недреманным оком.

- Вот так чудак! - воскликнул мальчишечка, взглянув на своего первенца.

Тут только он догадался, что как ни дорого недреманное око, а два обыкновенных глаза, пожалуй, еще того дороже.

Служба его между тем своим чередом прохождение имела. Постепенно он все тюрьмы крикунами наполнил, а хищники, мздоимцы, концессионеры и прочие подлинные потрясатели тем временем у него под сенью дреманного ока благодушествовали.

Долго ли, коротко ли так шло, только начал он со временем и на оба уха припадать. Даже недреманное око, и то постепенно слипаться стало. Самое время, значит, в сенат поспешать, покуда обоняния еще не утратил.

Слышит... зовут!

Надел он фуфайку фланелевую, носки шерстяные да сапоги валяные на ноги натянул; уши канатом законопатил, камфарным маслом надушился, в шубу закутался, а Агафья, сверх шубы, шерстяным шарфом его повязала. И пошел в сенат. Идет и думает: какой такой сон на первый раз он, сидючи в сенате, увидит?

Но тут случилось нечто совсем неожиданное. Покуда он недреманным оком все вправо да вправо стрелял, а сенат взял полевее, да с дреманной стороны и притаился. Ищет Прокурор Куролесыч - и носом в воздухе потянет, и языком щелкнет, и даже руками кругом пошарит, - и никак-таки нащупать сената не может.

Наконец видит: городовой на посту бодрствует. Натурально - к нему. Так и так, служивый: "Не знаешь ли, куда девался сенат?"

Взглянул на него городовой и сразу недреманную душу его разгадал.

- Знаю, - сказал он, - сенат, вот он! Вон он на солнышке играет! Ишь посматривает, как бы какой шалун на закон не наступил... Ах ты, ах! Только не про всякого у нас место в сенате припасено. Ты вот глядел недреманным-то оком в книгу, а видел фигу, так нынче этаких в здешнее место сажать не велено. Воротись лучше, калека, домой; валенки-то сними, глаза-то протри, уши промой, да и ложись с бабой на печь спать!.. А у нас нынче так в здешнем месте заведено: чтобы и голова, и прочие члены - все чтобы на своем месте было, а глаза и уши - у всех чтобы настежь!

Так и не попал Прокурор Куролесыч в сенат.

Обманщик-газетчик и легковерный читатель

Жил-был газетчик, и жил-был читатель. Газетчик был обманщик - все обманывал, а читатель был легковерный - всему верил. Так уж исстари повелось на свете: обманщики обманывают, а легковерные верят. Suum cuique[31].

Сидит газетчик в своей берлоге и знай себе обманывает да обманывает. "Берегитесь! - говорит, - дифтерит обывателей косит!" "Дождей, - говорит, - с самого начала весны нет - того гляди, без хлеба

---

[31] Каждому свое (лат.).

останемся!" "Пожары деревни и города истребляют!" "Добро казенное и общественное врозь тащат!" А читатель читает и думает, что газетчик ему глаза открывает. "Такая, говорит, уж у нас свобода книгопечатания: куда ни взгляни - везде либо дифтерит, либо пожар, либо неурожай"...

Дальше - больше. Смекнул газетчик, что его обманы по сердцу читателю пришлись, - начал еще пуще поддавать. "Никакой, говорит, у нас обеспеченности нет! не выходи, говорит, читатель, на улицу: как раз в кутузку попадешь!" А легковерный читатель идет гоголем по улице и приговаривает: "Ах, как верно газетчик про нашу необеспеченность выразился!" Мало того: другого легковерного читателя встретит и того спросит: "А читали вы, как прекрасно сегодня насчет нашей необеспеченности газетчик продернул?" - "Как не читать! - ответит другой легковерный читатель, - бесподобно! Нельзя, именно нельзя у нас по улицам ходить - сейчас в кутузку попадешь!"

И все свободой книгопечатания не нахвалятся. "Не знали мы, что у нас везде дифтерит, - хором поют легковерные читатели, - ан оно вон что!" И так им от этой уверенности на душе легко стало, что скажи теперь этот самый газетчик, что дифтерит был, да весь вышел, пожалуй, и газетину его перестали бы читать.

А газетчик этому рад, потому для него обман - прямая выгода. Истина-то не всякому достается - поди, добивайся! - пожалуй, за нее и десятью копеечками со строчки не отбоваришься! То ли дело обман! Знай пиши да обманывай. Пять копеек со строчки - целые вороха обманов со всех сторон тебе нанесут!

И такая у газетчика с читателем дружба завелась, что и водой их не разольешь. Что больше обманывает газетчик, то больше богатеет (а обманщику чего же другого и нужно!); а читатель, что больше его обманывают, то больше пятаков газетчику несет. И распивочно, и навынос - всяко газетчик копейку зашибает!

"Штанов не было! - говорят про него завистники, - а теперь, смотрите, как козыряет! Льстеца себе нанял! рассказчика из народного быта завел! Блаженствует!"

Пробовали было другие газетчики истиной его подкузьмить - авось, дескать, и на нашу приваду подписчик побежит, - так куда тебе! Не хочет ничего знать читатель, только одно и твердит:

> Тьмы низких истин мне дороже
> Нас возвышающий обман...

Долго ли, коротко ли так дело шло, но только нашлись добрые люди, которые пожалели легковерного читателя. Призвали обманщика-

130

газетчика и говорят ему: "Будет с тебя, бесстыжий и неверный человек! До сих пор ты торговал обманом, а отныне - торгуй истиной!"

Да, кстати, и читатели начали понемножку отрезвляться, стали цидулки газетчику посылать. Гулял, дескать, я сегодня с дочерью по Невскому, думал на Съезжей ночевать (дочка даже бутербродами, на случай, запаслась, - говорила: "Ах, как будет весело!"), а вместо того благополучно оба воротились домой... Так как же, мол, такой утешительный факт с вашими передовицами об нашей необеспеченности согласовать?

Натурально, газетчик, с своей стороны, только того и ждал. Признаться сказать, ему и самому надоело обманывать. Сердце-то у него давно уж к истине склонялось, да что же поделаешь, коли читатель только на обман клюет! Плачешь, да обманываешь. Теперь же, когда к нему со всех сторон с ножом к горлу пристают, чтоб он истину говорил, - что ж, он готов! Истина, так истина, черт побери! Обманом два каменных дома нажил, а остальные два каменные дома приходится истиной наживать!

И начал он каждый день читателя истиной донимать! Нет дифтерита, да и шабаш! И кутузок нет, и пожаров нет; если же и выгорел Конотоп, так после пожара он еще лучше выстроился. А урожай, благодаря наступившим теплым дождям, оказался такой, что и сами ели-ели, да наконец и немцам стали под стол бросать: подавись!

Но что всего замечательнее - печатает газетчик только истину, а за строку всё пять копеек платит. И истина в цене упала с тех пор, как стали ею распивочно торговать. Выходит, что истина, что обман - все равно, цена грош. А газетные столбцы не только не сделались оттого скучнее, но еще больше оживились. Потому что ведь ежели благорастворение воздухов вплотную разделывать начать - это такая картина выйдет, что отдай всё, да и мало!

Наконец читатель окончательно отрезвился и прозрел. И прежде ему недурно жилось, когда он обман за истину принимал, а теперь уж и совсем от сердца отлегло. В булочную зайдет - там ему говорят: "Надо быть, со временем хлеб дешев будет!", в курятную лавку заглянет - там ему говорят: "Надо быть, со временем рябчики нипочем будут!"

- Ну, а покудова как?

- Покудова рубль двадцать копеечек за пару! Вот какой, с божьею помощью, поворот!

И вот, однажды, вышел легковерный читатель франтом на улицу. Идет, "в надежде славы и добра", и тросточкой помахивает: знайте, мол, что отныне я вполне обеспечен!

Но на этот раз, как на грех, произошло следующее:

Не успел он несколько шагов сделать, как случилась юридическая ошибка, и его посадили в кутузку.

Там он целый день просидел не евши. Потому что хоть его и потчевали, но он посмотрел-посмотрел, да только молвил: "Вот они, урожаи-то наши, каковы!"

Там же он схватил дифтерит.

Разумеется, на другой день юридическая ошибка объяснилась, и его выпустили на поруки (не ровен случай, и опять понадобится). Он возвратился домой и умер.

А газетчик-обманщик и сейчас жив. Четвертый каменный дом под крышу подводит и с утра до вечера об одном думает: чем ему напредки легковерного читателя ловчее обманывать: обманом или истиною?

Орел-меценат

Поэты много об орлах в стихах пишут, и всегда с похвалой. И статьи у орла красоты неописанной, и взгляд быстрый, и полет величественный. Он не летает, как прочие птицы, а парит, либо ширяет; сверх того: глядит на солнце и спорит с громами. А иные даже наделяют его сердце великодушием. Так что ежели, например, хотят воспеть в стихах городового, то непременно сравнивают его с орлом. "Подобно орлу, говорят, городовой бляха N такой-то высмотрел, выхватил и, выслушав, - простил".

Я сам очень долго этим панегирикам верил. Думал: "Ведь, в самом деле, красиво! Выхватил... простил! Простил?!" - вот что в особенности пленяло. "Кого простил? - мышь!! Что такое мышь?!" И я бежал впопыхах к кому-нибудь из друзей-поэтов и сообщал о новом акте великодушия орла. А друг-поэт становился в позу, с минуту сопел, и затем его начинало тошнить стихами:

Но однажды меня осенила мысль. "С чего же, однако, орел "простил" мышь? Бежала она по своему делу через дорогу, а он увидел, налетел, скомкал и... простил! Почему он "простил" мышь, а не мышь "простила" его?"

Дальше - больше. Стал я прислушиваться и приглядываться. Вижу: что-то тут неблагополучно. Во-первых, совсем не затем орел мышей ловит, чтоб их прощать. Во-вторых, ежели и допустить, что орел "простил" мышь, то, право, было бы гораздо лучше, если б он совсем ей не интересовался. И, в-третьих, наконец, будь он хоть орел, хоть архиорел, все-таки он - птица. До такой степени птица, что сравнение с ним и для городового может быть лестно только по недоразумению.

И теперь я думаю об орлах так: "Орлы суть орлы, только и всего. Они хищны, плотоядны, но имеют в свое оправдание, что сама природа устроила их исключительно антивегетарианцами. И так как они, в то же время, сильны, дальнозорки, быстры и беспощадны, то весьма естественно, что, при появлении их, все пернатое царство спешит притаиться. И это происходит от страха, а не от восхищения, как уверяют поэты. А живут орлы всегда в отчуждении, в неприступных местах, хлебосольством не занимаются, но разбойничают, а в свободное от разбоя время дремлют".

Выискался, однако ж, орел, которому опостылело жить в отчуждении. Вот и говорит он однажды своей орлице:

- Скучно сам-друг с глазу на глаз жить. Смотришь целый день на солнце - инда одуреешь.

И начал он задумываться. Что больше думает, то чаще и чаще ему мерещится: хорошо бы так пожить, как в старину помещики живали. Набрал бы он дворню и зажил бы припеваючи. Вороны бы сплетни ему переносили, попугаи - кувыркались бы, сорока бы кашу варила, скворцы - величальные песни бы пели, совы, сычи да филины по ночам дозором летали бы, а ястребы, коршуны да соколы пищу бы ему добывали. А он бы оставил при себе одну кровожадность. Думал-думал, да и решился. Кликнул однажды ястреба, коршуна да сокола и говорит им:

- Соберите мне дворню, как в старину у помещиков бывало; она меня утешать будет, а я ее в страхе держать стану. Вот и все.

Выслушали хищники этот приказ и полетели во все стороны. Закипело у них дело не на шутку. Прежде всего нагнали целую уйму ворон. Нагнали, записали в ревизские сказки и выдали окладные листы. Ворона - птица плодущая и на все согласная. Главным же образом, тем она хороша, что сословие "мужиков" представлять мастерица. А известно, что ежели готовы "мужички", то дело остается только за деталями, которые уж ничего не стоит скомпоновать. И скомпоновали. Из коростелей и гагар духовой оркестр собрали, попугаев скоморохами нарядили, сороке-белобоке, благо воровка она, ключи от казны препоручили, сычей да филинов заставили по ночам дозором летать. Словом сказать, такую обстановку устроили, что хоть какому угодно дворянину не стыдно. Даже кукушку не забыли, в гадалки при орлице определили, а для кукушкиных сирот воспитательный дом выстроили.

Но не успели порядком дворовые штаты в действие ввести, как уже убедились, что есть в них какой-то пропуск. Думали-думали, что бы такое было, и наконец догадались: во всех дворнях полагаются науки и искусства, а у орла нет ни тех, ни других.

Три птицы, в особенности, считали этот пропуск для себя обидным: снегирь, дятел и соловей.

Снегирь был малый шустрый и с отроческих лет насвистанный. Воспитывался он первоначально в школе кантонистов [в школы при военном ведомстве брали солдатских детей, навсегда зачисляя их в это ведомство], потом служил в полку писарем и, научившись ставить знаки препинания, начал издавать, без предварительной цензуры, газету "Вестник лесов".

Только никак приноровиться не мог. То чего-нибудь коснется - ан касаться нельзя; то чего-нибудь не коснется - ан касаться не только можно, но и должно. А его за это в головку тук да тук. Вот он и замыслил: "Пойду в дворню к орлу! Пускай он повелит безнаказанно славу его каждое утро возвещать!"

Дятел был скромный ученый и вел строго уединенную жизнь. Ни с кем никогда не виделся (многие даже думали, что он запоем, как и все серьезные ученые, пьет), но целые дни сидел на сосновом суку и все долбил. И надолбил он целую охапку исторических исследований: "Родословная лешего", "Была ли замужем Баба-Яга", "Каким полом надлежит ведьм в ревизские сказки заносить?" и проч. Но сколько ни долбил, издателя для своих книжиц найти не мог. Поэтому и он надумал: "Пойду к орлу в дворовые историографы! авось-либо он вороньим иждивением исследования мои отпечатает!"

Что касается до соловья, то он на жизненные невзгоды пожаловаться не мог. Пел он искони так сладко, что не только сосны стоеросовые, но и московские гостинодворцы, слушая его, умилялись. Весь мир его любил, весь мир, притаив дыхание, заслушивался, как он, забравшись в древесную чащу, сладкими песнями захлебывался. Но он был сладострастен и славолюбив выше всякой меры. Мало было ему вольной песней по лесу греметь, мало огорченные сердца гармонией звуков напоять... Думалось: орел ему на шею ожерелье из муравьиных яиц повесит, всю грудь живыми тараканами изукрасит, а орлица будет тайные свидания при луне назначать...

Словом сказать, пристали все три птицы к соколу: "Доложи да доложи!"

Выслушал орел соколиный доклад о необходимости водворения наук и искусств и не сразу понял. Сидит себе да цыркает, да когтями играет, а глаза у него, словно точеные камешки, глянцем на солнце отливают. Никогда он ни одной газеты не видывал; ни Бабой-Ягой, ни ведьмами не интересовался, а об соловье только одно слыхал: что эта птица - малая, не стоит из-за ее клюв марать.

- Ты, поди, не знаешь, что и Бонапарт-то умер? - спросил сокол.

- Какой такой Бонапарт?

- То-то вот. А знать об этом не худо. Ужо гости приедут, разговаривать будут. Скажут: "При Бонапарте это было", - а ты будешь глазами хлопать. Не хорошо.

Призвали на совет сову, - и та подтвердила, что надо науки и искусства в дворнях заводить, потому что при них и орлам занятнее живется, да и со стороны посмотреть не зазорно. Ученье - свет, а неученье - тьма. Спать-то да жрать всякий умеет, а вот поди разреши задачу: "Летело стадо гусей" - ан дома не скажешься. Умные-то помещики, бывало, за битого двух небитых давали, - значит, пользу в том видели. Вон чижик: только и науки у него, что ведерко с водой таскать умеет, а какие деньги за этакого-то платят!

- Я в темноте видеть могу, так меня за это мудрой прозвали, а ты и на солнце по целым часам не смигнувши глядишь, а про тебя говорят: "Ловок орел, а простофиля".

- Что ж, я не прочь от наук! - цыркнул орел.

Сказано - сделано. На другой же день у орла в дворне начался "золотой век". Скворцы разучивали гимн "Науки юношей питают", коростели и гагары на трубах сыгрывались, попугаи - новые кунштюки выдумывали.

С ворон определили новый налог, под названием "просветительного"; для молодых соколят и ястребят устроили кадетские корпуса; для сов, филинов и сычей - академию де сиянс, да кстати уж и воронятам купили по экземпляру Азбуки-копейки. И, в заключение, самого старого скворца определили стихотворцем, под именем Василия Кирилыча Тредьяковского, и отдали ему приказ, чтоб на завтра же был готов к состязанию с соловьем.

И вот вожделенный день наступил. Поставили пред лицо орла новобранцев и велели им хвастаться.

Самый большой успех достался на долю снегиря. Вместо приветствия он прочитал фельетон, да такой легкий, что даже орлу показалось, что он понимает. Говорил снегирь, что надо жить припеваючи, а орел подтвердил: "Имянно!" Говорил, что была бы у него розничная продажа хорошая, а до прочего ни до чего ему дела нет, а орел подтвердил: "Имянно!" Говорил, что холопское житье лучше барского, что у барина заботушки много, а холопу за барином горюшка нет, а орел подтвердил: "Имянно!" Говорил, что когда у него совесть была, то он без штанов ходил, а теперь, как совести ни капельки не осталось, он разом по две пары штанов надевает, - а орел подтвердил: "Имянно!"

Наконец снегирь надоел.

- Следующий! - цыркнул орел.

Дятел начал с того, что генеалогию орла от солнца повел, а орел с своей стороны подтвердил: "И я в этом роде от папеньки слышал". "Было у солнца, - говорил дятел, - трое детей: дочь Акула да два сына: Лев да Орел. Акула была распутная - ее за это отец в морские пучины заточил; сын Лев от отца отшатнулся - его отец владыкою над пустыней сделал; а Орелко был сын почтительный, отец его поближе к себе пристроил - воздушные пространства ему во владенье отвел".

Но не успел дятел даже введение к своему исследованию продолбить, как уже орел в нетерпеньи кричал:

- Следующий! следующий!

Тогда запел соловей и сразу же осрамился. Пел он про радость холопа, узнавшего, что бог послал ему помещика; пел про великодушие орлов, которые холопам на водку не жалеючи дают... Однако как он ни выбивался из сил, чтобы в холопскую ногу попасть, но с "искусством", которое в нем жило, никак совладать не мог. Сам-то он сверху донизу холоп был (даже подержанным белым галстуком где-то раздобылся и головушку барашком завил), да "искусство" в холопских рамках усидеть не могло, беспрестанно на волю выпирало. Сколько он ни пел - не понимает орел, да и шабаш!

- Что этот дуралей бормочет! - крикнул он, наконец, - позвать Тредьяковского!

А Василий Кирилыч тут как тут. Те же холопские сюжеты взял, да так их явственно изложил, что орел только и дело, что повторял: "Имянно! имянно! имянно!" И в заключение надел на Тредьяковского ожерелье из муравьиных яиц, а на соловья сверкнул очами, воскликнув: "Убрать негодяя!"

На этом честолюбивые попытки соловья и покончились. Живо запрятали его в куролеску и продали в Зарядье, в трактир "Расставанье друзей", где и о сю пору он напояет сладкой отравой сердца захмелевших "метеоров".

Тем не менее дело просвещения все-таки не было покинуто. Ястребята и соколята продолжали ходить в гимназии; академия де сиянс принялась издавать словарь и одолела половину буквы А; дятел дописывал 10-й том "Истории леших". Но снегирь притаился. С первого же дня он почуял, что всей этой просветительной сутолоке последует скорый и немилостивый конец, и, по-видимому, предчувствия его имели довольно верное основание.

Дело в том, что сокол и сова, принявшие на себя руководительство в просветительном деле, допустили большую ошибку: они задумали обучить грамоте самого орла. Учили его по звуковому методу, легко и занятно, но, как ни бились, он и через год, вместо "Орел", подписывался "Арер", так что ни один солидный заимодавец векселей с такою подписью не принимал. Но еще большая ошибка заключалась в том, что, подобно всем вообще педагогам, ни сова, ни сокол не давали орлу ни отдыха, ни срока. Каждоминутно следовала сова по его пятам, выкрикивая: "Бб... зз... хх...", а сокол тоже ежеминутно внушал, что без первых четырех правил арифметики награбленную добычу разделить нельзя.

- Украл ты десять гусенков, двух письмоводителю квартального подарил, одного сам съел - сколько в запасе осталось? - с укоризною спрашивал сокол.

Орел не мог разрешить и молчал, но зло против сокола накоплялось в его сердце с каждым днем больше и больше.

Произошла натянутость отношений, которою поспешила воспользоваться интрига. Во главе заговора явился коршун и увлек за собой кукушку. Последняя стала нашептывать орлице: "Изведут они кормильца нашего, заучат!", а орлица начала орла дразнить: "Ученый! ученый!", затем общими силами возбудили "дурные страсти" в ястребе.

И вот однажды на зорьке, едва орел глаза продрал, сова, по обыкновению, подкралась сзади и зажужжала ему в уши: "Вв... зз... рррр..."

- Уйди, постылая! - кротко огрызнулся орел.
- Извольте, ваше степенство, повторить: бб... кк... мм...
- Второй раз говорю: уйди!
- Пп... хх... шш...

В один миг повернулся орел к сове и разорвал ее надвое.

А через час, ничего не ведая, воротился с утренней охоты сокол.

- Вот тебе задача, - сказал он, - награблено нынче за ночь два пуда дичины; ежели на две равные части эту добычу разделить, одну - тебе, другую - всем прочим челядинцам, - сколько на твою долю достанется?

- Все, - отвечал орел.

- Ты говори дело, - возразил сокол. - Ежели бы "все", я бы и спрашивать тебя не стал!

Не впервые такие задачи сокол задавал; но на этот раз тон, принятый им, показался орлу невыносимым. Вся кровь в нем вскипела при мысли, что он говорит "все", а холоп осмеливается возражать: "Не все". А известно, что когда у орлов кровь закипает, то они педагогические приемы от крамолы отличать не умеют. Так он и поступил.

Но, покончивши с соколом, орел, однако, оговорился:

- А де сиянс академии оставаться по-прежнему!

Опять пропели скворцы: "Науки юношей питают", но для всех уже было ясно, что "золотой век" находится на исходе. В перспективе надвигался мрак невежества, с своими обязательными спутниками: междоусобием и всяческою смутою.

Смута началась с того, что на место умершего сокола явилось два претендента: ястреб и коршун. И так как внимание обоих соперников было устремлено исключительно в сторону личных счетов, то дела дворни отошли на второй план и начали мало-помалу приходить в запущение.

Через месяц от недавнего золотого века не осталось и следов. Скворцы заленились, коростели стали фальшивить, сорока-белобока воровала без просыпу, а на воронах накопилась такая пропасть недоимок, что пришлось прибегнуть к экзекуции. Дошло до того, что даже пищу орлу с орлицей начали подавать порченую.

Чтобы оправдать себя в этой неурядице, ястреб и коршун временно подали друг другу руку и свалили все невзгоды на просвещение.

Науки-де, бесспорно, полезны, но лишь тогда, когда они благовременны. Жили-де наши дедушки без наук, и мы без них проживем...

И в доказательство, что весь вред от наук идет, начали открывать заговоры, и непременно такие, чтобы хоть часослов да замешан в них был. Начались розыски, следствия, судбища...

- Шабаш! - вдруг раздалось в вышине.

Это крикнул орел. Просвещение прекратило течение свое.

Во всей дворне воцарилась такая тишина, что слышно было, как ползут по земле клеветнические шепоты.

Первою жертвою нового веяния пал дятел. Бедная эта птица, ей-богу, не виновата была. Но она знала грамоте, и этого было вполне достаточно для обвинения.

- Знаки препинания ставить умеешь?

- Не только обыкновенные знаки препинания, но и чрезвычайные, как-то: кавычки, тире, скобки - всегда, по сущей совести, становлю.

- А женский пол от мужеского отличить можешь?

- Могу. Даже в ночное время не ошибусь.

Только и всего. Нарядили дятла в кандалы и заточили в дупло навечно. А на другой день он в том дупле, заеденный муравьями, помре.

Едва кончилась история с дятлом, как последовал погром в академии де сиянс.

Однако ж сычи и филины защищались твердо: жалко им было с теплыми казенными квартирами расставаться. Говорили, что не того ради сиянсами занимаются, дабы их распространять, а для того, чтобы от лихого глаза их оберегать. Но коршун сразу увертки их опроверг, спросив: "Да сиянсы-то зачем?" И они на этот вопрос не ответили (не ждали). Тогда их поштучно распродали огородникам, а последние, набив из них чучелов, поставили огороды сторожить.

138

В это же самое время отобрали у воронят Азбуку-копейку, истолкли оную в ступе и из полученной массы наделали игральных карт.

Дальше - больше. За совами и филинами последовали скворцы, коростели, попугаи, чижи... Даже глухого тетерева заподозрили в "образе мыслей" на том основании, что он днем молчит, а ночью спит...

Дворня опустела. Остались орел с орлицею, и при них ястреб да коршун. А вдали - масса воронья, которое бессовестно плодилось. И чем больше плодилось, тем больше накоплялось на нем недоимок.

Тогда коршун с ястребом, не зная, кого изводить (воронье в счет не полагалось), стали изводить друг друга. И все на почве наук. Ястреб донес, что коршун, по секрету, читает часослов, а коршун съябедничал, что у ястреба в дупле "Новейший песенник" спрятан.

Орел смутился.

Но тут уж сама История ускорила свое течение, чтоб положить конец этой сумятице. Произошло нечто необыкновенное. Увидев, что они остались без призора, вороны вдруг спохватились: "А что бишь на этот счет в Азбуке-копейке сказано?" И не успели порядком припомнить, как тут же инстинктивно снялись всем стадом с места и полетели.

Погнался за ними орел, да не тут-то было: сладкое помещичье житье до того его изнежило, что он едва крыльями мог шевелить.

Тогда он повернулся к орлице и возгласил:

- Сие да послужит орлам уроком!

Но что означало в данном случае слово "урок": то ли, что просвещение для орлов вредно, или то, что орлы для просвещения вредны, или, наконец, и то и другое вместе - об этом он умолчал.

Повесть о том, как один мужик двух генералов прокормил

Жили да были два генерала, и так как оба были легкомысленны, то в скором времени, по щучьему велению, по моему хотению, очутились на необитаемом острове.

Служили генералы всю жизнь в какой-то регистратуре; там родились, воспитались и состарились, следовательно, ничего не понимали. Даже слов никаких не знали, кроме: "Примите уверение в совершенном моем почтении и преданности".

Упразднили регистратуру за ненадобностью и выпустили генералов на волю. Оставшись за штатом, поселились они в Петербурге, в Подьяческой улице на разных квартирах; имели каждый свою кухарку и получали пенсию. Только вдруг очутились на необитаемом острове, проснулись и видят: оба под одним одеялом лежат. Разумеется, сначала ничего не поняли и стали разговаривать, как будто ничего с ними и не случилось.

- Странный, ваше превосходительство, мне нынче сон снился, - сказал один генерал, - вижу, будто живу я на необитаемом острове...

Сказал это, да вдруг как вскочит! Вскочил и другой генерал.

- Господи! да что ж это такое! где мы! - вскрикнули оба не своим голосом.

И стали друг друга ощупывать, точно ли не во сне, а наяву с ними случилась такая оказия. Однако, как ни старались уверить себя, что все это не больше как сновидение, пришлось убедиться в печальной действительности.

Перед ними с одной стороны расстилалось море, с другой стороны лежал небольшой клочок земли, за которым стлалось все то же безграничное море. Заплакали генералы в первый раз после того, как закрыли регистратуру.

Стали они друг друга рассматривать и увидели, что они в ночных рубашках, а на шеях у них висит по ордену.

- Теперь бы кофейку испить хорошо! - молвил один генерал, но вспомнил, какая с ним неслыханная штука случилась, и во второй раз заплакал.

- Что же мы будем, однако, делать? - продолжал он сквозь слезы, - ежели теперича доклад написать - какая польза из этого выйдет?

- Вот что, -отвечал другой генерал, - подите вы, ваше превосходительство, на восток, а я пойду на запад, а к вечеру опять на этом месте сойдемся; может быть, что-нибудь и найдем.

Стали искать, где восток и где запад. Вспомнили, как начальник однажды говорил: "Если хочешь сыскать восток, то встань глазами на север, и в правой руке получишь искомое". Начали искать севера, становились так и сяк, перепробовали все страны света, но так как всю жизнь служили в регистратуре, то ничего не нашли.

- Вот что, ваше превосходительство: вы пойдите направо, а я налево; этак-то лучше будет! - сказал один генерал, который, кроме регистратуры, служил еще в школе военных кантонистов учителем каллиграфии и, следовательно, был поумнее.

Сказано - сделано. Пошел один генерал направо и видит - растут деревья, а на деревьях всякие плоды. Хочет генерал достать хоть одно яблоко, да все так высоко висят, что надобно лезть. Попробовал полезть -

ничего не вышло, только рубашку изорвал. Пришел генерал к ручью, видит: рыба там, словно в садке на Фонтанке, так и кишит, и кишит.

"Вот кабы этакой-то рыбки да на Подьяческую!" - подумал генерал и даже в лице изменился от аппетита.

Зашел генерал в лес - а там рябчики свищут, тетерева токуют, зайцы бегают.

- Господи! еды-то! еды-то! - сказал генерал, почувствовав, что его уже начинает тошнить.

Делать нечего, пришлось возвращаться на условленное место с пустыми руками. Приходит, а другой генерал уж дожидается.

- Ну что, ваше превосходительство, промыслил что-нибудь?

- Да вот нашел старый нумер "Московских ведомостей", и больше ничего!

Легли опять спать генералы, да не спится им натощак. То беспокоит их мысль, кто за них будет пенсию получать, то припоминаются виденные днем плоды, рыбы, рябчики, тетерева, зайцы.

- Кто бы мог думать, ваше превосходительство, что человеческая пища, в первоначальном виде, летает, плавает и на деревьях растет? - сказал один генерал.

- Да, - отвечал другой генерал, - признаться, и я до сих пор думал, что булки в том самом виде родятся, как их утром к кофею подают!

- Стало быть, если, например, кто хочет куропатку съесть, то должен сначала ее изловить, убить, ощипать, изжарить... Только как все это сделать?

- Как все это сделать? - словно эхо, повторил другой генерал.

Замолчали и стали стараться заснуть; но голод решительно отгонял сон. Рябчики, индейки, поросята так и мелькали перед глазами, сочные, слегка подрумяненные, с огурцами, пикулями и другим салатом.

- Теперь я бы, кажется, свой собственный сапог съел! - сказал один генерал.

- Хороши тоже перчатки бывают, когда долго ношены! - вздохнул другой генерал.

Вдруг оба генерала взглянули друг на друга: в глазах их светился зловещий огонь, зубы стучали, из груди вылетало глухое рычание. Они начали медленно подползать друг к другу и в одно мгновение ока остервенились. Полетели клочья, раздался визг и оханье; генерал, который был учителем каллиграфии, откусил у своего товарища орден и немедленно проглотил. Но вид текущей крови как будто образумил их.

- С нами крестная сила! - сказали они оба разом, - ведь этак мы друг друга съедим! И как мы попали сюда! кто тот злодей, который над нами такую штуку сыграл!

- Надо, ваше превосходительство, каким-нибудь разговором развлечься, а то у нас тут убийство будет! - проговорил один генерал.

- Начинайте! - отвечал другой генерал.

- Как, например, думаете вы, отчего солнце прежде восходит, а потом заходит, а не наоборот?

- Странный вы человек, ваше превосходительство: но ведь и вы прежде встаете, идете в департамент, там пишете, а потом ложитесь спать?

- Но отчего же не допустить такую перестановку; сперва ложусь спать, вижу различные сновидения, а потом встаю?

- Гм... да... А я, признаться, как служил в департаменте, всегда так думал: "Вот теперь утро, а потом будет день, а потом подадут ужинать - и спать пора!"

Но упоминовение об ужине обоих повергло в уныние и пресекло разговор в самом начале.

- Слышал я от одного доктора, что человек может долгое время своими собственными соками питаться, - начал опять один генерал.

- Как так?

- Да так-с. Собственные свои соки будто бы производят другие соки, эти, в свою очередь, еще производят соки, и так далее, покуда, наконец, соки совсем не прекратятся...

- Тогда что ж?

- Тогда надобно пищу какую-нибудь принять...

- Тьфу!

Одним словом, о чем ни начинали генералы разговор, он постоянно сводился на воспоминание об еде, и это еще более раздражало аппетит. Положили: разговоры прекратить, и, вспомнив о найденном нумере "Московских ведомостей", жадно принялись читать его.

"Вчера, - читал взволнованным голосом один генерал, - у почтенного начальника нашей древней столицы был парадный обед. Стол сервирован был на сто персон с роскошью изумительною. Дары всех стран назначили себе как бы рандеву на этом волшебном празднике. Тут была и "шекснинска стерлядь золотая", и питомец лесов кавказских, - фазан, и, столь редкая в нашем севере в феврале месяце, земляника..."

- Тьфу ты, господи! да неужто ж, ваше превосходительство, не можете найти другого предмета? - воскликнул в отчаянии другой генерал и, взяв у товарища газету, прочел следующее:

"Из Тулы пишут: вчерашнего числа, по случаю поимки в реке Упе осетра (происшествие, которого не запомнят даже старожилы, тем более что в осетре был опознан частный пристав Б.), был в здешнем клубе фестиваль. Виновника торжества внесли на громадном деревянном блюде, обложенного огурчиками и держащего в пасти кусок зелени. Доктор П., бывший в тот же день дежурным старшиною, заботливо наблюдал, дабы все гости получили по куску. Подливка была самая разнообразная и даже почти прихотливая..."

- Позвольте, ваше превосходительство, и вы, кажется, не слишком осторожны в выборе чтения! - прервал первый генерал и, взяв, в свою очередь, газету, прочел:

"Из Вятки пишут: один из здешних старожилов изобрел следующий оригинальный способ приготовления ухи: взяв живого налима, предварительно его высечь; когда же, от огорчения, печень его увеличится..."

Генералы поникли головами. Все, на что бы они ни обратили взоры, - все свидетельствовало об еде. Собственные их мысли злоумышляли против них, ибо как они ни старались отгонять представления о бифштексах, но представления эти пробивали себе путь насильственным образом.

И вдруг генерала, который был учителем каллиграфии, озарило вдохновение...

- А что, ваше превосходительство, - сказал он радостно, - если бы нам найти мужика?

- То есть как же... мужика?

- Ну, да, простого мужика... какие обыкновенно бывают мужики! Он бы нам сейчас и булок бы подал, и рябчиков бы наловил, и рыбы!

- Гм... мужика... но где же его взять, этого мужика, когда его нет?

- Как нет мужика - мужик везде есть, стоит только поискать его! Наверное, он где-нибудь спрятался, от работы отлынивает!

Мысль эта до того ободрила генералов, что они вскочили как встрепанные и пустились отыскивать мужика.

Долго они бродили по острову без всякого успеха, но, наконец, острый запах мякинного хлеба и кислой овчины навел их на след. Под деревом, брюхом кверху и подложив под голову кулак, спал громаднейший мужичина и самым нахальным образом уклонялся от работы. Негодованию генералов предела не было.

- Спишь, лежебок! - накинулись они на него, - небось и ухом не ведешь, что тут два генерала вторые сутки с голода умирают! сейчас марш работать!

Встал мужичина: видит, что генералы строгие. Хотел было дать от них стречка, но они так и закоченели, вцепившись в него.

И зачал он перед ними действовать.

Полез сперва-наперво на дерево и нарвал генералам по десятку самых спелых яблоков, а себе взял одно, кислое. Потом покопался в земле - и добыл оттуда картофелю; потом взял два куска дерева, потер их друг об дружку - и извлек огонь. Потом из собственных волос сделал силок и поймал рябчика. Наконец, развел огонь и напек столько разной провизии, что генералам пришло даже на мысль: "Не дать ли и тунеядцу частичку?"

Смотрели генералы на эти мужицкие старания, и сердца у них весело играли. Они уже забыли, что вчера чуть не умерли с голоду, а думали: "Вот как оно хорошо быть генералами - нигде не пропадешь!"

- Довольны ли вы, господа генералы? - спрашивал между тем мужичина-лежебок.

- Довольны, любезный друг, видим твое усердие! - отвечали генералы.

- Не позволите ли теперь отдохнуть?

- Отдохни, дружок, только свей прежде веревочку.

Набрал сейчас мужичина дикой конопли, размочил в воде, поколотил, помял - и к вечеру веревка была готова. Этою веревкою генералы привязали мужичину к дереву, чтоб не убег, а сами легли спать.

Прошел день, прошел другой; мужичина до того изловчился, что стал даже в пригоршне суп варить. Сделались наши генералы веселые, рыхлые, сытые, белые. Стали говорить, что вот они здесь на всем готовом живут, а в Петербурге между тем пенсии ихние все накапливаются да накапливаются.

- А как вы думаете, ваше превосходительство, в самом ли деле было вавилонское столпотворение или это только так, одно иносказание? - говорит, бывало, один генерал другому, позавтракавши.

- Думаю, ваше превосходительство, что было в самом деле, потому что иначе как же объяснить, что на свете существуют разные языки!

- Стало быть, и потоп был?

- И потоп был, потому что, в противном случае, как же было бы объяснить существование допотопных зверей? Тем более, что в "Московских ведомостях" повествуют...

- А не почитать ли нам "Московских ведомостей"?

Сыщут нумер, усядутся под тенью, прочтут от доски до доски, как ели в Москве, ели в Туле, ели в Пензе, ели в Рязани - и ничего, не тошнит!

Долго ли, коротко ли, однако генералы соскучились. Чаще и чаще стали они припоминать об оставленных ими в Петербурге кухарках и втихомолку даже поплакивали.

- Что-то теперь делается в Подьяческой, ваше превосходительство? - спрашивал один генерал другого.

- И не говорите, ваше превосходительство! все сердце изныло! - отвечал другой генерал.

- Хорошо-то оно хорошо здесь - слова нет! а все, знаете, как-то неловко барашку без ярочки! да и мундира тоже жалко!

- Еще как жалко-то! Особливо, как четвертого класса, так на одно шитье посмотреть, голова закружится!

И начали они нудить мужика: представь да представь их в Подьяческую! И что ж! оказалось, что мужик знает даже Подьяческую, что он там был, мед-пиво пил, по усам текло, в рот не попало!

- А ведь мы с Подьяческой генералы! - обрадовались генералы.

- А я, коли видели: висит человек снаружи дома, в ящике на веревке, и стену краской мажет, или по крыше словно муха ходит - это он самый я и есть! - отвечал мужик,

И начал мужик на бобах разводить, как бы ему своих генералов порадовать за то, что они его, тунеядца, жаловали и мужицким его трудом не гнушалися! И выстроил он корабль - не корабль, а такую посудину, что можно было океан-море переплыть вплоть до самой Подьяческой.

- Ты смотри, однако, каналья, не утопи нас! - сказали генералы, увидев покачивавшуюся на волнах ладью.

- Будьте покойны, господа генералы, не впервой! - отвечал мужик и стал готовиться к отъезду.

Набрал мужик пуху лебяжьего мягкого и устлал им дно лодочки. Уставши, уложил на дно генералов и, перекрестившись, поплыл. Сколько набрались страху генералы во время пути от бурь да от ветров разных, сколько они ругали мужичину за его тунеядство - этого ни пером описать, ни в сказке сказать. А мужик все гребет да гребет, да кормит генералов селедками.

Вот, наконец, и Нева-матушка, вот и Екатерининский славный канал, вот и Большая Подьяческая! Всплеснули кухарки руками, увидевши, какие у них генералы стали сытые, белые да веселые! Напились генералы кофею, наелись сдобных булок и надели мундиры. Поехали они в казначейство, и сколько тут денег загребли - того ни в сказке сказать, ни пером описать!

Однако и об мужике не забыли; выслали ему рюмку водки да пятак серебра: веселись, мужичина!

Праздный разговор

Нынче этого нет, а было такое время, когда и между сановниками вольтерьянцы попадались. Само высшее начальство этой моды держалось, а сановники подражали.

Вот в это самое время жил-был губернатор, который многому не верил, во что другие, по простоте, верили. А главное, не понимал, для какой причины губернаторская должность учреждена.

Напротив, предводитель дворянства в этой губернии во все верил, а значение губернаторской должности даже до тонкости понимал.

И вот, однажды, уселись они вдвоем в губернаторском кабинете и заспорили.

- Между нами будь сказано, решительно я этого не понимаю, - сказал губернатор. - По моему мнению, если бы нас всех, губернаторов, без шума упразднить, то никто бы и не заметил.

- Ах, вашество, как вы так выражаетесь! - возразил ему удивленный и даже испуганный предводитель.

- Разумеется, я это конфиденциально... но ежели говорить по совести, то опять-таки повторяю: положительно я этого не понимаю! Представьте себе: живут люди мирно, бога помнят, царицу чтут - и вдруг к ним... губернатор!! Откуда? как? что за причина?

- А та и причина, что власть! - урезонивал его предводитель, - нельзя без оной. Вверху - губернатор, посередке - исправник, внизу - тысяцкий. А по бокам - предводители, председатели, воинство...

- Знаю. Но зачем? Вы говорите: "тысяцкий", - хорошо. Тысяцкий - это который при мужике, - понимаю и это. Теперь представьте себе: живет мужик, поле работает, пашет, косит, плодится, множится, словом сказать, круг жизни своей производит. И вдруг, откуда-то из-под низу, тысяцкий... Зачем? что случилось?

- Не случилось, но может случиться, вашество!

- Не верю-с. Ежели люди живут в свое удовольствие - зачем для них тысяцкий? Ежели они тихим манером нужды свои справляют, бога помнят, царицу чтут - что тут случиться может, кроме хорошего? И что тысяцкий может в данном случае устранить или присовокупить? Даст бог урожай - будет урожай; не даст бог урожаю - и так как-нибудь проживут. При чем тут тысяцкий? разве он может хоть колос единый в снопе убавить или прибавить? - Нет, он налетит, намутит, нашумит, да, того гляди, в заключение, еще в острог кого-нибудь посадит. Только и всего.

- Ну, не даром же посадит, а тоже за что-нибудь!

- Однако, согласитесь, что если б его нелегкая не принесла, все шло бы без него своим чередом, и никакого бы "что-нибудь" не случилось. Во всяком случае, в остроге никто бы не сидел. А как только он появится, так тотчас же вслед за ним и "что-нибудь" явилось.

- Ах, вашество, ведь и тысяцкие разные бывают! Вот у нас, например...

- Нет, вы меня выслушайте. Я не об личностях веду речь и не парадоксами перед вами щегольнуть хочу. Я по опыту эту музыку знаю и даже на самом себе могу пример показать. Уезжаю я, например, из губернии - и что вдруг случилось? Не успел я за заставу отъехать, как вдруг во всей губернии наступило благорастворение воздухов. Полициймейстер - не скачет, квартальные - не бегут, городовые - не усердствуют. Даже и простецы, которые и о существовании моем досконально не знают, и те чувствуют, что из их жизни исчезла какая-то запятая, от которой им во всех местах больно было. Что сей сон означает? - спрашиваю я вас. А то, государь мой, что мой заступающий не все то может сделать, что я могу и что, следовательно, и служащим, и обывателям на всю эту разницу легче стало. Но вот я возвращаюсь опять к своему посту. Шум, треск, езда, беготня... Кто в фуражке ходил - бежит в треуголке; кто в полном удовольствии месяц прожил - снова приходит в унылость; все видят впереди бесконечную распостылую канитель... Да, впрочем, что же много об этом толковать! вы и на себе наверное хоть отчасти да испытали...

Действительно, предводитель вспомнил, что и за ним в этом роде грешок водился. Как только, бывало, губернатор за ворота, так он сейчас: "Эй, тарантас!" - и марш в деревню. И ходит там без оных, покуда опять начальство к долгу не призовет. Только одну проформу и соблюдает, что, едучи мимо вице-губернаторской квартиры, зайдет на минуту к заступающему должность и условится:

- Уж вы, Арефий Иваныч, коли что случится, гонца пришлите!

- Чему случиться! с богом!

- Ну, так прощайте; Капитолине Сергеевне кланяйтесь. Пошевеливай! Только его и видели.

- Есть тот грех, - сказал он, - только все-таки не оттого... Просто отдохнуть хочется... вот и пользуешься.

- То-то что "отдохнуть"! а кто отдохнуть помешал? разве в отдыхе грех какой? Никакого греха нет, а просто мешал, потому что он губернатор - только и всего. Теперь пойдем дальше. Замечали ли вы, как партикулярные люди о губернаторе отзываются, когда похвалить его хотят? "Это, говорят, хороший губернатор: он сидит смирно, никого не трогает". Вот-с. Стало быть, что всего более в губернаторе любезно - это ежели он благосклонно бездействует. И в самом деле, рассудите по совести, в чем его вмешательство в обывательских делах пользу принести может? Приехал он в губернию чуженин-чуженином - это раз; обучался он, может быть, чему-нибудь, да только не тому, чему следует, - это два. Затем: статистики он - не знает, этнографии - не разумеет; нравы и обычаи - не при нем писаны; где какая река, куда течет, почему и в каком смысле

147

- это он разве тогда узнает, когда раз пять вдоль и поперек губернию исколесит; о железных дорогах знает только, когда и куда какой поезд отходит, чтобы в случае чего не опоздать; а зачем дорога построена, сколько в прошлом году доходов собрано, сколько в нынешнем, где и какую питательную ветвь надо провести, - все это для него - темна вода во облацех. И можно бы все это узнать, и сведения все под руками, да неинтересно и не для чего. Ничего из этих сведений не выйдет[32].

- Или насчет торгов, ремесел, промыслов: сапожное там ремесло, огороднический промысел; в одном месте рогожки ткут, в другом - косы, серпы куют: зачем? почему? Где раки зимуют?

- Вашество! - прервал предводитель расходившегося губернатора, - да ведь я - обыватель здешний, а и я этого ничего не знаю!

- Вы - другое дело; вы - предводитель. Подают вам за столом говядину - вам и нужды нет, откуда она. Была бы съедобна - только и всего. А я - губернатор, я должен все знать. Меня - нет-нет, да и спросят: "В каком, мол, положении у вас огородничество?"

- Да, по нынешнему времени, всего ожидать можно.

- Нынче, батюшка, чтобы всякая копейка на счету стояла, чтобы все, из чего извлечь можно, - "где, бишь, оно? не полезно ли, мол, обложить?" Вот нынче как. Ну, и отвечаешь на всякий случай, чтобы без хлопот: "Оставляет, мол, желать многого".

- Н-да, а между тем капуста у нас...

- То-то "капуста". А я только недавно об этом узнал. Намеднись подают кочан; я думал, он из Алжира - ан он из Поздеевки.

- Из Поздеевки - это верно; там и морковь, и репа - всякий овощ. Так-то всегда у нас. Мы по Эмсам да по Мариенбадам воду пить ездим, а у нас, в Поздеевке, своя вода есть, да еще лучше, потому что от мариенбадской-то воды желудок расстраивается.

- А скажите-ка, кто поздеевскую-то капусту завел? Небось губернатор? как бы не так! Мужичок, сударь. Побывал во времена оны какой-нибудь поздеевский Семен Малявка в Ростове, посмотрел, как тамошние мужички капустную рассаду разводят, да и завел, воротясь домой, у себя огородец, а глядя на него, а другие принялись.

- Это так точно, вашество, - вынужден был согласиться предводитель.

- И все у нас промыслы как-то местом ведутся. Тут - благодать, а рядом - нет ничего. Представьте себе, около этой самой Поздеевки деревня Развалиха есть, - так там об огородах и слыхом не слыхать, а все мужички до одного шерстобиты. Летом землю общим крестьянским обычаем работают, а зимой разбредутся кто куда и шерстобитничают. И

---

[32] Само собой разумеется, что это только в сказке возможно. (Прим. М. Е. Салтыкова-Щедрина)].

148

тоже не губернатор завел, а побывал простой мужик Абрамко в Калязинском уезде и привез оттуда.

-Вот и понимайте теперь. Капуста, огурцы, шерстобитничество, сапоги, рогожи... все они, все обыватели! Вы думаете, у вас, в Растеряевке, колокольню кто построил? губернатор? Ан нет, купец Поликарп Агеев Параличев ее построил, а губернатор только на освящении был да пирог с визигой ел.

- Это верно.

- А переславских сельдей кто первый коптить начал?

- Тоже верно. Не губернатор.

- А семгу-порог? а Кольскую морошку? а ржевскую и коломенскую пастилу? Губернатор? а?

- Позвольте, вашество! но ведь, кроме огородничества и бакалеи, есть и других предметов достаточно...

- Например?

- Подати, например... Собирать их, взыскивать...

- А что такое подати? слыхали?

- Подати... это, так сказать, свидетельство принадлежности... - начал было предводитель, но запутался и умолк.

- То-то "свидельство"... А как вы думаете, приятное это "свидетельство"? Смотрите-ка! за податьми приехал! Ах, как приятно! Диво бы секрет разведения муромских огурцов или копченья тамбовской ветчины привез... а то подати выбивать! Да и как, позвольте спросить, я это "свидетельство принадлежности" осуществлю, ежели, например, у поздеевских мужиков капуста не родится? Какая моя в этом разе роль? Разошлю по исправникам циркуляр - только и всего; а исправники наполнят губернию криком - тоже только всего. Во всяком случае, я понуждаю - не знаю, на какой предмет; исправник кричит - тоже на какой предмет, не знает. Что такое случилось? Куда скрылись казенные подати? Неурожай ли мужика обездолил, пьянство ли одолело, мироед ли к нему присосался, или мужик сам капризничать начал, кубышку вздумал копить? Вот ведь сколько разных случаев может быть, да и все ли еще тут! А мы суетимся, гамим, знать ничего не хотим: чтоб были подати - только и всего!

- Да, это так точно. И нагамят, и нашумят, и даже под рубашку заглянут; а какой в том результат - сами не знают! - грустно подтвердил предводитель.

Оба собеседника на минуту задумались.

Первый очнулся предводитель. Он, по-видимому, еще не отчаивался, и у него уже назрел было вопрос: "А народная нравственность? а просвещение? науки? искусства?" - как губернатор словно угадал его мысли и так строго взглянул на своего собеседника, что тот мог вымолвить только:

- А народное продовольствие?
- И вам не совестно? - вместо ответа спросил его в упор губернатор.

Предводитель покраснел. Он вспомнил, как в начале года он, в качестве председателя земской управы, разъезжал по волостям и т. д. Вспомнил и застыдился.

- Так неужто же наконец... - воскликнул он и вдруг нечто вспомнил, - позвольте! вот вам предмет: содействие к соединению общества!
- Какого такого общества?
- Здешнего-с.
- Гм... так вы думаете, что я соединяю здешнее общество?
- И вы, вашество, и супруга ваша... Лукерья Ивановна.
- Лукерья Ивановна - может быть, но я... нет! меня... увольте! Да и кому наконец этот предмет нужен... "соединение общества"... да еще здешнего?!

Собеседники окончательно умолкли. И, может быть, им пришлось бы очень неловко, если б на выручку не явился из губернского правления казначей.

Это было 30-е число месяца. В этот день, как известно, производилась некогда получка жалованья, и казначеи всех ведомств являлись к начальникам с денежными книгами, которые очищались расписками в получении.

Губернатор принял от казначея пачку, не торопясь, пересчитал деньги, положил их на стол и расписался.

- Ну-с, а это-с? - пошутил предводитель, указывая на пачку, - в каком же смысле следует понимать "это"?..
- Н-да... то есть, вы хотите сказать: "это"? - переспросил губернатор, как бы очнувшись.
- Да-с! Это-с. Именно оно самое... это-с!
- Гм... "это"?.. Это... воздаяние!

Премудрый пескарь

Жил-был пескарь. И отец и мать у него были умные; помаленьку да полегоньку аридовы веки в реке прожили и ни в уху, ни к щуке в хайло не попали. И сыну то же заказали. "Смотри, сынок, - говорил старый пескарь, умирая, - коли хочешь жизнью жуировать, так гляди в оба!"

А у молодого пескаря ума палата была. Начал он этим умом раскидывать и видит: куда ни обернется - везде ему мат. Кругом, в воде, все большие рыбы плавают, а он всех меньше; всякая рыба его заглотать может, а он никого заглотать не может. Да и не понимает: зачем глотать? Рак может его клешней пополам перерезать, водяная блоха - в хребет впиться и до смерти замучить. Даже свой брат пескарь - и тот, как увидит, что он комара изловил, целым стадом так и бросятся отнимать. Отнимут и начнут друг с дружкой драться, только комара задаром растреплют.

А человек? - что это за ехидное создание такое! каких каверз он ни выдумал, чтоб его, пескаря, напрасною смертью погублять! И невода, и сети, и верши, и норота, и, наконец... уду! Кажется, что может быть глупее уды? - Нитка, на нитке крючок, на крючке - червяк или муха надеты... Да и надеты-то как?.. в самом, можно сказать, неестественном положении! А между тем именно на уду всего больше пескарь и ловится!

Отец-старик не раз его насчет уды предостерегал. "Пуще всего берегись уды! - говорил он, - потому что хоть и глупейший это снаряд, да ведь с нами, пескарями, что глупее, то вернее. Бросят нам муху, словно нас же приголубить хотят; ты в нее вцепишься - ан в мухе-то смерть!"

Рассказывал также старик, как однажды он чуть-чуть в уху не угодил. Ловили их в ту пору целою артелью, во всю ширину реки невод растянули, да так версты с две по дну волоком и волокли. Страсть, сколько рыбы тогда попалось! И щуки, и окуни, и головли, и плотва, и гольцы, - даже лещей-лежебоков из тины со дна поднимали! А пескарям так и счет потеряли. И каких страхов он, старый пескарь, натерпелся, покуда его по реке волокли, - это ни в сказке сказать, ни пером описать. Чувствует, что его везут, а куда - не знает. Видит, что у него с одного боку - щука, с другого - окунь; думает: вот-вот, сейчас, или та, или другой его съедят, а они - не трогают... "В ту пору не до еды, брат, было!" У всех одно на уме: смерть пришла! а как и почему она пришла - никто не понимает. Наконец стали крылья у невода сводить, выволокли его на берег и начали рыбу из мотни в траву валить. Тут-то он и узнал, что такое уха. Трепещется на песке что-то красное; серые облака от него вверх бегут; а жарко таково, что он сразу разомлел. И без того без воды тошно, а тут еще поддают... Слышит - "костер", говорят. А на "костре" на этом черное что-то положено, и в нем вода, точно в озере, во время бури, ходуном ходит. Это - "котел", говорят. А под конец стали говорить: вали в "котел" рыбу - будет "уха"! И начали туда нашего брата валить. Шваркнет рыбак рыбину - та сначала окунется, потом, как полоумная, выскочит, потом опять окунется - и присмиреет. "Ухи", значит, отведала. Валили-валили сначала без разбора, а потом один старичок глянул на него и говорит: "Какой от него, от малыша, прок для ухи! пущай в реке порастет!" Взял его под жабры, да и пустил в вольную воду. А он, не будь глуп, во все лопатки - домой! Прибежал, а пескариха его из норы ни жива ни мертва выглядывает...

И что же! сколько ни толковал старик в ту пору, что такое уха и в чем она заключается, однако и поднесь в реке редко кто здравые понятия об ухе имеет!

Но он, пескарь-сын, отлично запомнил поучения пескаря-отца, да и на ус себе намотал. Был он пескарь просвещенный, умеренно-либеральный, и очень твердо понимал, что жизнь прожить - не то, что мутовку облизать. "Надо так прожить, чтоб никто не заметил, - сказал он себе, - а не то как раз пропадешь!" - и стал устраиваться. Первым делом нору для себя такую придумал, чтоб ему забраться в нее было можно, а никому другому - не влезть! Долбил он носом эту нору целый год, и сколько страху в это время принял, ночуя то в иле, то под водяным лопухом, то в осоке. Наконец, однако, выдолбил на славу. Чисто, аккуратно - именно только одному поместиться впору. Вторым делом, насчет житья своего решил так: ночью, когда люди, звери, птицы и рыбы спят - он будет моцион делать, а днем - станет в норе сидеть и дрожать. Но так как пить-есть все-таки нужно, а жалованья он не получает и прислуги не держит, то будет он выбегать из норы около полден, когда вся рыба уж сыта, и, бог даст, может быть, козявку-другую и промыслит. А ежели не промыслит, так и голодный в норе заляжет, и будет опять дрожать. Ибо лучше не есть, не пить, нежели с сытым желудком жизни лишиться.

Так он и поступал. Ночью моцион делал, в лунном свете купался, а днем забирался в нору и дрожал. Только в полдни выбежит кой-чего похватать - да что в полдень промыслишь! В это время и комар под лист от жары прячется, и букашка под кору хоронится. Поглотает воды - и шабаш!

Лежит он день-деньской в норе, ночей не досыпает, куска не доедает, и все-то думает: "Кажется, что я жив? ах, что-то завтра будет?"

Задремлет, грешным делом, а во сне ему снится, что у него выигрышный билет и он на него двести тысяч выиграл. Не помня себя от восторга, перевернется на другой бок - глядь, ан у него целых полрыла из норы высунулось... Что, если б в это время щуренок поблизости был! ведь он бы его из норы-то вытащил!

Однажды проснулся он и видит: прямо против его норы стоит рак. Стоит неподвижно, словно околдованный, вытаращив на него костяные глаза. Только усы по течению воды пошевеливаются. Вот когда он страху набрался! И целых полдня, покуда совсем не стемнело, этот рак его поджидал, а он тем временем все дрожал, все дрожал.

В другой раз, только что успел он перед зорькой в нору воротиться, только что сладко зевнул, в предвкушении сна, - глядит, откуда ни возьмись, у самой норы щука стоит и зубами хлопает. И тоже целый день его стерегла, словно видом его одним сыта была. А он и щуку надул: не вышел из коры, да и шабаш.

И не раз, и не два это с ним случалось, а почесть что каждый день. И каждый день он, дрожа, победы и одоления одерживал, каждый день восклицал: "Слава тебе, господи! жив!"

Но этого мало: он не женился и детей не имел, хотя у отца его была большая семья. Он рассуждал так: "Отцу шутя можно было прожить! В то время и щуки были добрее, и окуни на нас, мелюзгу, не зарились. А хотя однажды он и попал было в уху, так и тут нашелся старичок, который его вызволил! А нынче, как рыба-то в реках повывелась, и пескари в честь попали. Так уж тут не до семьи, а как бы только самому прожить!"

И прожил премудрый пескарь таким родом с лишком сто лет. Все дрожал, все дрожал. Ни друзей у него, ни родных; ни он к кому, ни к нему кто. В карты не играет, вина не пьет, табаку не курит, за красными девушками не гоняется - только дрожит да одну думу думает: "Слава богу! кажется, жив!"

Даже щуки, под конец, и те стали его хвалить: "Вот, кабы все так жили - то-то бы в реке тихо было!" Да только они это нарочно говорили; думали, что он на похвалу-то отрекомендуется - вот, мол, я! тут его и хлоп! Но он и на эту штуку не поддался, а еще раз своею мудростью козни врагов победил.

Сколько прошло годов после ста лет - неизвестно, только стал премудрый пескарь помирать. Лежит в норе и думает: "Слава богу, я своею смертью помираю, так же, как умерли мать и отец". И вспомнились ему тут щучьи слова: "Вот, кабы все так жили, как этот премудрый пескарь живет..." А ну-тка, в самом деле, что бы тогда было?

Стал он раскидывать умом, которого у него была палата, и вдруг ему словно кто шепнул: "Ведь этак, пожалуй, весь пескарий род давно перевелся бы!"

Потому что, для продолжения пескарьего рода, прежде всего нужна семья, а у него ее нет. Но этого мало: для того, чтоб пескарья семья укреплялась и процветала, чтоб члены ее были здоровы и бодры, нужно, чтоб они воспитывались в родной стихии, а не в норе, где он почти ослеп от вечных сумерек. Необходимо, чтоб пескари достаточное питание получали, чтоб не чуждались общественности, друг с другом хлеб-соль бы водили и друг от друга добродетелями и другими отличными качествами заимствовались. Ибо только такая жизнь может совершенствовать пескарью породу и не дозволит ей измельчать и выродиться в снетка.

Неправильно полагают те, кои думают, что лишь те пескари могут считаться достойными гражданами, кои, обезумев от страха, сидят в норах и дрожат. Нет, это не граждане, а по меньшей мере бесполезные пескари. Никому от них ни тепло, ни холодно, никому ни чести, ни бесчестия, ни славы, ни бесславия... живут, даром место занимают да корм едят.

Все это представилось до того отчетливо и ясно, что вдруг ему страстная охота пришла: "Вылезу-ка я из норы да гоголем по всей реке проплыву!" Но едва он подумал об этом, как опять испугался. И начал, дрожа, помирать. Жил - дрожал, и умирал - дрожал.

Вся жизнь мгновенно перед ним пронеслась. Какие были у него радости? кого он утешил? кому добрый совет подал? кому доброе слово сказал? кого приютил, обогрел, защитил? кто слышал об нем? кто об его существовании вспомнит?

И на все эти вопросы ему пришлось отвечать: "Никому, никто".

Он жил и дрожал - только и всего. Даже вот теперь: смерть у него на носу, а он все дрожит, сам не знает, из-за чего. В норе у него темно, тесно, повернуться негде, ни солнечный луч туда не заглянет, ни теплом не пахнет. И он лежит в этой сырой мгле, незрячий, изможденный, никому не нужный, лежит и ждет: когда же наконец голодная смерть окончательно освободит его от бесполезного существования?

Слышно ему, как мимо его норы шмыгают другие рыбы - может быть, как и он, пескари - и ни одна не поинтересуется им. Ни одной на мысль не придет: "Дай-ка, спрошу я у премудрого пескаря, каким он манером умудрился с лишком сто лет прожить, и ни щука его не заглотала, ни рак клешней не перешиб, ни рыболов на уду не поймал?" Плывут себе мимо, а может быть, и не знают, что вот в этой норе премудрый пескарь свой жизненный процесс завершает!

И что всего обиднее: не слыхать даже, чтоб кто-нибудь премудрым его называл. Просто говорят: "Слыхали вы про остолопа, который не ест, не пьет, никого не видит, ни с кем хлеба-соли не водит, а все только распостылую свою жизнь бережет?" А многие даже просто дураком и срамцом его называют и удивляются, как таких идолов вода терпит.

Раскидывал он таким образом своим умом и дремал. То есть не то что дремал, а забываться уж стал. Раздались в его ушах предсмертные шепоты, разлилась по всему телу истома. И привиделся ему тут прежний соблазнительный сон. Выиграл будто бы он двести тысяч, вырос на целых пол-аршина и сам щук глотает.

А покуда ему это снилось, рыло его, помаленьку да полегоньку, целиком из норы и высунулось.

И вдруг он исчез. Что тут случилось - щука ли его заглотала, рак ли клешней перешиб, или сам он своею смертью умер и всплыл на поверхность, - свидетелей этому делу не было. Скорее всего - сам умер, потому что какая сласть щуке глотать хворого, умирающего пескаря, да к тому же еще и "премудрого"?

Приключение с Крамольниковым

Однажды утром, проснувшись, Крамольников совершенно явственно ощутил, что его нет. Еще вчера он сознавал себя сущим; сегодня вчерашнее бытие каким-то волшебством превратилось в небытие. Но это небытие было совершенно особого рода. Крамольников торопливо ощупал себя, потом произнес вслух несколько слов, наконец посмотрелся в зеркало; оказалось, что он - тут, налицо, и что, в качестве ревизской души, он существует в том же самом виде, как и вчера. Мало того: он попробовал мыслить - оказалось, что и мыслить он может... И за всем тем для него не подлежало сомнению, что его нет. Нет того не-ревизского Крамольникова, каким он сознавал себя накануне. Как будто бы перед ним захлопнулась какая-то дверь или завалило впереди дорогу, и ему некуда и незачем идти.

Переходя от одного предположения к другому и в то же время с любопытством всматриваясь в окружающую обстановку, он взглянул мимоходом на лежавшую на письменном столе начатую литературную работу, и вдруг все его существо словно электрическая струя пронизала...

Не нужно! не нужно! не нужно!

Сначала он подумал: "Какой вздор!" - и взялся за перо. Но когда он хотел продолжать начатую работу, то сразу убедился, что, действительно, ему предстоит провести черту и под нею написать: Не нужно!!

Он понял, что все оставалось по-прежнему, - только душа у него запечатана. Отныне он волен производить свойственные ревизской душе отправления; волен, пожалуй, мыслить; но все это ни к чему. У него отнято главное, что составляло основу и сущность его жизни: отнята та лучистая сила, которая давала ему возможность огнем своего сердца зажигать сердца других.

Он стоял изумленный; смотрел и не видел; искал и не находил. Что-то бесконечно мучительное жгло его внутренности... А в воздухе между тем носился нелепо-озорной шепот: "Поймали, расчухали, уличили!"

- Что такое? что такое случилось?

Положительно, душа его была запечатана. Как у всякого убежденного и верящего человека, у Крамольникова был внутренний храм, в котором хранилось сокровище его души. Он не прятал этого сокровища, не считал его своею исключительною собственностью, но расточал его. В этом, по его мнению, замыкался весь смысл человеческой жизни. Без этой деятельной силы, которая, наделяя человека потребностью источать из себя свет и добро, в то же время делает его способным воспринимать свет и добро от других, - человеческое общество уподобилось бы кладбищу. Это было бы не общество, а склад трупов... И вот теперь трупный период для него наступил. Обмену света и добра пришел конец. И сам он, Крамольников, - труп, и те, к которым он так недавно обращался, как к источнику живой воды для своей деятельности, - тоже трупы... Никогда, даже в воображении, не представлял он себе несчастия столь глубокого.

Крамольников был коренной пошехонский литератор, у которого не было никакой иной привязанности, кроме читателя, никакой иной радости, кроме общения с читателем. Читатель не олицетворялся для него в какой-нибудь материальной форме и тем не менее всегда предстоял перед ним. В этой привязанности к отвлеченной личности было что-то исключительное, до болезненности страстное. Целые десятки лет она одна питала его и с каждым годом делалась все больше и больше настоятельною. Наконец пришла старость, и все блага жизни, кроме одного, высшего и существеннейшего, окончательно сделались для него безразличными, ненужными...

И вдруг, в эту минуту, - рухнуло и последнее благо. Разверзлась темная пропасть и поглотила то "единственное", которое давало жизни смысл...

В литературном цехе такие, направленные исключительно в одну сторону, личности по временам встречаются. Смолоду так односторонне слагается их жизнь, что какие бы случайности ни сталкивали их с фаталистически обозначенной колеи, уклонение никогда не бывает ни серьезно, ни продолжительно. Под грудами наносного хлама продолжает течь настоящая жильная струя. Все разнообразие жизни представляется фиктивным; весь интерес ее сосредоточивается в одной светящей точке. Никогда они не дают себе отчета в том, какого рода случайности ждут на пути, никогда не предусматривают, не стараются обеспечить тыл, не предпринимают разведок, не справляются с бывшими примерами. Не потому, чтобы проходящие перед ними явления и зависимость их от этих явлений были для них неясны, а потому, что никакие предвидения, никакие справки - ни на йоту не могут видоизменить те функции, прекращение которых было бы равносильно прекращению бытия. Нужно убить человека, чтобы эти функции прекратились.

Неужели именно это убийство и совершилось теперь, в эту

загадочную минуту? Что такое случилось? - Тщетно искал он ответа на этот вопрос. Он понимал только одно, что его со всех сторон обступает зияющая пустота.

Крамольников горячо и страстно был предан своей стране и отлично знал как прошедшее, так и настоящее ее. Но это знание повлияло на него совершенно особенным образом: оно было живым источником болей, которые, непрерывно возобновляясь, сделались наконец главным содержанием его жизни, дали направление и окраску всей его деятельности. И он не только не старался утишить эти боли, а, напротив, работал над ними и оживлял их в своем сердце. Живость боли и непрерывное ее ощущение служили источником живых образов, при посредстве которых боль передавалась в сознание других.

Знал он, что пошехонская страна исстари славилась непостоянством и неустойчивостью, что самая природа ее какая-то не заслуживающая доверия. Реки расползлись вширь, и что ни год, то меняют русло, пестрея песчаными перекатами. Атмосферические явления поражают внезапностью, похожею на волшебство: сегодня - жара, хоть рубашку выжми, завтра - та же рубашка колом стоит на обывательской спине. Лето короткое, растительность бедная, болота неоглядные... Словом сказать - самая неспособная, предательская природа, такая, что никаких дел загадывать вперед не приходится.

Но еще более непостоянные в Пошехонье судьбы человеческие. Смерд говорит: "От сумы да от тюрьмы не открестишься"; посадский человек говорит: "Барыши наши на воде вилами писаны"; боярин говорит: "У меня вчера уши выше лба росли, а сегодня я их вовсе сыскать не могу". Нет связи между вчерашним и завтрашним днем! Бродит человек словно по Чуровой долине: пронесет бог - пан, не пронесет - пропал.

Какая может быть речь о совести, когда все кругом изменяет, предательствует? На что обопрется совесть? на чем она воспитается?

Знал все это Крамольников, но, повторяю, это знание оживляло боли его сердца и служило отправным пунктом его деятельности. Повторяю: он глубоко любил свою страну, любил ее бедноту, наготу, ее злосчастие. Быть может, он усматривал впереди чудо, которое уймет снедавшую его скорбь.

Он верил в чудеса и ждал их. Воспитанный на лоне волшебств, он незаметно для самого себя подчинился действию волшебства и признал его решающим фактором пошехонской жизни. В какую сторону направит волшебство свое действие? - в этом весь вопрос... К тому же и в прошлом не все была тьма. По временам мрак редел, и в течение коротких просветов пошехонцы несомненно чувствовали себя бодрее. Это свойство расцветать и ободряться под лучами солнца, как бы ни были они слабы, доказывает, что для всех вообще людей свет представляет нечто желанное. Надо поддерживать в них эту инстинктивную жажду света, надо напоминать, что жизнь есть радование, а не бессрочное страдание, от которого может спасти лишь смерть. Не смерть должна разрешить узы, а восстановленный человеческий образ, просветленный и очищенный от тех посрамлений, которые наслоили на нем века подъяремной неволи. Истина эта так естественно вытекает из всех определений человеческого существа, что нельзя допустить даже минутного сомнения относительно ее грядущего торжества. Крамольников верил в это торжество и всего себя отдал напоминаниям о нем.

Все силы своего ума и сердца он посвятил на то, чтобы восстановлять в душах своих присных представление о свете и правде и поддерживать в их сердцах веру, что свет придет и мрак его не обнимет. В этом, собственно, заключалась задача всей его деятельности.

Действительно, волшебство не замедлило вступить в свои права. Но не то благотворное волшебство, о котором он мечтал, а заурядное, жестокое пошехонское волшебство.

Не нужно! не нужно! не нужно!

К чести Крамольникова должно сказать, что он ни разу не задался вопросом: за что? Он понимал, что, при полном отсутствии винословности, подобного рода вопрос не только неуместен, но прямо свидетельствует о слабодушии вопрошающего. Он даже не отрицал нормальности настигшего его факта, - он только находил, что нормальность в настоящем случае заявила себя чересчур уже жестоко и резко. Не раз приходилось ему, в течение долгого литературного пути, играть роль anima vilis [33] перед лицом волшебства, но, до сих пор, последнее хоть душу его оставляло нетронутою. Теперь оно эту душу отняло, скомкало и запечатало, и как ни привычны были Крамольникову капризы волшебства, но на этот раз он почувствовал себя изумленным. Весь он был словно расшиблен, везде, во всем существе, ощущал жгучую и совсем новую боль.

И вдруг он вспомнил о "читателе". До сих пор он отдавал читателю все силы вполне беззаветно; теперь в его сердце впервые шевельнулось смутное чаянье отклика, сочувствия, помощи...

И его инстинктивно потянуло на улицу, как будто там его ожидало какое-то разъяснение.

Улица имела обыкновенный пошехонский вид. Крамольникову показалось, что перед глазами его расстилается немое, слепое и глухое пространство. Только камни вопияли. Люди сновали взад и вперед

---

[33] Подопытного существа (лат.).

осторожно и озираясь, точно шли воровать. Только эта струна и была живая. Все прочее было проникнуто изумлением, почти остолбенением. Однако ж Крамольникову сгоряча показалось, что даже эта немая улица нечто знает. Ему этого так страстно хотелось, что он вопль камней принял за вопль людей. Тем не менее отчасти он не ошибался. Действительно, там и сям раздавалось развязное гуденье. То было гуденье либералов, недавних друзей его. Одних он обгонял, другие шли навстречу. Но увы! никакого оттенка участия не виделось на их лицах. Напротив, на них уже успела лечь тень отступничества.

- Однако! похоронили-таки вас, голубчик! живо! - сказал один, - строгонько, сударь, строгонько! Ну, да ведь тоже и вы... нельзя этого, мой друг; я вам давно говорил, что нельзя! Терпели вас, терпели, - ну, наконец...

- Но что же такое "наконец"?

- Да просто "наконец" - и все тут! скучно стало. Нынче не разговаривать нужно, а взирать и, буде можно, - усматривать. Вам, сударь, следовало самому заранье догадаться; а ежели вам претило присоединиться от полноты души, - ну, так хоть слегка бы: "Разбирайте, мол, каков я там... внутри!" А то все сплеча! все сплеча! Ну, и надоело. - Я и сам - разве, вы думаете, мне сладко? Не со вчерашнего дня, чай, меня знаете! Однако и я поразмыслил да посоветовался с добрыми людьми... Господи, благослови... Бух!

Другой сказал:

- Да, любезный друг, жаль вас, очень жаль! приятно было почитать. Улыбнешься, вздохнешь, а иногда и дельное что-нибудь отыщешь... Даже приятелям, бывало, спешишь сообщить. В канцеляриях цитировали.

У меня был знакомый, который наизусть многое знал. Но, с другой стороны, есть всему и предел. Настали времена, когда понадобилось другое; вы должны были понять это, а не дожидаться, пока вас прихлопнут. Что такое это "другое" - выяснится потом, но не теперь... Вот я, вслед за другими, смотрел-смотрел, да и говорю жене: "Надо же!" Ну, и она говорит: "Надо!" Я и решился.

- На что же вы решились?

- Да просто - идти общим торным путем. Не заглядываясь по сторонам, не паря ввысь, не думая о широких задачах... Помаленьку да полегоньку. Оно скучненько и серенько, положим, но ведь, с одной стороны, блистать-то нам не по плечу, а с другой стороны - семейство. Жена принарядиться любит, повеселиться... Сам тоже: имеешь положение в свете, связи, знакомства; видишь, как другие вперед да вперед идут, - неужто же все потерять? Вы думаете, я так-таки навсегда... нет, я тоже с оговорочкой. Придут когда-нибудь и лучшие времена... Вот, например,

159

ежели Николай Семеныч... Кормило-то, батюшка, нынче... Сегодня Иван Михайлыч, а завтра Николай Семеныч... Ну, тогда и опять...

- Да ведь Николай-то Семеныч - вор!

- Вор! Ах, как вы жестоко выражаетесь!

Наконец третий просто напрямки крикнул на него:

- И за дело! Будет с вас! Вы, сударь, не только себя, но и других компрометируете-вот что! Я из-за вас вчера объяснение имел, а нынче и не знаю, есмь я или не есмь! А какое вы имеете право, позвольте вас спросить? "В приятельских отношениях с господином Крамольниковым, говорит, а посему..." Я - туда-сюда. "Какие же, говорю, это приятельские отношения, вашество? так, буффон - отчего же после трудов и не посмеяться!" Ну, дали покамест двадцать четыре часа на размышление, а там что будет. А у меня между тем семья, жена, дети... Да и сам я в поле не обсевок... Можно ли было этого ожидать! Повторяю: какое вы имеете право? ах-ах-ах!

Крамольников не счел нужным продолжать беседу и пошел дальше. Но так как на пути его стоял дом, в котором жил давний его однокашник, то он и зашел к нему, думая хоть тут отвести душу.

Лакей принял его радушно; по-видимому, он ничего еще не знал. Он сказал, что Дмитрия Николаича нет дома, а Аглая Алексеевна в гостиной. Крамольников отворил дверь, но едва переступил порог гостиной, как сидевшая в ней дама взвизгнула и убежала. Крамольников отретировался.

Наконец он вспомнил, что на Песках живет старый его сослуживец (Крамольников лет пятнадцать назад тоже служил в департаменте Грешных Помышлений), Яков Ильич Воробушкин. Человек этот был большой почитатель Крамольникова и служил неудачно. С лишком десять лет тянул он лямку столоначальника, не имея в перспективе никакого повышения и при каждой перемене веяния дрожа за свое столоначальничество. Робкий и неискательный от природы, он и на частной службе приютиться не мог. Как-то с самого начала он устроил себя так, что ему самому казалось странным чего-нибудь искать, подавать записки об уничтожении и устранении, слоняться по передним и лестницам и т. д. Раз только он подал записку о необходимости ободрить нищих духом; но директор, прочитав ее, только погрозил ему пальцем, и с тех пор Воробушкин замолчал. В последнее время, однако ж, он начал смутно надеяться, стал ходить в ту самую церковь, куда ходил его начальник, так что последний однажды подарил ему половину заздравной просфоры (донышко) и сказал: "Очень рад!" Таким образом, дело его было уже на мази, как вдруг...

Крамольникову отворила дверь старая нянька, сзади которой, из внутренних дверей, выглядывали испуганные лица детей. Нянька была

160

сердита, потому что нежданный посетитель помешал ей ловить блох. Она напрямки отрезала Крамольникову:

- Нет Якова Ильича дома; его из-за вас к начальнику позвали, и жив он теперь или нет - неизвестно; а барыня в церковь молиться ушли.

Крамольников стал спускаться по лестнице, но едва сделал несколько шагов, как встретил самого Воробушкина.

- Крамольников! простите меня, но я не могу поддерживать наши старые отношения! - сказал Воробушкин взволнованным голосом. - На этот раз, впрочем, я, кажется, оправдался, но и то наверное поручиться не могу. Директор так и сказал: "На вас неизгладимое пятно!" А у меня жена, дети! Оставьте меня, Крамольников! Простите, что я такой малодушный, но я не могу...

Крамольников воротился домой удрученный, почти испуганный.

Что отныне он был осужден на одиночество - это он сознавал. Не потому он был одинок, что у него не было читателя, который ценил, а быть может, и любил его, а потому, что он утратил всякое общение с своим читателем. Этот читатель был далеко и разорвать связывающие его узы не мог. Напротив, был другой читатель, ближний, который во всякое время имел возможность зажалить Крамольникова до смерти. Этот остался налицо и нагло выражал, что самая немота Крамольникова ему ненавистна.

Смутно проносилось в его уме, что во всех отступничествах, которых он был свидетелем, кроется не одно личное предательство, а целый подавляющий порядок вещей. Что все эти вчерашние свободные мыслители, которые еще недавно так дружелюбно жали ему руки, а сегодня чураются его, как чумы, делают это не только страха ради иудейска, но потому, что их придавило.

Их придавила жажда жизни; а так как жажда эта вполне законна и естественна, то Крамольникову становилось страшно при этой мысли. "Неужто, - спрашивал он себя, - для того, чтобы удержать за собой право на существование, нужно пройти сквозь позорное и жестокое иго? Неужто в этом загадочном мире только то естественно, что идет вразрез с самыми заветными и дорогими стремлениями души?"

Или опять: почти всякий из недавних его собеседников ссылался на семью; один говорил: "Жена принарядиться любит"; другой: "Жена" - и больше ничего... Но особенно тяжко выходило это у Воробушкина. Семья ему душу рвала. Вероятно, он лишал себя всего, плохо ел, плохо спал, добывал на стороне работишку - все ради семьи. И, за всем тем, добывал так мало, что только самоотверженность Лукерьи Васильевны (жены Воробушкина) помогала переносить эту нужду. И вот, ради этого малого, ради нищенской подачки...

Что же это такое? Что такое семья? Как устроиться с семейным началом? Как сделать, чтобы оно не было для человека египетской язвой, не тянуло его во все стороны, не мешало быть гражданином?

Крамольников думал-думал, и вдруг словно кольнуло его.

"Отчего же, - говорил ему внутренний голос, - эти жгучие вопросы не представлялись тебе так назойливо прежде, как представляются теперь? Не оттого ли, что ты был прежде раб, сознававший за собой какую-то мнимую силу, а теперь ты раб бессильный, придавленный? Отчего ты не шел прямо и не самоотвергался? Отчего ты подчинял себя какой-то профессии, которая давала тебе положение, связи, друзей, а не спешил туда, откуда раздавались стоны? Отчего ты не становился лицом к лицу с этими стонами, а волновался ими только отвлеченно?

Из-под пера твоего лился протест, но ты облекал его в такую форму, которая делала его мертворожденным. Все, против чего ты протестовал, - все это и поныне стоит в том же виде, как и до твоего протеста.

Твой труд был бесплоден. Это был труд адвоката, у которого язык измотался среди опутывающих его лжей. Ты протестовал, но не указал ни того, что нужно делать, ни того, как люди шли вглубь и погибали, а ты слал им вслед свое сочувствие. Но это было пленное раздражение мысли, - раздражение, положим, доброе, но все-таки только раздражение. Ты даже тех людей, которые сегодня так нагло отвернулись от тебя, - ты и их не сумел понять. Ты думал, что вчера они были иными, нежели сегодня.

Правда, ты не способен идти следом за этими людьми; ты не способен изменить тем добрым раздражениям, которые с молодых ногтей вошли тебе в плоть и кровь. Это, конечно, зачтется тебе... где и когда? Но теперь, когда тебя со всех сторон обступила старость, с ее недугами, рассуди сам, что тебе предстоит?.."

Post scriptum от автора. Само собой разумеется, что все написанное выше - не больше как сказка. Никакого Крамольникова нет и не было; отступники же и переметные сумы водились во всякое время, а не только в данную минуту. А так как и во всем остальном все обстоит благополучно, то не для чего было и огород городить, в чем автор и кается чистосердечно перед читателями.

Пропала совесть

Пропала совесть. По-старому толпились люди на улицах и в театрах;

по-старому они то догоняли, то перегоняли друг друга; по-старому суетились и ловили на лету куски, и никто не догадывался, что чего-то вдруг стало недоставать и что в общем жизненном оркестре перестала играть какая-то дудка. Многие начали даже чувствовать себя бодрее и свободнее. Легче сделался ход человека: ловчее стало подставлять ближнему ногу, удобнее льстить, пресмыкаться, обманывать, наушничать и клеветать. Всякую болесть вдруг как рукой сняло; люди не шли, а как будто неслись; ничто не огорчало их, ничто не заставляло задуматься; и настоящее, и будущее - все, казалось, так и отдавалось им в руки, - им, счастливцам, не заметившим о пропаже совести.

Совесть пропала вдруг... почти мгновенно! Еще вчера эта надоедливая приживалка так и мелькала перед глазами, так и чудилась возбужденному воображению, и вдруг... ничего! Исчезли досадные призраки, а вместе с ними улеглась и та нравственная смута, которую приводила за собой обличительница-совесть. Оставалось только смотреть на божий мир и радоваться: мудрые мира поняли, что они, наконец, освободились от последнего ига, которое затрудняло их движения, и, разумеется, поспешили воспользоваться плодами этой свободы. Люди остервенились; пошли грабежи и разбои, началось вообще разорение.

А бедная совесть лежала между тем на дороге, истерзанная, оплеванная, затоптанная ногами пешеходов. Всякий швырял ее, как негодную ветошь, подальше от себя; всякий удивлялся, каким образом в благоустроенном городе, и на самом бойком месте, может валяться такое вопиющее безобразие. И бог знает, долго ли бы пролежала таким образом бедная изгнанница, если бы не поднял ее какой-то несчастный пропоец, позарившийся с пьяных глаз даже на негодную тряпицу, в надежде получить за нее шкалик.

И вдруг он почувствовал, что его пронизала словно электрическая струя какая-то. Мутными глазами начал он озираться кругом и совершенно явственно ощутил, что голова его освобождается от винных паров и что к нему постепенно возвращается то горькое сознание действительности, на избавление от которого были потрачены лучшие силы его существа. Сначала он почувствовал только страх, тот тупой страх, который повергает человека в беспокойство от одного предчувствия какой-то грозящей опасности; потом всполошилась память, заговорило воображение. Память без пощады извлекала из тьмы постыдного прошлого все подробности насилий, измен, сердечной вялости и неправд; воображение облекало эти подробности в живые формы. Затем, сам собой, проснулся суд...

Жалкому пропойце все его прошлое кажется сплошным безобразным преступлением. Он не анализирует, не спрашивает, не соображает: он до того подавлен вставшею перед ним картиною его нравственного падения, что тот процесс самоосуждения, которому он добровольно подвергает себя, бьет его несравненно больнее и строже, нежели самый строгий людской суд. Он не хочет даже принять в расчет, что большая часть того прошлого, за которое он себя так клянет, принадлежит совсем не ему, бедному и жалкому пропойце, а какой-то тайной, чудовищной силе, которая крутила и вертела им, как крутит и вертит в степи вихрь ничтожною былинкою. Что такое его прошлое? почему он прожил его так, а не иначе? что такое он сам? - все это такие вопросы, на которые он может отвечать только удивлением и полнейшею бессознательностью. Иго строило его жизнь; под игом родился он, под игом же сойдет и в могилу. Вот, пожалуй, теперь и явилось сознание - да на что оно ему нужно? затем ли оно пришло, чтоб безжалостно поставить вопросы и ответить на них молчанием? затем ли, чтоб погубленная жизнь вновь хлынула в разрушенную храмину, которая не может уже выдержать наплыва ее?

Увы! проснувшееся сознание не приносит ему с собой ни примирения, ни надежды, а встрепенувшаяся совесть указывает только один выход - выход бесплодного самообвинения. И прежде кругом была мгла, да и теперь та же мгла, только населившаяся мучительными привидениями; и прежде на руках звенели тяжелые цепи, да и теперь те же цепи, только тяжесть их вдвое увеличилась, потому что он понял, что это цепи. Льются рекой бесполезные пропойцевы слезы; останавливаются перед ним добрые люди и утверждают, что в нем плачет вино.

- Батюшки! не могу... несносно! - криком кричит жалкий пропоец, а толпа хохочет и глумится над ним. Она не понимает, что пропоец никогда не был так свободен от винных паров, как в эту минуту, что он просто сделал несчастную находку, которая разрывает на части его бедное сердце. Если бы она сама набрела на эту находку, то уразумела бы, конечно, что есть на свете горесть, лютейшая всех горестей, - это горесть внезапно обретенной совести. Она уразумела бы, что и она - настолько же подъяремная и изуродованная духом толпа, насколько подъяремен и нравственно искажен взывающий перед нею пропоец.

"Нет, надо как-нибудь ее сбыть! а то с ней пропадешь, как собака!" - думает жалкий пьяница и уже хочет бросить свою находку на дорогу, но его останавливает близь стоящий хожалый.

- Ты, брат, кажется, подбрасыванием подметных пасквилей заниматься вздумал! - говорит он ему, грозя пальцем, - у меня, брат, и в части за это посидеть недолго!

Пропоец проворно прячет находку в карман и удаляется с нею. Озираясь и крадучись, приближается он к питейному дому, в котором

164

торгует старинный его знакомый, Прохорыч. Сначала он заглядывает потихоньку в окошко и, увидев, что в кабаке никого нет, а Прохорыч один-одинехонек дремлет за стойкой, в одно мгновение ока растворяет дверь, вбегает, и прежде, нежели Прохорыч успевает опомниться, ужасная находка уже лежит у него в руке.

Некоторое время Прохорыч стоял с вытаращенными глазами; потом вдруг весь вспотел. Ему почему-то померещилось, что он торгует без патента; но, оглядевшись хорошенько, он убедился, что все патенты, и синие, и зеленые, и желтые, налицо. Он взглянул на тряпицу, которая очутилась у него в руках, и она показалась ему знакомою.

"Эге! - вспомнил он, - да, никак, это та самая тряпка, которую я насилу сбыл перед тем, как патент покупать! да! она самая и есть!"

Убедившись в этом, он тотчас же почему-то сообразил, что теперь ему разориться надо.

- Коли человек делом занят, да этакая пакость к нему привяжется, - говори, пропало! никакого дела не будет и быть не может! - рассуждал он почти машинально и вдруг весь затрясся и побледнел, словно в глаза ему глянул неведомый дотоле страх.

- А ведь куда скверно спаивать бедный народ! - шептала проснувшаяся совесть.

- Жена! Арина Ивановна! - вскрикнул он вне себя от испуга.

Прибежала Арина Ивановна, но как только увидела, какое Прохорыч сделал приобретение, так не своим голосом закричала: "Караул! батюшки! грабят!"

"И за что я, через этого подлеца, в одну минуту всего лишиться должен?" - думал Прохорыч, очевидно, намекая на пропойца, всучившего ему свою находку. А крупные капли пота между тем так и выступали на лбу его.

Между тем кабак мало-помалу наполнялся народом, но Прохорыч, вместо того, чтоб с обычною любезностью потчевать посетителей, к совершенному изумлению последних, не только отказывался наливать им вино, но даже очень трогательно доказывал, что в вине заключается источник всякого несчастия для бедного человека.

- Коли бы ты одну рюмочку выпил - это так! это даже пользительно! - говорил он сквозь слезы, - а то ведь ты норовишь, как бы тебе целое ведро сожрать! И что ж? сейчас тебя за это самое в часть сволокут; в части тебе под рубашку засыплют, и выдешь ты оттоль, словно кабы награду какую получил! А и всей-то твоей награды было сто лозанов! Так вот ты и подумай, милый человек, стоит ли из-за этого стараться, да еще мне, дураку, трудовые твои денежки платить!

- Да что ты, никак, Прохорыч, с ума спятил! - говорили ему изумленные посетители.

- Спятишь, брат, коли с тобой такая оказия случится! - отвечал Прохорыч, - ты вот лучше посмотри, какой я нынче патент себе выправил!

Прохорыч показывал всученную ему совесть и предлагал, не хочет ли кто из посетителей воспользоваться ею. Но посетители, узнавши, в чем штука, не только не изъявляли согласия, но даже боязливо сторонились и отходили подальше.

- Вот так патент! - не без злобы прибавлял Прохорыч.

- Что ж ты теперь делать будешь? - спрашивали его посетители.

- Теперича я полагаю так: остается мне одно - помереть! Потому обманывать я теперь не могу; водкой спаивать бедный народ тоже не согласен; что же мне теперича делать, кроме как помереть?

- Резон! - смеялись над ним посетители.

- Я даже так теперь думаю, - продолжал Прохорыч, - всю эту посудину, какая тут есть, перебить и вино в канаву вылить! Потому, коли ежели кто имеет в себе эту добродетель, так тому даже самый запах сивушный может нутро перевернуть!

- Только смей у меня! - вступилась наконец Арина Ивановна, сердца которой, по-видимому, не коснулась благодать, внезапно осенившая Прохорыча, - ишь добродетель какая выискалась!

Но Прохорыча уже трудно было пронять. Он заливался горькими слезами и все говорил, все говорил.

- Потому, - говорил он, - что ежели уж с кем это несчастие случилось, тот так несчастным и должен быть. И никакого он об себе мнения, что он торговец или купец, заключить не смеет. Потому что это будет одно его напрасное беспокойство. А должен он о себе так рассуждать: "Несчастный я человек в сем мире - и больше ничего".

Таким образом в философических упражнениях прошел целый день, и хотя Арина Ивановна решительно воспротивилась намерению своего мужа перебить посуду и вылить вино в канаву, однако они в тот день не продали ни капли. К вечеру Прохорыч даже развеселился и, ложась на ночь, сказал плачущей Арине Ивановне:

- Ну вот, душенька и любезнейшая супруга моя! хоть мы и ничего сегодня не нажили, зато как легко тому человеку, у которого совесть в глазах есть!

И действительно, он, как лег, так сейчас и уснул. И не метался во сне, и даже не храпел, как это случалось с ним в прежнее время, когда он наживал, но совести не имел.

Но Арина Ивановна думала об этом несколько иначе. Она очень хорошо понимала, что в кабацком деле совесть совсем не такое приятное приобретение, от которого можно было бы ожидать прибытка, и потому решилась во что бы то ни стало отделаться от непрошеной гостьи. Скрепя

166

сердце, она переждала ночь, но как только в запыленные окна кабака забрезжил свет, она выкрала у спящего мужа совесть и стремглав бросилась с нею на улицу.

Как нарочно, это был базарный день; из соседних деревень уже тянулись мужики с возами, и квартальный надзиратель Ловец самолично отправлялся на базар для наблюдения за порядком. Едва завидела Арина Ивановна поспешающего Ловца, как у ней блеснула уже в голове счастливая мысль. Она во весь дух побежала за ним, и едва успела поравняться, как сейчас же, с изумительною ловкостью, сунула потихоньку совесть в карман его пальто.

Ловец был малый не то чтоб совсем бесстыжий, но стеснять себя не любил и запускал лапу довольно свободно. Вид у него был не то чтоб наглый, а устремительный. Руки были не то чтоб слишком озорные, но охотно зацепляли все, что попадалось по дороге. Словом сказать, был лихоимец порядочный.

И вдруг этого самого человека начало коробить.

Пришел он на базарную площадь, и кажется ему, что все, что там ни наставлено, и на возах, и на рундуках, и в лавках, - все это не его, а чужое. Никогда прежде этого с ним не бывало. Протер он себе бесстыжие глаза и думает: "Не очумел ли я, не во сне ли все это мне представляется?" Подошел к одному возу, хочет запустить лапу, ан лапа не поднимается; подошел к другому возу, хочет мужика за бороду вытрясти - о, ужас! длани не простираются!

Испугался.

"Что это со мной нынче сделалось? - думает Ловец, - ведь этаким манером, пожалуй, и напредки все дело себе испорчу! Уж не воротиться ли, за добра ума, домой?"

Однако понадеялся, что, может быть, и пройдет. Стал погуливать по базару; смотрит, лежит всякая живность, разостланы всякие материи, и все это как будто говорит: "Вот и близок локоть, да не укусишь!"

А мужики между тем осмелились: видя, что человек очумел, глазами на свое добро хлопает, стали шутки шутить, стали Ловца Фофаном Фофанычем звать.

- Нет, это со мною болезнь какая-нибудь! - решил Ловец и так-таки без кульков, с пустыми руками, и отправился домой.

Возвращается он домой, а Ловчиха-жена уж ждет, думает: "Сколько-то мне супруг мой любезный нынче кульков принесет?" И вдруг - ни одного. Так и закипело в ней сердце, так и накинулась она на Ловца.

- Куда кульки девал? - спрашивает она его.

- Перед лицом моей совести свидетельствуюсь... - начал было Ловец.

- Где у тебя кульки, тебя спрашивают?

- Перед лицом моей совести свидетельствуюсь... - Вновь повторил Ловец.

- Ну, так и обедай своею совестью до будущего базара, а у меня для тебя нет обеда! - решила Ловчиха.

Понурил Ловец голову, потому что знал, что Ловчихино слово твердое. Снял он с себя пальто - и вдруг словно преобразился совсем! Так как совесть осталась, вместе с пальто, на стенке, то сделалось ему опять и легко, и свободно, и стало опять казаться, что на свете нет ничего чужого, а всё его. И почувствовал он вновь в себе способность глотать и загребать.

- Ну, теперь вы у меня не отвертитесь, дружки! - сказал Ловец, потирая руки, и стал поспешно надевать на себя пальто, чтоб на всех парусах лететь на базар.

Но, о чудо! едва успел он надеть пальто, как опять начал корячиться. Просто как будто два человека в нем сделалось: один, без пальто, - бесстыжий, загребистый и лапистый; другой, в пальто, - застенчивый и робкий. Однако хоть и видит, что не успел за ворота выйти, как уж присмирел, но от намерения своего идти на базар не отказался. "Авось-либо, думает, превозмогу".

Но чем ближе он подходил к базару, тем сильнее билось его сердце, тем неотступнее сказывалась в нем потребность примириться со всем этим средним и малым людом, который из-за гроша целый день бьется на дождю да на слякоти. Уж не до того ему, чтоб на чужие кульки засматриваться; свой собственный кошелек, который был у него в кармане, сделался ему в тягость, как будто он вдруг из достоверных источников узнал, что в этом кошельке лежат не его, а чьи-то чужие деньги.

- Вот тебе, дружок, пятнадцать копеек! - говорит он, подходя к какому-то мужику и подавая ему монету.

- Это за что же, Фофан Фофаныч?

- А за мою прежнюю обиду, друг! прости меня, Христа ради!

- Ну, бог тебя простит!

Таким образом обошел он весь базар и роздал все деньги, какие у него были. Однако, сделавши это, хоть и почувствовал, что на сердце у него стало легко, но крепко призадумался.

- Нет, это со мною сегодня болезнь какая-нибудь приключилась, - опять сказал он сам себе, - пойду-ка я лучше домой, да кстати уж захвачу по дороге побольше нищих, да и накормлю их, чем бог послал!

Сказано - сделано: набрал он нищих видимо-невидимо и привел их к себе во двор. Ловчиха только руками развела, ждет, какую он еще дальше проказу сделает. Он же потихоньку прошел мимо нее и ласково таково сказал:

- Вот, Федосьюшка, те самые странние люди, которых ты просила меня привести: покорми их, ради Христа!

Но едва успел он повесить свое пальто на гвоздик, как ему и опять стало легко и свободно. Смотрит в окошко и видит, что на дворе у него нищая братия со всего городу сбита! Видит и не понимает: "Зачем? неужто всю эту уйму сечь предстоит?"

- Что за народ? - выбежал он на двор в исступлении.

- Как что за народ? это всё странние люди, которых ты накормить велел! - огрызнулась Ловчиха.

- Гнать их! в шею! вот так! - закричал он не своим голосом и, как сумасшедший, бросился опять в дом.

Долго ходил он взад и вперед по комнатам и все думал, что такое с ним сталось? Человек он был всегда исправный, относительно же исполнения служебного долга просто лев, и вдруг сделался тряпицею!

- Федосья Петровна! матушка! да свяжи ты меня, ради Христа! чувствую, что я сегодня таких дел наделаю, что после целым годом поправить нельзя будет! - взмолился он.

Видит и Ловчиха, что Ловцу ее круто пришлось. Раздела его, уложила в постель и напоила горяченьким. Только через четверть часа пошла она в переднюю и думает: "А посмотрю-ка я у него в пальто; может, еще и найдутся в карманах какие-нибудь грошики?" Обшарила один карман - нашла пустой кошелек; обшарила другой карман - нашла какую-то грязную, замасленную бумажку. Как развернула она эту бумажку - так и ахнула!

- Так вот он нынче на какие штуки пустился! - сказала она себе, - совесть в кармане завел!

И стала она придумывать, кому бы ей эту совесть сбыть, чтоб она того человека не в конец отяготила, а только маленько в беспокойство привела. И придумала, что самое лучшее ей место будет у отставного откупщика, а ныне финансиста и железнодорожного изобретателя, еврея Шмуля Давыдовича Бржоцского.

- У этого, по крайности, шея толста! - решила она, - может быть, и побьется малое дело, а выдержит!

Решивши таким образом, она осторожно сунула совесть в штемпельный конверт, надписала на нем адрес Бржоцского и опустила в почтовый ящик.

- Ну, теперь можешь, друг мой, смело идти на базар, - сказала она мужу, воротившись домой.

Самуил Давыдыч Бржоцский сидел за обеденным столом, окруженный всем своим семейством. Подле него помещался десятилетний сын Рувим Самуилович и совершал в уме банкирские операции.

169

- А сто, папаса, если я этот золотой, который ты мне подарил, буду отдавать в рост по двадцати процентов в месяц, сколько у меня к концу года денег будет? - спрашивал он.

- А какой процент: простой или слозный? - спросил, в свою очередь, Самуил Давыдыч.

- Разумеется, папаса, слозный!

- Если слозный и с усецением дробей, то будет сорок пять рублей и семьдесят девять копеек!

- Так я, папаса, отдам!

- Отдай, мой друг, только надо благонадезный залог брать!

С другой стороны сидел Иосель Самуилович, мальчик лет семи, и тоже решал в уме своем задачу: летело стадо гусей; далее помещался Соломон Самуилович, за ним Давыд Самуилович и соображали, сколько последний должен первому процентов за взятые заимообразно леденцы. На другом конце стола сидела красивая супруга Самуила Давыдыча, Лия Соломоновна, и держала на руках крошечную Рифочку, которая инстинктивно тянулась к золотым браслетам, украшавшим руки матери.

Одним словом, Самуил Давыдыч был счастлив. Он уже собирался кушать какой-то необыкновенный соус, украшенный чуть не страусовыми перьями и брюссельскими кружевами, как лакей подал ему на серебряном подносе письмо.

Едва взял Самуил Давыдыч в руки конверт, как заметался во все стороны, словно угорь на угольях.

- И сто зе это такое! и зацем мне эта вессь! - завопил он, трясясь всем телом.

Хотя никто из присутствующих ничего не понимал в этих криках, однако для всех стало ясно, что продолжение обеда невозможно.

Я не стану описывать здесь мучения, которые претерпел Самуил Давыдыч в этот памятный для него день; скажу только одно: этот человек, с виду тщедушный и слабый, геройски вытерпел самые лютые истязания, но даже пятиалтынного возвратить не согласился.

- Это сто зе! это ницего! только ты крепце дерзи меня, Лия! - уговаривал он жену во время самых отчаянных пароксизмов, - и если я буду спрасивать скатулку - ни-ни! пусть луци умру!

Но так как нет на свете такого трудного положения, из которого был бы невозможен выход, то он найден был и в настоящем случае. Самуил Давыдыч вспомнил, что он давно обещал сделать какое-нибудь пожертвование в некоторое благотворительное учреждение, состоявшее в заведовании одного знакомого ему генерала, но дело это почему-то изо дня в день все оттягивалось. И вот теперь случай прямо указывал на средство привести в исполнение это давнее намерение.

Задумано - сделано. Самуил Давыдыч осторожно распечатал присланный по почте конверт, вынул из него щипчиками посылку, переложил ее в другой конверт, запрятал туда еще сотенную ассигнацию, запечатал и отправился к знакомому генералу.

- Зелаю, васе превосходительство, позертвование сделать! - сказал он, кладя на стол пакет перед обрадованным генералом.

- Что же-с! это похвально! - отвечал генерал, - я всегда это знал, что вы... как еврей... и по закону Давидову... Плясаше - играше... так, кажется?

Генерал запутался, ибо не знал наверное, точно ли Давид издавал законы, или кто другой.

- Тоцно так-с; только какие зе мы евреи, васе превосходительство! - заспешил Самуил Давыдыч, уже совсем облегченный, - только с виду мы евреи, а в дусе совсем-совсем русские!

- Благодарю! - сказал генерал, - об одном сожалею... как христианин... отчего бы вам, например?., а?..

- Васе превосходительство... мы только с виду... поверьте цести, только с виду!

- Однако?

- Васе превосходительство!

- Ну, ну, ну! Христос с вами!

Самуил Давыдыч полетел домой словно на крыльях. В этот же вечер он уже совсем позабыл о претерпенных им страданиях и выдумал такую диковинную операцию ко всеобщему уязвлению, что на другой день все так и ахнули, как узнали.

И долго таким образом шаталась бедная, изгнанная совесть по белому свету, и перебывала она у многих тысяч людей. Но никто не хотел ее приютить, а всякий, напротив того, только о том думал, как бы отделаться от нее и хоть бы обманом, да сбыть с рук.

Наконец наскучило ей и самой, что негде ей, бедной, голову приклонить и должна она свой век проживать в чужих людях, да без пристанища. Вот и взмолилась она последнему своему содержателю, какому-то мещанинишке, который в проходном ряду пылью торговал и никак не мог от той торговли разжиться.

- За что вы меня тираните! - жаловалась бедная совесть, - за что вы мной, словно отымалкой какой, помыкаете?

- Что же я с тобою буду делать, сударыня совесть, коли ты никому не нужна? - спросил, в свою очередь, мещанинишка.

- А вот что, - отвечала совесть, - отыщи ты мне маленькое русское дитя, раствори ты передо мной его сердце чистое и схорони меня в нем! авось он меня, неповинный младенец, приютит и выхолит, авось он меня

171

в меру возраста своего произведет, да и в люди потом со мной выйдет - не погнушается.

По этому ее слову все так и сделалось. Отыскал мещанинишка маленькое русское дитя, растворил его сердце чистое и схоронил в нем совесть.

Растет маленькое дитя, а вместе с ним растет в нем и совесть. И будет маленькое дитя большим человеком, и будет в нем большая совесть. И исчезнут тогда все неправды, коварства и насилия, потому что совесть будет не робкая и захочет распоряжаться всем сама.

Путем-дорогою

Шли путем-дорогою два мужика: Иван Бодров да Федор Голубкин. Оба были односельчане и соседи по дворам, оба только что в весенний мясоед женились. С апреля месяца жили они в Москве в каменщиках и теперь выпросились у хозяина в побывку домой на сенокосное время. Предстояло пройти от железной дороги верст сорок в сторону, а этакую махину, пожалуй, и привычный мужик в одни сутки не оплетёт.

Шли они не торопко, не надрываясь. Вышли ранним утром, а теперь солнце уж высоко стояло. Они отошли всего верст пятнадцать, как ноги уж потребовали отдыха, тем больше, что день выдался знойный, душный. Но, высматривая по сторонам, не встретится ли стога сена, под которым можно было бы поесть и соснуть, они оживленно между собой разговаривали.

- Ты что домой, Иван, несешь? - спросил Федор.

- Да три пятишницы хозяин до расчета дал. Одну-то, признаться, в Москве еще на мелочи истратил, а две домой несу.

- И я тоже. Да только куда с двумя пятишницами повернешься?

- Тут и в пир, и в мир, а отец велел сказать, что какая-то старая недоимка нашлась, так понуждают. Пожалуй, и все туда уйдет.

- А у нас и хлеба-то до нового не хватит. Пришел сенокос, руки-то целый день намахаешь, так поневоле есть запросишь. Ничего-то у нас нет, ни хлеба, ни соли, а тоже людьми считаемся. Говорят: "вы каменщики, в Москве работаете, у вас должны деньги значиться..." А сколько их и по осени-то принесешь!

172

- Худо наше крестьянское житье! Нет хуже.

- Чего еще!

Путники вздохнули и несколько минут шли молча.

- Что-то теперь наши делают? - опять начал Федор.

- Что делают! Чай, навоз вывезли; пашут... и пашут, и боронят, и сеют; круглое лето около земли ходят, а все хлеба нет. Сряду три года то вымокнет, то сухмень высушит, то градом побьет... Как-то нынче господь совершит!

- А у меня, брат, и еще горе. К Дуньке волостной старшина увязался; не дает бабе проходу, да и вся недолга. Свах с подарками засылает; одну батюшко вожжами поучил, так его же на три дня в холодную засадили.

- И ничего не поделаешь! Помнишь, как летось Прохорова Матренка задавилась? Тоже старшина... Терпела-терпела, да и в петлю...

- Нам худо, а бабам нашим еще того хуже. Мы, по крайности, в Москву сходим, на свет поглядим, а баба - куда она пойдет? Словно к тюрьме прикованная. Ноги и руки за лето иссекутся; лицо, словно голенище, черное сделается, и на человека-то не похоже. И всякий-то норовит ее обидеть да обозвать...

- Давай-ка, Федя, песню с горя споем!

Стали петь песню, но с горя и с устатку как-то не пелось.

- А что, Иван, я хотел тебя спросить: где Правда находится? - молвил Федор.

- И я тоже не однова спрашивал у людей: "Где, мол, Правда, где ее отыскать?" А мне один молодой барин в Москве сказал, будто она на дне колодца сидит спрятана.

- Ишь ведь! Кабы так, давно бы наши бабы ее оттоле бадьями вытащили, - пошутил Федор.

- Известно, посмеялся надо мной барчук. Им что! Они и без Правды проживут. А нам Неправда-то оскомину набила.

- Старики сказывают, что дедушко Еремей еще при старом барине все Правды искал; да Правда-то, вишь, изувечила его.

- Прежде многие Правду разыскивали; тяжельше, стало быть, жить было, да и сердце у стариков болело. Одна барщина сколько народу сгубила. В поле - смерть, дома - смерть, везде,.. Придет крестьянин о празднике в церковь, а там на всех стенах Правда написана, только со стены-то ее не снимешь.

- Это правда твоя, что не снимешь. Что крестьянин? Он и видит, да глаз неймет. Темные мы люди, бессчастные; вздохнешь да поплачешь: "Господи, помилуй!"- только и всего. И молиться-то мы не умеем.

- Прежде ходоки такие были, за мир стояли. Соберется, бывало, ходок, крадучись, в Петербург, а его оттоле по этапу...

173

- Все-таки прежде хоть насчет Правды лучше было. И старики детям наказывали: "Одолела нас Неправда, надо Правды искать". Батюшко сказывал: "Такое сердце у дедушки Еремея было - так и рвется за мир постоять!" И теперь он на печи изувеченный лежит; в чем душа, а все о Правде твердит! Только нынче его уж не слушают.

- То-то, что легче, говорят, стало - оттого и Еремея не слушают. Кому нынче Правда нужна? И на сходке, и в кабаке"- везде нонче легость...

- Прежде господа рвали душу, теперь - мироеды да кабатчики. Во всякой деревне мироед завелся: рвет христианские души, да и шабаш.

- Возьмем хоть бы Василия Игнатьева - какие он себе хоромы на христианскую кровь взбодрил. Крышу-то красную за версту видно; обок лавка, а он стоит в дверях да брюхо об косяк чешет.

- И все к нему с почтением. Старшина приедет - с ним вместе бражничает, долги его прежде казенных податей собирает; становой приедет - тоже у него становится. У него и щи с убоиной, и водка. Летось молодой барин из Питера приезжал - сейчас: "Попросите ко мне Василия Игнатьича!.." - "Ну что, Василий Игнатьич, все ли подобру-поздорову? хорошо ли торгуете?"

- Чайку вместе попьемте... вы, дескать, настоящий добрый русский крестьянин! печетесь о себе, другим пример показываете... И ежели, мол, вам что нужно, так пишите ко мне в Петербург.

- Одворицу выкупил, да надел на семь душ! Совсем из мира увольнился, сам барин.

- А теперь мир ему в ноги кланяется, как придет время подати вносить. Миром ему и сенокос убирают, и хлеб жнут...

- Вот так легость! Нет, ты скажи, где же Правду искать?

- У бога она, должно быть. Бог ее на небо взял и не пущает.

Опять смолкли спутники, опять завздыхали. Но Федор верил, что не может этого статься, чтобы Правды не было на свете, и ему не по нраву было, что товарищ его относится к этой вере так легко.

- Нет, я попробую, - сказал он. - Я как приду, так сейчас же к дедушке Еремею схожу. Все у него выспрошу, как он Правду разыскивал.

- А он тебе расскажет, как его в части секли, как по этапу гнали, да в Сибирь совсем было собрали, только барин вдруг спохватился: "Определить Еремея лесным сторожем!" И сторожил он барские леса до самой воли, жил в трущобе, и никого не велено было пускать к нему. Нет уж, лучше ты этого дела не замай!

- Никак этого сделать нельзя. Возьми хоть Дуньку: как я приду, сейчас она мне все расскажет... Что ж я столбом, что ли, перед ней стоять буду? Нет, тут и до смертного случая недалеко. Я ему кишки, псу несытому, выпущу!

- Ишь ведь! Все говорил об Правде, а теперь на кишки своротил. Разве это Правда? знаешь ли ты, что за такую Правду с тобой сделают?

- И пущай делают. По-твоему, значит, так и оставить. "Приходите, мол, Егор Петрович: моя Дунька завсегда..." Нет, это надо оставить! Сыщу я Правду, сыщу!

- Ах ты, жарынь какая! - молвил Иван, чтобы переменить разговор. - Скоро, поди, столб будет, а там деревнюшка. Туда, что ли, полдничать пойдем или в поле отдохнем?

Но Федор не мог уж угомониться и все бормотал: "Сыщу я Правду, сыщу!"

- А я так думаю, что ничего ты не сыщешь, потому что нет Правды для нас: время, вишь, не наступило! - сказал Иван. - Ты лучше подумай, на какие деньги хлеба искупить, чтобы до нового есть было что.

- К тому же Василию Игнатьеву пойдем, в ноги поклонимся! - угрюмо ответил Федор.

- И то придется; да десятину сенокоса ему за подожданье уберем! Батюшко, пожалуй, скажет: "Чем на платки жене да на кушаки третью пятишницу тратить, лучше бы на хлеб ее сберег".

- Терпим и холод, и голод, каждый год все ждем: авось будет лучше... доколе же? Ин и в самом деле Правды на свете нет! так только, попусту, люди болтают: "Правда, Правда..." - а где она?!

- Намеднись начетчик один в Москве говорил мне: "Правда - у нас в сердцах. Живите по правде - и вам, и всем хорошо будет".

- Сыт, должно быть, этот начетчик, оттого и мелет.

- А может, и господа набаловали. Простой, дескать, мужик, а какие речи говорит! Ему-то хорошо, так он и забыл, что другим больно.

В это время навстречу путникам мелькнул полусгнивший верстовой столб, на котором едва можно было прочитать: "От Москвы 18, от станции Рудаки 3 версты".

- Что ж, в поле отдохнем? - спросил Иван. - Вон и стожок близко.

- Известно, в поле, а то где ж? в деревне, что ли, харчиться?

Товарищи свернули с дороги и сели под тенью старого, накренившегося стога.

- Есть же люди, - заметил Иван, снимая лапти, - у которых еще старое сено осталось. У нас и солому-то с крыш по весне коровы приели.

Начали полдничать: добыли воды да хлеб из мешков вынули - вот и еда готова. Потом вытащили из стога по охапке сена и улеглись.

- Смотри, Федя, - молвил Иван, укладываясь и позевывая, - во все стороны сколько простору! Всем место есть, а нам...

Рождественская сказка

Прекраснейшую сегодня проповедь сказал, для праздника, наш сельский батюшка.

- Много столетий тому назад, - сказал он, - в этот самый день пришла в мир Правда.

Правда извечна. Она прежде всех век восседала с Христом-человеколюбцем одесную отца, вместе с ним воплотилась и возгла на земле свой светоч. Она стояла у подножия креста и сораспиналась с Христом; она восседала, в виде светозарного ангела, у гроба его и видела его воскресение. И когда человеколюбец вознесся на небо, то оставил на земле Правду как живое свидетельство своего неизменного благоволения к роду человеческому.

С тех пор нет уголка в целом мире, в который не проникла бы Правда и не наполнила бы его собою. Правда воспитывает нашу совесть, согревает наши сердца, оживляет наш труд, указывает цель, к которой должна быть направлена наша жизнь. Огорченные сердца находят в ней верное и всегда открытое убежище, в котором они могут успокоиться и утешиться от случайных волнений жизни.

Неправильно думают те, которые утверждают, что Правда когда-либо скрывала лицо свое, или - что еще горше - была когда-либо побеждена Неправдою. Нет, даже в те скорбные минуты, когда недальновидным людям казалось, что торжествует отец лжи, в действительности торжествовала Правда. Она одна не имела временного характера, одна неизменно шла вперед, простирая над миром крыле свои и освещая его присносущим светом своим. Мнимое торжество лжи рассевалось, как тяжкий сон, а Правда продолжала шествие свое.

Вместе с гонимыми и униженными Правда сходила в подземелья и проникала в горные ущелия. Она восходила с праведниками на костры и становилась рядом с ними перед лицом мучителей. Она воздувала в их душах священный пламень, отгоняла от них помыслы малодушия и измены; она учила их страдать всладце. Тщетно служители отца лжи мнили торжествовать, видя это торжество в тех вещественных признаках, которые представляли собой казни и смерть. Самые лютые казни были бессильны сломить Правду, а, напротив, сообщали ей вящую притягивающую силу. При виде этих казней загорались простые сердца, и в них Правда обретала новую благодарную почву для сеяния. Костры пылали и пожирали тела праведников, но от пламени этих костров возжигалось бесчисленное множество светочей, подобно тому, как в светлую утреню от пламени одной возжженной свечи внезапно освещается весь храм тысячами свечей.

В чем же заключается Правда, о которой я беседую с вами? На этот вопрос отвечает нам евангельская заповедь. Прежде всего, люби Бога, и затем люби ближнего, как самого себя. Заповедь эта, несмотря на свою краткость, заключает в себе всю мудрость, весь смысл человеческой жизни.

Люби Бога - ибо он жизнодавец и человеколюбец, ибо в нем источник добра, нравственной красоты и истины. В нем - Правда. В этом самом храме, где приносится бескровная жертва Богу, - в нем же совершается и непрестанное служение Правде. Все стены его пропитаны Правдой, так что вы, - даже худшие из вас, - входя в храм, чувствуете себя умиротворенными и просветленными. Здесь, перед лицом распятого, вы утоляете печали ваши; здесь обретаете покой для смущенных душ ваших. Он был распят ради Правды, лучи которой излились от него на весь мир, - вы ли ослабнете духом перед постигающими вас испытаниями?

Люби ближнего, как самого себя, - такова вторая половина Христовой заповеди. Я не буду говорить о том, что без любви к ближнему невозможно общежитие, - скажу прямо, без оговорок: любовь эта, сама по себе, помимо всяких сторонних соображений, есть краса и ликование нашей жизни. Мы должны любить ближнего не ради взаимности, но ради самой любви. Должны любить непрестанно, самоотверженно, с готовностью положить душу, подобно тому, как добрый пастырь полагает душу за овец своих.

Мы должны стремиться к ближнему на помощь, не рассчитывая, возвратит он или не возвратит оказанную ему услугу; мы должны защитить его от невзгод, хотя бы невзгода угрожала поглотить нас самих; мы должны предстательствовать за него перед сильными мира, должны идти за него в бой. Чувство любви к ближнему есть то высшее сокровище, которым обладает только человек и которое отличает его от прочих животных. Без его оживотворяющего духа все дела человеческие мертвы, без него тускнеет и становится непонятною самая цель существования. Только те люди живут полною жизнью, которые пламенеют любовью и самоотвержением; только они одни знают действительные радования жизни.

Итак, будем любить Бога и друг друга - таков смысл человеческой Правды. Будем искать ее и пойдем по стезе ее. Не убоимся козней лжи, но станем добре и противопоставим им обретенную нами Правду. Ложь посрамится, а Правда останется и будет согревать сердца людей.

Теперь вы возвратитесь в домы ваши и предадитесь веселию о празднике Рождества Господа и человеколюбца. Но и среди веселия вашего не забывайте, что с ним пришла в мир Правда, что она во все дни, часы и минуты присутствует посреди вас и что она представляет собою тот священный огонь, который освещает и согревает человеческое существование.

Когда батюшка кончил и с клироса раздалось: "Буди имя Господне благословенно", то по всей церкви пронесся глубокий вздох. Точно вся громада молящихся этим вздохом подтверждала: "Да, буди благословенно!"

Но из присутствовавших в церкви всех внимательнее вслушивался в слова отца Павла десятилетний сын мелкой землевладелицы Сережа Русланцев. По временам он даже обнаруживал волнение, глаза его наполнялись слезами, щеки горели, и сам он всем корпусом подавался вперед, точно хотел о чем-то спросить.

Марья Сергеевна Русланцева была молодая вдова и имела крохотную усадьбу в самом селе. Во времена крепостной зависимости в селе было до семи помещичьих усадьб, отстоявших в недальнем друг от друга расстоянии. Помещики были мелкопоместные, а Федор Павлыч Русланцев принадлежал к числу самых бедных: у него всего было три крестьянских двора да с десяток дворовых. Но так как его почти постоянно выбирали на разные должности, то служба помогла ему составить небольшой капитал. Когда наступило освобождение, он получил, в качестве мелкопоместного, льготный выкуп и, продолжая полевое хозяйство на оставшемся за наделом клочке земли, мог изо дня в день существовать.

Марья Сергеевна вышла за него замуж значительное время спустя после крестьянского освобождения, а через год уже была вдовой. Федор Павлыч осматривал верхом свой лесной участок, лошадь чего-то испугалась, вышибла его из седла, и он расшиб голову об дерево. Через два месяца у молодой вдовы родился сын.

Жила Марья Сергеевна более нежели скромно. Полеводство она нарушила, отдала землю в кортому крестьянам, а за собой оставила усадьбу с небольшим лоскутком земли, на котором был разведен садик с небольшим огородцем. Весь ее хозяйственный живой инвентарь заключался в одной лошади и трех коровах; вся прислуга - из одной семьи бывших дворовых, состоявшей из ее старой няньки с дочерью и женатым сыном. Нянька присматривала за всем в доме и пестовала маленького Сережу; дочь - кухарничала, сын с женою ходили за скотом, за птицей, обрабатывали огород, сад и проч. Жизнь потекла бесшумно. Нужды не чувствовалось; дрова и главные предметы продовольствия были некупленные, а на покупное почти совсем запроса не существовало. Домочадцы говорили: "Точно в раю живем!" Сама Марья Сергеевна тоже забыла, что существует на свете иная жизнь (она мельком видела ее из окон института, в котором воспитывалась). Только Сережа по временам тревожил ее. Сначала он рос хорошо, но, приближаясь к семи годам, начал обнаруживать признаки какой-то болезненной впечатлительности.

Это был мальчик понятливый, тихий, но в то же время слабый и болезненный. С семи лет Марья Сергеевна засадила его за грамоту; сначала учила сама, но потом, когда мальчик стал приближаться к десяти годам, в ученье принял участие и отец Павел. Предполагалось отдать Сережу в гимназию, а следовательно, требовалось познакомить его хоть с первыми основаниями древних языков. Время близилось, и Марья Сергеевна в большом смущении помышляла о предстоящей разлуке с сыном. Только ценою этой разлуки можно было достигнуть воспитательных целей. Губернский город отстоял далеко, и переселиться туда при шести-семистах годового дохода не представлялось возможности. Она уже вела о Сереже переписку с своим родным братом, который жил в губернском городе, занимая невидную должность, и на днях получила письмо, в котором брат соглашался принять Сережу в свою семью.

По возвращении из церкви, за чаем, Сережа продолжал волноваться.

- Я, мамочка, по правде жить хочу! - повторял он.

- Да, голубчик, в жизни главное - правда, - успокоивала его мать, - только твоя жизнь еще впереди. Дети иначе не живут, да и жить не могут, как по правде.

- Нет, я не так хочу жить; батюшка говорил, что тот, кто по правде живет, должен ближнего от обид защищать. Вот как нужно жить, а я разве так живу? Вот, намеднись, у Ивана Бедного корову продали - разве я заступился за него? Я только смотрел и плакал.

- Вот в этих слезах - и правда твоя детская. Ты и сделать ничего другого не мог. Продали у Ивана Бедного корову - по закону, за долг. Закон такой есть, что всякий долги свои уплачивать обязан.

- Иван, мама, не мог заплатить. Он и хотел бы, да не мог. И няня говорит: "Беднее его во всем селе мужика нет". Какая же это правда?

- Повторяю тебе, закон такой есть, и все должны закон исполнять. Ежели люди живут в обществе, то и обязанностями своими не имеют права пренебрегать. Ты лучше об ученье думай - вот твоя правда. Поступишь в гимназию, будь прилежен, веди себя тихо - это и будет значить, что ты по правде живешь. Не люблю я, когда ты так волнуешься. Что ни увидишь, что ни услышишь - все как-то в сердце тебе западает. Батюшка говорил вообще; в церкви и говорить иначе нельзя, а ты уж к себе применяешь. Молись за ближних - больше этого и Бог с тебя не спросит.

Но Сережа не унялся. Он побежал в кухню, где в это время собрались челядинцы и пили, ради праздника, чай. Кухарка Степанида хлопотала около печки с ухватом и то и дело вытаскивала горшок с закипающими жирными щами. Запах прелой убоины и праздничного пирога пропитал весь воздух.

- Я, няня, по правде жить буду! - объявил Сережа.

- Ишь с коих пор собрался! - пошутила старуха.

- Нет, няня, я верное слово себе дал! Умру за правду, а уж неправде не покорюсь!

- Ах, болезный мой! ишь ведь что тебе в головку пришло!

- Разве ты не слыхала, что в церкви батюшка говорил? За правду жизнь полагать надо - вот что! в бой за правду идти всякий должен!

- Известно, что же в церкви и говорить! На то и церковь дана, чтобы в ней об праведных делах слушать. Только ты, миленький, слушать слушай, а умом тоже раскидывай!

- С правдой-то жить оглядываючись надо, - резонно молвил работник Григорий.

- Отчего, например, мы с мамой в столовой чай пьем, а вы в кухне? разве это правда?-горячился Сережа.

- Правда не правда, а так испокон века идет. Мы люди простецкие, нам и на кухне хорошо. Кабы все-то в столовую пошли, так и комнат не наготовиться бы.

- Ты, Сергей Федорыч, вот что! - вновь вступился Григорий, - когда будешь большой - где хочешь сиди: хошь в столовой, хошь в кухне. А покедова мал, сиди с мамашенькой - лучше этой правды по своим годам не сыщешь! Придет ужо батюшка обедать, и он тебе то же скажет. Мы мало ли что делаем: и за скотиной ходим, и в земле роемся, а Господам этого не приходится. Так-то!

- Да ведь это же неправда и есть!

- А по-нашему так: коли Господа добрые, жалостливые - это их правда. А коли мы, рабочие, усердно господам служим, не обманываем, стараемся - это наша правда. Спасибо и на том, ежели всякий свою правду наблюдает.

Наступило минутное молчание. Сережа, видимо, хотел что-то возразить, но доводы Григория были так добродушны, что он поколебался.

- В нашей стороне, - первая прервала молчание няня, - откуда мы с маменькой твоей приехали, жил помещик Рассошников. Сначала жил, как и прочие, и вдруг захотел по правде жить. И что ж он под конец сделал? - Продал имение, деньги нищим роздал, а сам ушел в странствие... С тех пор его и не видели.

- Ах, няня! вот это какой человек!

- А между прочим, у него сын в Петербурге в полку служил, - прибавила няня.

- Отец имение роздал, а сын ни при чем остался... Сына-то бы спросить, хороша ли отцовская правда?- рассудил Григорий.

- А сын разве не понял, что отец по правде поступил? - вступился Сережа.

- То-то, что не слишком он это понял, а тоже пытал хлопотать. Зачем же, говорит, он в полк меня определил, коли мне теперь содержать себя нечем?

- В полк определил... содержать себя нечем... - машинально повторял за Григорием Сережа, запутываясь среди этих сопоставлений.

- И у меня один случай на памяти есть, - продолжал Григорий, - занялся от этого самого Рассошникова у нас на селе мужичок один - Мартыном прозывался. Тоже все деньги, какие были, роздал нищим, оставил только хатку для семьи, а сам надел через плечо суму, да и ушел, крадучись, ночью, куда глаза глядят. Только, слышь, пачпорт позабыл выправить - его через месяц и выслали по этапу домой.

- За что? разве он худое что-нибудь сделал? - возразил Сережа.

- Худое не худое, я не об этом говорю, а об том, что по правде жить оглядываючись надо. Без пачпорта ходить не позволяется - вот и вся недолга. Этак все разбредутся, работу бросят - и отбою от них, от бродяг, не будет...

Чай кончился. Все встали из-за стола и помолились. - Ну, теперь мы обедать будем, - сказала няня, - ступай, голубчик, к маменьке, посиди с ней; скоро, поди, и батюшка с матушкой придут.

Действительно, около двух часов пришел отец Павел с женою.

- Я, батюшка, по правде жить буду! Я за правду на бой пойду! - приветствовал гостей Сережа.

- Вот так вояка выискался! от земли не видать, а уж на бой собрался! - пошутил батюшка.

- Надоел он мне. С утра все об одном и том же говорит, - сказала Марья Сергеевна.

- Ничего, сударыня. Поговорит и забудет.

- Нет, не забуду! - настаивал Сережа, - вы сами давеча говорили, что нужно по правде жить... в церкви говорили!

- На то и церковь установлена, чтобы в ней о правде возвещать. Ежели я, пастырь, своей обязанности не исполню, так церковь сама о правде напомнит. И помимо меня, всякое слово, которое в ней произносится, - Правда; одни ожесточенные сердца могут оставаться глухими к ней...

- В церкви? а жить?

- И жить по правде следует. Вот когда ты в меру возраста придешь, тогда и правду в полном объеме поймешь, а покуда достаточно с тебя и той правды, которая твоему возрасту свойственна. Люби маменьку, к старшим почтение имей, учись прилежно, веди себя скромно - вот твоя правда.

- Да ведь мученики... вы сами давеча говорили...

- Были и мученики. За правду и поношение следует принять. Только время для тебя думать об этом не приспело. А притом же и то сказать: тогда было время, а теперь - другое, правда приумножилась - и мучеников не стало.

- Мученики... костры... - лепетал Сережа в смущении.

- Довольно! - нетерпеливо прикрикнула на него Марья Сергеевна.

Сережа умолк, но весь обед оставался задумчив. За обедом велись обыденные разговоры о деревенских делах. Рассказы шли за рассказами, и не всегда из них явствовало, чтобы правда торжествовала. Собственно говоря, не было ни правды, ни неправды, а была обыкновенная жизнь, в тех формах и с тою подкладкою, к которым все искони привыкли. Сережа бесчисленное множество раз слыхал эти разговоры и никогда особенно не волновался ими. Но в этот день в его существо проникло что-то новое, что подстрекало и возбуждало его.

- Кушай! - заставляла его мать, видя, что он почти совсем не ест.

- In corpore sano mens sana[34], - с своей стороны прибавил батюшка. - Слушайся маменьки - этим лучше всего свою любовь к правде докажешь. Любить правду должно, но мучеником себя без причины воображать - это уже тщеславие, суетность.

Новое упоминовение о правде встревожило Сережу; он наклонился к тарелке и старался есть; но вдруг зарыдал. Все всхлопотались и окружили его.

- Головка болит?-допытывалась Марья Сергеевна.

- Болит, - ответил он слабым голосом.

- Ну, поди, ляг в постельку. Няня, уложи его!

Его увели. Обед на несколько минут прервался, потому что Марья Сергеевна не выдержала и ушла вслед за няней. Наконец обе возвратились и объявили, что Сережа заснул.

- Ничего, уснет - и пройдет! - успокоивал Марью Сергеевну отец Павел.

В вечеру, однако ж, головная боль не только не унялась, но открылся жар. Сережа тревожно вставал ночью в постели и все шарил руками около себя, точно чего-то искал.

---

[34] В здоровом теле здоровый дух (лат.).

- Мартын... по этапу за правду... что такое? - лепетал он бессвязно.

- Какого он Мартына поминает? - недоумевая, обращалась Марья Сергеевна к няне.

- А помните, у нас на селе мужичок был, ушел из дому Христовым именем... Давеча Григорий при Сереже рассказывал.

- Все-то вы глупости рассказываете! - рассердилась Марья Сергеевна, - совсем нельзя к вам мальчика пускать.

На другой день, после ранней обедни, батюшка вызвался съездить в город за лекарем. Город отстоял в сорока верстах, так что нельзя было ждать приезда лекаря раньше как к ночи. Да и лекарь, признаться, был старенький, плохой; никаких других средств не употреблял, кроме оподельдока, который он прописывал и снаружи, и внутрь. В городе об нем говорили: "В медицину не верит, а в оподельдок верит".

Ночью, около одиннадцати часов, лекарь приехал. Осмотрел больного, пощупал пульс и объявил, что есть "жарок". Затем приказал натереть пациента оподельдоком и заставил его два катышка проглотить.

- Жарок есть, но вот увидите, что от оподельдока все как рукой снимет! - солидно объявил он.

Лекаря накормили и уложили спать, а Сережа всю ночь метался и пылал как в огне.

Несколько раз будили лекаря, но он повторял приемы оподельдока и продолжал уверять, что к утру все как рукой снимет.

Сережа бредил; в бреду он повторял: "Христос... Правда... Рассошников... Мартын..." и продолжал шарить вокруг себя, произнося: "Где? где?.." К утру, однако ж, успокоился и заснул.

Лекарь уехал, сказав: "Вот видите!" - и ссылаясь, что в городе его ждут другие пациенты.

Целый день прошел между страхом и надеждой. Покуда на дворе было светло, больной чувствовал себя лучше, но упадок сил был настолько велик, что он почти не говорил. С наступлением сумерек опять открылся "жарок" и пульс стал биться учащеннее. Марья Сергеевна стояла у его постели в безмолвном ужасе, усиливаясь что-то понять и не понимая.

Оподельдок бросили; няня прикладывала к голове Сережи уксусные компрессы, ставила горчичники, поила липовым цветом, словом сказать, впопад и невпопад употребляла все средства, о которых слыхала и какие были под рукою.

К ночи началась агония. В восемь часов вечера взошел полный месяц, и так как гардины на окнах, по оплошности, не были спущены, то на стене образовалось большое светлое пятно. Сережа приподнялся и потянул к нему руки.

- Мама! - лепетал он, - смотри! весь в белом... это Христос... это Правда... За ним... к нему...

Он опрокинулся на подушку, по-детски всхлипнул и умер.

Правда мелькнула перед ним и напоила его существо блаженством; но неокрепшее сердце отрока не выдержало наплыва и разорвалось.

Самоотверженный заяц

Однажды заяц перед волком провинился. Бежал он, видите ли, неподалеку от волчьего логова, а волк увидел его и кричит: "Заинька! остановись, миленький!" А заяц не только не остановился, а еще пуще ходу прибавил. Вот волк в три прыжка его поймал, да и говорит: "За то, что ты с первого моего слова не остановился, вот тебе мое решение: приговариваю я тебя к лишению живота посредством растерзания. А так как теперь и я сыт, и волчиха моя сыта, и запасу у нас еще дней на пять хватит, то сиди ты вот под этим кустом и жди очереди. А может быть... ха-ха... я тебя и помилую!"

Сидит заяц на задних лапках под кустом и не шевельнется. Только об одном думает: "Через столько-то суток и часов смерть должна прийти". Глянет он в сторону, где находится волчье логово, а оттуда на него светящееся волчье око смотрит. А в другой раз и еще того хуже: выйдут волк с волчихой и начнут по полянке мимо него погуливать. Посмотрят на него, и что-то волк волчихе по-волчьему скажет, и оба зальются: "Ха-ха!" И волчата тут же за ними увяжутся; играючи, к нему подбегут, ласкаются, зубами стучат... А у него, у зайца, сердце так и закатится!

Никогда он так не любил жизни, как теперь. Был он заяц обстоятельный, высмотрел у вдовы, у зайчихи, дочку и жениться хотел. Именно к ней, к невесте своей, он и бежал в ту минуту, как волк его за шиворот ухватил. Ждет, чай, его теперь невеста, думает: "Изменил мне косой!" А может быть, подождала-подождала, да и с другим... слюбилась... А может быть и так: играла, бедняжка, в кустах, а тут ее волк... и слопал!...

Думает это бедняга и слезами так и захлебывается. Вот они, заячьи-то мечты! жениться рассчитывал, самовар купил, мечтал, как с молодой зайчихой будет чай-сахар пить, и вместо всего - куда угодил! А сколько, бишь, часов до смерти-то осталось?

И вот сидит он однажды ночью и дремлет. Снится ему, будто волк его при себе чиновником особых поручений сделал, а сам, покуда он по ревизиям бегает, к его зайчихе в гости ходит... Вдруг слышит, словно его кто-то под бок толкнул. Оглядывается - ан это невестин брат.

- Невеста-то твоя помирает, - говорит. - Прослышала, какая над тобой беда стряслась, и в одночасье зачахла. Теперь только об одном и думает: "Неужто я так и помру, не простившись с ненаглядным моим!"

Слушал эти слова осужденный, и сердце его на части разрывалось. За что? чем заслужил он свою горькую участь? Жил он открыто, революций не пущал, с оружием в руках не выходил, бежал по своей надобности - неужто ж за это смерть? Смерть! подумайте, слово-то ведь какое! И не ему одному смерть, а и ей, серенькой заиньке, которая тем только и виновата, что его, косого, всем сердцем полюбила! Так бы он к ней и полетел, взял бы ее, серенькую заиньку, передними лапками за ушки, и все бы миловал да по головке бы гладил.

- Бежим! - говорил между тем посланец. Услыхавши это слово, осужденный на минуту словно преобразился. Совсем уж в комок собрался и уши на спину заложил. Вот-вот прянет - и след простыл. Не следовало ему в эту минуту на волчье логово смотреть, а он посмотрел. И закатилось заячье сердце.

- Не могу, - говорит, - волк не велел.

А волк между тем все видит и слышит, и потихоньку по-волчьи с волчихой перешептывается: должно быть, зайца за благородство хвалят.

- Бежим! - опять говорит посланец.

- Не могу! - повторяет осужденный,

- Что вы там шепчетесь, злоумышляете? - как гаркнет вдруг волк.

Оба зайца так и обмерли. Попался и посланец! Подговор часовых к побегу - что, бишь, за это по правилам-то полагается? Ах, быть серой заиньке и без жениха, и без братца - обоих волк с волчихой слопают!

Опомнились косые - а перед ними и волк, и волчиха зубами стучат, а глаза у обоих в ночной темноте, словно фонари, так и светятся.

- Мы, ваше благородие, ничего... так, промежду себя... землячок проведать меня пришел! - лепечет осужденный, а сам так и мрет от страху.

- То-то "ничего"! знаю я вас! пальца вам тоже в рот не клади! Сказывайте, в чем дело?

- Так и так, ваше благородие, - вступился тут невестин брат, - сестрица моя, а его невеста, помирает, так просит, нельзя ли его проститься с нею отпустить?

- Гм... это хорошо, что невеста жениха любит, - говорит волчиха. - Это значит, что зайчат у них много будет, корму волкам прибавится. И мы с волком любимся, и у нас волчат много. Сколько по воле ходят, а четверо и теперь при нас живут. Волк, а волк! отпустить, что ли, жениха к невесте проститься?

185

- Да ведь его на послезавтра есть назначено...

- Я, ваше благородие, прибегу... я мигом оборочу... у меня это... вот как бог свят прибегу! - заспешил осужденный, и чтобы волк не сомневался, что он может мигом оборотить, таким вдруг молодцом прикинулся, что сам волк на него залюбовался и подумал: "Вот кабы у меня солдаты такие были!"

А волчиха пригорюнилась и молвила:

- Вот, поди ж ты! заяц, а как свою зайчиху любит!

Делать нечего, согласился волк отпустить косого в побывку, но с тем, чтобы как раз к сроку оборотил. А невестина брата аманатом у себя оставил.

- Коли не воротишься через двое суток к шести часам утра, - сказал он, - я его вместо тебя съем; а коли воротишься - обоих съем, а может быть... ха-ха... и помилую!

Пустился косой, как из лука стрела. Бежит, земля дрожит. Гора на пути встренется - он ее "на уру" возьмет; река - он и броду не ищет, прямо вплавь так и чешет; болото - он с пятой кочки на десятую перепрыгивает. Шутка ли? в тридевятое царство поспеть надо, да в баню сходить, да жениться ("непременно женюсь!" ежеминутно твердил он себе), да обратно, чтобы к волку на завтрак попасть...

Даже птицы быстроте его удивлялись, - говорили: "Вот в "Московских ведомостях" пишут, будто у зайцев не душа, а пар - а вон он как... улепетывает!"

Прибежал, наконец. Сколько тут радостей было - этого ни в сказке не сказать, ни пером описать. Серенькая заинька, как увидела своего ненаглядного, так и про хворь позабыла. Встала на задние лапки, надела на себя барабан, и ну лапками "кавалерийскую рысь" выбивать - это она сюрприз жениху приготовила! А вдова-зайчиха так просто засовалась совсем: не знает, где усадить нареченного зятюшку, чем накормить. Прибежали тут тетки со всех сторон, да кумы, да сестрицы - всем лестно на жениха посмотреть, а может быть, и лакомого кусочка в гостях отведать.

Один жених словно не в себе сидит. Не успел с невестой намиловаться, как уж затвердил:

- Мне бы в баню сходить да жениться поскорее!

- Что больно к спеху занадобилось? - подшучивает над ним зайчиха-мать.

- Обратно бежать надо. Только на одни сутки волк и отпустил.

Рассказал он тут, как и что. Рассказывает, а сам горькими слезами разливается. И воротиться-то ему не хочется, и не воротиться нельзя.

Слово, вишь, дал, а заяц своему слову - господин. Судили тут тетки и сестрицы - и те в один голос сказали: "Правду ты, косой, молвил: не давши слова - крепись, а давши - держись! никогда во всем нашем заячьем роду того не бывало, чтобы зайцы обманывали!"

Скоро сказка сказывается, а дело промежду зайцев еще того скорее делается. К утру косого окрутили, а перед вечером он уж прощался с молодой женой.

- Беспременно меня волк съест, - говорил он, - так ты будь мне верна. А ежели родятся у тебя дети, то воспитывай их строго. Лучше же всего отдай ты их в цирк: там их не только в барабан бить, но и в пушечку горохом стрелять научат.

И вдруг, словно в забытьи (опять, стало быть, про волка вспомнил), прибавил:

- А может быть, волк меня... ха-ха... и помилует!

Только его и видели.

Между тем, покуда косой жуировал да свадьбу справлял, на том пространстве, которое разделяло тридевятое царство от волчьего логова, великие беды приключились. В одном месте дожди пролились, так что река, которую за сутки раньше заяц шутя переплыл, вздулась и на десять верст разлилась. В другом месте король Андрон королю Никите войну объявил, и на самом заячьем пути сраженье кипело. В третьем месте холера проявилась - надо было целую карантинную цепь верст на сто обогнуть... А кроме того, волки, лисицы, совы - на каждом шагу так и стерегут.

Умен был косой; заранее так рассчитал, чтобы три часа у него в запасе оставалось, однако, как пошли одни за другими препятствия, сердце в нем так и похолодело. Бежит он вечер, бежит полночи; ноги у него камнями иссечены, на боках от колючих ветвей шерсть клочьями висит, глаза помутились, у рта кровавая пена сочится, а ему вон еще сколько бежать осталось! И все-то ему друг аманат, как живой, мерещится. Стоит он теперь у волка на часах и думает: "Через столько-то часов милый зятек на выручку прибежит!" Вспомнит он об этом - и еще шибче припустит. Ни горы, ни долы, ни леса, ни болота - все ему нипочем! Сколько раз сердце в нем разорваться хотело, так он и над сердцем власть взял, чтобы бесплодные волнения его от главной цели не отвлекали. Не до горя теперь, не до слез; пускай все чувства умолкнут, лишь бы друга из волчьей пасти вырвать!

Вот уж и день заниматься стал. Совы, сычи, летучие мыши на ночлег потянули; в воздухе холодком пахнуло. И вдруг все кругом затихло, словно помертвело. А косой все бежит и все одну думу думает: "Неужто ж я друга не выручу!"

Заалел восток; сперва на дальнем горизонте слегка на облака огнем брызнуло, потом пуще и пуще, и вдруг - пламя! Роса на траве загорелась; проснулись птицы денные, поползли муравьи, черви, козявки; дымком откуда-то потянуло; во ржи и в овсах словно шепот пошел, слышнее, слышнее... А косой ничего не видит, не слышит, только одно твердит: "Погубил я друга своего, погубил!"

Но вот, наконец, гора. За этой горой - болото и в нем - волчье логово... Опоздал, косой, опоздал!

Последние силы напрягает он, чтоб вскочить на вершину горы... вскочил! Но он уж не может бежать, он падает от изнеможения... неужто ж он так и не добежит?

Волчье логово перед ним как на блюдечке. Где-то вдали, на колокольне, бьет шесть часов, и каждый удар колокола словно молотом бьет в сердце измученного зверюги. С последним ударом волк поднялся с логова, потянулся и хвостом от удовольствия замахал. Вот он подошел к аманату, сгреб его в лапы и запустил когти в живот, чтобы разодрать его на две половины: одну для себя, другую для волчихи. И волчата тут; обсели кругом отца-матери, щелкают зубами, учатся.

- Здесь я! здесь! - крикнул косой, как сто тысяч зайцев вместе. И кубарем скатился с горы в болото.

И волк его похвалил.

- Вижу, - сказал он, - что зайцам верить можно. И вот вам моя резолюция: сидите, до поры до времени, оба под этим кустом, а впоследствии я вас... ха-ха... помилую!

Соседи

В некотором селе жили два соседа: Иван Богатый да Иван Бедный. Богатого величали "сударем" и "Семенычем", а бедного - просто Иваном, а иногда и Ивашкой. Оба были хорошие люди, а Иван Богатый - даже отличный. Как есть во всей форме филантроп. Сам ценностей не производил, но о распределении богатств очень благородно мыслил. "Это, говорит, с моей стороны лепта. Другой, говорит, и ценностей не производит, да и мыслит неблагородно - это уж свинство. А я еще ничего". А Иван Бедный о распределении богатств совсем не мыслил (недосужно ему было), но, взамен того, производил ценности. И тоже говорил: "Это с моей стороны лепта".

Сойдутся они вечером под праздник, когда и бедным, и богатым - всем досужно, сядут на лавочку перед хоромами Ивана Богатого и начнут калякать.

- У тебя завтра с чем щи? - спросит Иван Богатый.

- С пустом, - ответит Иван Бедный.

- А у меня с убоиной.

Зевнет Иван Богатый, рот перекрестит, взглянет на Бедного Ивана, и жаль ему станет.

- Чудно на свете деется, - молвит он, - который человек постоянно в трудах находится, у того по праздникам пустые щи на столе; а который при полезном досуге состоит - у того и в будни щи с убоиной. С чего бы это?

- И я давно думаю: "С чего бы это?" - да недосуг раздумывать-то мне. Только начну думать, ан в лес за дровами ехать надобно; привез дров - смотришь, навоз возить или с сохой выезжать пора пришла. Так, между делом, мысли-то и уходят.

- Надо бы, однако, нам это дело рассудить.

- И я говорю: надо бы.

Зевнет и Иван Бедный с своей стороны, перекрестит рот, пойдет спать и во сне завтрашние пустые щи видит. А на другой день проснется - смотрит, Иван Богатый сюрприз ему приготовил: убоины, ради праздника, во щи прислал.

В следующий предпраздничный канун опять сойдутся соседи и опять за старую материю примутся.

- Веришь ли, - молвит Иван Богатый, - и наяву, и во сне только одно я и вижу: сколь много ты против меня обижен!

- И на этом спасибо, - ответит Иван Бедный.

- Хоть и я благородными мыслями немалую пользу обществу приношу, однако ведь ты... не выйди-ка ты вовремя с сохой - пожалуй, и без хлеба пришлось бы насидеться. Так ли я говорю?

- Это так точно. Только не выехать-то мне нельзя, потому что в этом случае я первый с голоду пропаду.

- Правда твоя: хитро эта механика устроена. Однако ты не думай, что я ее одобряю, - ни боже мой! Я только об одном и тужу: "Господи! как бы так сделать, чтобы Ивану Бедному хорошо было?! Чтобы и я - свою порцию, и он - свою порцию".

- И на этом, сударь, спасибо, что беспокоитесь. Это, действительно, что кабы не добродетель ваша - сидеть бы мне праздник на тюре на одной...

- Что ты! что ты! разве я об том! Ты об этом забудь, а я вот об чем. Сколько раз я решался: "Пойду, мол, и отдам пол-имения нищим!" И отдавал. И что же! Сегодня я отдал пол-имения, а назавтра проснусь - у меня, вместо убылой-то половины, целых три четверти опять объявилось.

- Значит, с процентом...

- Ничего, братец, не поделаешь. Я - от денег, а деньги - ко мне. Я бедному пригоршню, а мне, вместо одной-то, неведомо откуда, две. Вот ведь чудо какое!

Наговорятся и начнут позевывать. А между разговором Иван Богатый все-таки думу думает: "Что бы такое сделать, чтобы завтра у Ивана Бедного щи с убоиной были?" Думает-думает, да и выдумает.

- Слушай-ка, миляга! - скажет, - теперь уж недолго и до ночи осталось, сходи-ка ко мне в огород грядку вскопать. Ты шутя часок лопатой поковыряешь, а я тебя, по силе возможности, награжу, - словно бы ты и взаправду работал.

И действительно, поиграет лопатой Иван Бедный часок-другой, а завтра он с праздником, словно бы и "взаправду поработал".

Долго ли, коротко ли соседи таким манером калякали, только под конец так у Ивана Богатого сердце раскипелось, что и взаправду невтерпеж ему стало. Пойду, говорит, к самому Набольшему, паду перед ним и скажу: "Ты у нас око царево! ты здесь решишь и вяжешь, караешь и милуешь! Повели нас с Иваном Бедным в одну версту поверстать. Чтобы с него рекрут - и с меня рекрут, с него подвода - и с меня подвода, с его десятины грош - и с моей десятины грош. А души чтобы и его, и моя от акциза одинаково свободны были!"

И как сказал, так и сделал. Пришел к Набольшему, пал перед ним и объяснил свое горе. И Набольший за это Ивана Богатого похвалил. Сказал ему: "Исполать тебе, добру молодцу, за то, что соседа своего, Ивашку Бедного, не забываешь. Нет для начальства приятнее, как ежели государевы подданные в добром согласии и во взаимном радении живут, и нет того зла злее, как ежели они в сваре, в ненависти и в доносах друг на дружку время проводят!" Сказал это Набольший и, на свой страх, повелел своим помощникам, чтобы, в виде опыта, обоим Иванам суд равный был, и дани равные, а того бы, как прежде было: один тяготы несет, а другой песенки поет - впредь чтобы не было.

Воротился Иван Богатый в свое село, земли под собою от радости не слышит.

- Вот, друг сердешный, - говорит он Ивану Бедному, - своротил я, по милости начальнической, с души моей камень тяжелый! Теперь уж мне супротив тебя, в виде опыта, никакой вольготы не будет. С тебя рекрут - и с меня рекрут, с тебя подвода - и с меня подвода, с твоей десятины грош -

и с моей грош. Не успеешь и ты оглянуться, как у тебя от одной этой поровенки во щах ежедень убоина будет!

Сказал это Иван Богатый, а сам, в надежде славы и добра, уехал на теплые воды, где года два сряду и находился при полезном досуге.

Был в Вестфалии - ел вестфальскую ветчину; был в Страсбурге - ел страсбургские пироги; в Бордо был - пил бордоское вино; наконец приехал в Париж - все вообще пил и ел. Словом сказать, так весело прожил, что насилу ноги унес. И все время об Иване Бедном думал: "То-то он теперь, после поровенки-то, за обе щеки уписывает!"

А Иван Бедный между тем в трудах жил. Сегодня вспашет полосу, а завтра заборонует; сегодня скосит осьминник, а завтра, коли бог ведрушко даст, сено сушить принимается. В кабак и дорогу позабыл, потому знает, что кабак - это погибель его. И супруга его, Марья Ивановна, заодно с ним трудится: и жнет, и боронует, и сено трясет, и дрова колет. И детушки у них подросли - и те так и рвутся хоть с эстолько поработать. Словом сказать, вся семья с утра до ночи словно в котле кипит, и все-таки пустые щи не сходят у нее со стола. А с тех пор, как Иван Богатый из села уехал, так даже и по праздникам сюрпризов Иван Бедный не видит.

- Незадача нам, - говорит бедняга жене, - вот и сравняли меня, в виде опыта, в тягостях с Иваном Богатым, а мы все при прежнем интересе находимся. Живем богато, со двора покато; чего ни хватись, да всем в люди покатись.

Так и ахнул Иван Богатый, как увидел соседа в прежней бедности. Признаться сказать, первою его мыслью было, что Ивашка в кабак прибытки свои таскает. "Неужели он так закоренел? неужели он неисправим?" - восклицал он в глубоком огорчении. Однако Ивану Бедному не стоило никакого труда доказать, что у него не только на вино, но и на соль не всегда прибытков достаточно. А что он не мот, не расточитель, а хозяин радетельный, так и тому доказательства были налицо. Показал Иван Бедный свой хозяйственный инвентарь, и все оказалось в целости, в том самом виде, в каком было до отъезда богатого соседа на теплые воды. Лошадь гнедая покалеченная - 1; корова бурая, с подпалиной - 1; овца - 1; телега, соха, борона. Даже старые дровнишки - и те прислонены к забору стоят, хотя, по летнему времени, надобности в них нет и, стало быть, можно было бы, без ущерба для хозяйства, их в кабаке заложить. Затем осмотрели и избу - и там все налицо, только с крыши местами солома повыдергана; но и это произошло оттого, что позапрошлой весной кормов недостало, так из прелой соломы резку для скота готовили.

Словом сказать, не оказалось ни единого факта, который обвинял бы Ивана Бедного в разврате или в мотовстве. Это был коренной, задавленный русский мужик, который напрягал все усилия, чтобы осуществить все свое право на жизнь, но, по какому-то горькому недоразумению, осуществлял его лишь в самой недостаточной степени.

- Господи! да с чего ж это? - тужил Иван Богатый, - вот и поравняли нас с тобой, и права у нас одни, и дани равные платим, и все-таки пользы для тебя не предвидится - с чего бы?

- Я и сам думаю: "С чего бы?" - уныло откликнулся Иван Бедный.

Стал Иван Богатый умом раскидывать и, разумеется, нашел причину. Оттого, мол, так выходит, что у нас нет ни общественного, ни частного почина. Общество - равнодушное; частные люди - всякий об себе промышляет; правители же хоть и напрягают силы, но вотще. Стало быть, прежде всего надо общество подбодрить.

Сказано - сделано. Собрал Иван Семеныч Богатый на селе сходку и в присутствии всех домохозяев произнес блестящую речь о пользе общественного и частного почина... Говорил пространно, рассыпчато и вразумительно, словно бисер перед свиньями метал; доказывал примерами, что только те общества представляют залог преуспеяния и живучести, кои сами о себе промыслить умеют; те же, кои предоставляют событиям совершаться помимо общественного участия, те сами себя заранее обрекают на постепенное вымирание и конечную погибель. Словом сказать, все, что в Азбуке-копейке вычитал, все так и выложил перед слушателями.

Результат превзошел все ожидания. Посадские люди не только прозрели, но и прониклись самосознанием. Никогда не испытывали они такого горячего наплыва разнообразнейших ощущений. Казалось, к ним внезапно подкралась давно желанная, но почему-то и где-то задерживавшаяся жизненная волна, которая высоко-высоко подняла на себе этот темный люд. Толпа ликовала, наслаждаясь своим прозрением; Ивана Богатого чествовали, называли героем. И в заключение единогласно постановили приговор: 1) кабак закрыть навсегда; 2) положить основание самопомощи, учредив Общество Доброхотной Копейки.

В тот же день, по числу приписанных к селу душ, в кассу общества поступило две тысячи двадцать три копейки, а Иван Богатый, сверх того, пожертвовал неимущим сто экземпляров Азбуки-копейки, сказав: "Читайте, други! тут все есть, что для вас нужно!"

Опять уехал Иван Богатый на теплые воды, и опять остался Иван Бедный при полезных трудах, которые на сей раз, благодаря новым условиям самопомощи и содействию Азбуки-копейки, несомненно должны были принести плод сторицею.

Прошел год, прошел другой. Ел ли в течение этого времени Иван Богатый в Вестфалии вестфальскую ветчину, а в Страсбурге -

страсбургские пироги, достоверно сказать не умею. Но знаю, что когда он, по окончании срока, воротился домой, то в полном смысле слова обомлел.

Иван Бедный сидел в развалившейся лачуге, худой, отощалый; на столе стояла чашка с тюрей, в которую Марья Ивановна, по случаю праздника, подлила, для запаха, ложку конопляного масла. Детушки обсели кругом стола и торопились есть, как бы опасаясь, чтоб не пришел чужак и не потребовал сиротской доли.

- С чего бы это? - с горечью, почти с безнадежностью, воскликнул Иван Богатый.

- И я говорю: "С чего бы это?" - по привычке отозвался Иван Бедный.

Опять начались предпраздничные собеседования на лавочке перед хоромами Ивана Богатого; но как ни всесторонне рассматривали собеседники удручавший их вопрос, ничего из этих рассмотрении не вышло. Думал было сначала Иван Богатый, что оттого это происходит, что не дозрели мы; но, рассудив, убедился, что есть пирог с начинкою - вовсе не такая трудная наука, чтоб для нее был необходим аттестат зрелости. Попробовал было он поглубже копнуть, но с первого же абцуга такие пугала из глубины повыскакали, что он сейчас же дал себе зарок - никогда ни до чего не докапываться. Наконец решились на последнее средство: обратиться за разъяснением к местному мудрецу и философу Ивану Простофиле.

Простофиля был коренной сельчанин, колченогий горбун, который, по случаю убожества, ценностей не производил, а питался тем, что круглый год в кусочки ходил. Но в селе про него говорили, что он умен, как поп Семен, и он вполне оправдывал эту репутацию. Никто лучше его не умел на бобах развести и чудеса в решете показать. Посулит Простофиля красного петуха - глядь, ан петух уж где-нибудь на крыше крыльями хлопает; посулит град с голубиное яйцо - глядь, ан от града с поля уж ополоумевшее стадо бежит. Все его боялись, а когда под окном раздавался стук его нищенской клюки, то хозяйка-стряпуха торопилась как можно скорее подать ему лучший кусок.

И на этот раз Простофиля вполне оправдал свою репутацию прозорливца. Как только Иван Богатый изложил пред ним обстоятельства дела и затем предложил вопрос: "С чего бы?" - Простофиля тотчас же, нимало не задумываясь, ответил:

- Оттого, что в планту так значится.

Иван Бедный, по-видимому, сразу понял Простофилину речь и безнадежно покачал головой. Но Богатый Иван решительно недоумевал.

- Плант такой есть, - пояснил Простофиля, отчетливо произнося каждое слово и как бы наслаждаясь собственным прозорливством, - и в оном планту значится: живет Иван Бедный на распутий, а жилище у него не то изба, не то решето дырявое. Вот богачество-то и течет все мимо да скрозь, потому задержки себе не видит. А ты. Богатый Иван, живешь у самого стека, куда со всех сторон ручьи бегут. Хоромы у тебя просторные, справные, частоколы кругом выведены крепкие. Притекут к твоему жительству ручьи с богачеством - тут и застрянут. И ежели ты, к примеру, вчера пол-имения роздал, то сегодня к тебе на смену целых три четверти привалило. Ты - от денег, а деньги - к тебе. Под какой куст ты ни заглянешь, везде богачество лежит. Вот он каков, этот плант. И сколько вы промеж себя ни калякайте, сколько ни раскидывайте умом - ничего не выдумаете, покуда в оном планту так значится.

Христова ночь

Равнина еще цепенеет, но среди глубокого безмолвия ночи под снежною пеленою уже слышится говор пробуждающихся ручьев. В оврагах и ложбинах этот говор принимает размеры глухого гула и предостерегает путника, что дорога в этом месте изрыта зажорами. Но лес еще молчит, придавленный инеем, словно сказочный богатырь железною шапкою. Темное небо сплошь усыпано звездами, льющими на землю холодный и трепещущий свет. В обманчивом его мерцании мелькают траурные точки деревень, утонувших в сугробах. Печать сиротливости, заброшенности и убожества легла и на застывшую равнину, и на безмолвствующий проселок. Все сковано, беспомощно и безмолвно, словно задавлено невидимой, но грозной кабалой.

Но вот в одном конце равнины раздалось гудение полночного колокола; навстречу ему, с противоположного конца, понеслось другое, за ним - третье, четвертое. На темном фоне ночи вырезались горящие шпили церквей, и окрестность вдруг ожила. По дороге потянулись вереницы деревенского люда. Впереди шли люди серые, замученные жизнью и нищетою, люди с истерзанными сердцами и с поникшими долу головами. Они несли в храм свое смирение и свои воздыхания; это было все, что они могли дать воскресшему Богу. За ними, поодаль, следовали в праздничных одеждах деревенские богатеи, кулаки и прочие властелины деревни. Они весело гуторили меж собою и несли в храм свои мечтания о предстоящем недельном ликовании. Но скоро толпы народные утонули в

194

глубине проселка; замер " воздухе последний удар призывного благовеста, и все опять торжественно смолкло.

Глубокая тайна почуялась в этом внезапном перерыве начавшегося движения, - как будто за наступившим молчанием надвигалось чудо, долженствующее вдохнуть жизнь и возрождение. И точно: не успел еще заалеть восток, как желанное чудо совершилось. Воскрес поруганный и распятый Бог! воскрес Бог, к которому искони огорченные и недугующие сердца вопиют: "Господи, поспешай!"

Воскрес Бог и наполнил собой вселенную. Широкая степь встала навстречу ему всеми своими снегами и буранами. За степью потянулся могучий лес и тоже почуял приближение воскресшего. Подняли матерые ели к небу мохнатые лапы; заскрипели вершинами столетние сосны; загудели овраги и реки; выбежали из нор и берлог звери, вылетели птицы из гнезд; все почуяли, что из глубины грядет нечто светлое, сильное, источающее свет и тепло, и все вопияли: "Господи! Ты ли?"

Господь благословил землю и воды, зверей и птиц и сказал им:

- Мир вам! Я принес вам весну, тепло и свет. Я сниму с рек ледяные оковы, одену степь зеленою пеленою, наполню лес пением и благоуханиями. Я напитаю и напою птиц и зверей и наполню природу ликованием. Пускай законы ее будут легки для вас; пускай она для каждой былинки, для каждого чуть заметного насекомого начертит круг, в котором они останутся верными прирожденному назначению. Вы не судимы, ибо выполняете лишь то, что вам дано от начала веков. Человек ведет непрестанную борьбу с природой, проникая в ее тайны и не предвидя конца своей работе. Ему необходимы эти тайны, потому что они составляют неизбежное условие его благоденствия и преуспеяния. Но природа сама себе довлеет, и в этом ее преимущество. Нет нужды, что человек мало-помалу проникает в ее недра - он покоряет себе только атомы, а природа продолжает стоять перед ним в своей первобытной неприступности и подавляет его своим могуществом. Мир вам, степи и леса, звери и пернатые! и да согреют и оживят вас лучи моего воскресения!

Благословивши природу, воскресший обратился к людям. Первыми вышли навстречу к нему люди плачущие, согбенные под игом работы и загубленные нуждою. И когда он сказал им: "Мир вам!" - то они наполнили воздух рыданиями и пали ниц, молчаливо прося об избавлении.

И сердце воскресшего вновь затуманилось тою великою и смертельною скорбью, которою оно до краев переполнилось в Гефсиманском саду, в ожидании чаши, ему уготованной. Все это многострадальное воинство, которое пало перед ним, несло бремя жизни имени его ради; все они первые приклонили ухо к его слову и навсегда запечатлели его в сердцах своих. Всех их он видел с высот Голгофы, как они метались вдали, окутанные сетями рабства, и всех он благословил, совершая свой крестный путь, всем обещал освобождение. И все они с тех пор жаждут его и рвутся к нему. Все с беззаветною верою простирают к нему руки: "Господи! Ты ли?"

- Да, это я, - сказал он им. - Я разорвал узы смерти, чтобы прийти к вам, слуги мои верные, сострадальцы мои дорогие! Я всегда и на всяком месте с вами, и везде, где пролита ваша кровь, - тут же пролита и моя кровь вместе с вашею. Вы чистыми сердцами беззаветно уверовали в меня, потому только, что проповедь моя заключает в себе правду, без которой вселенная представляет собой вместилище погубления и ад кромешный. Люби Бога и люби ближнего, как самого себя - вот эта правда, во всей ее ясности и простоте, и она наиболее доступна не богословам и начетчикам, а именно вам, простым и удрученным сердцам. Вы верите в эту правду и ждете ее пришествия. Летом, под лучами знойного солнца, за сохою, вы служите ей; зимой, длинными вечерами, при свете дымящейся лучины, за скудным ужином, вы учите ей детей ваших. Как ни кратка она сама по себе, но для вас в ней замыкается весь смысл жизни и никогда не иссякающий источник новых и новых собеседований. С этой правдой вы встаете утром, с нею ложитесь на сон грядущий и ее же приносите на алтарь мой в виде слез и воздыханий, которые слаще аромата кадильного растворяют сердце мое. Знайте же: хотя никто не провидит вперед, когда пробьет ваш час, но он уже приближается. Пробьет этот желанный час, и явится свет, которого не победит тьма. И вы свергнете с себя иго тоски, горя и нужды, которое удручает вас. Подтверждаю вам это, и как некогда с высот Голгофы благословлял вас на стяжание душ ваших, так и теперь благословляю на новую жизнь в царстве света, добра и правды. Да не уклонятся сердца ваши в словеса лукавствия, да пребудут они чисты и просты, как доднесь, а слово мое да будет истина. Мир вам!

Воскресший пошел далее и встретил на пути своем иных людей. Тут были и богатеи, и мироеды, и жестокие правители, и тати, и душегубцы, и лицемеры, и ханжи, и неправедные судьи. Все они шли с сердцами, преисполненными праха, и весело разговаривали, встречая не воскресение, а грядущую праздничную суету. Но и они остановились в смятении, почувствовав приближение воскресшего.

Он также остановился перед ними и сказал:

- Вы - люди века сего и духом века своего руководитесь. Стяжание и любоначалие - вот двигатели ваших действий. Зло наполнило все содержание вашей жизни, но вы так легко несете иго зла, что ни единый скрупул вашей совести не дрогнул перед будущим, которое готовит вам это иго. Все окружающее вас представляется как бы призванным служить вам. Но не потому овладели вы вселенною, что сильны сами по себе, а потому, что сила унаследована вами от предков. С тех пор вы со всех сторон защищены, и сильные мира считают вас присными. С тех пор вы идете с огнем и мечом вперед и вперед; вы крадете и убиваете, безнаказанно изрыгая хулу на законы божеские и человеческие, и тщеславитесь, что таково искони унаследованное вами право. Но говорю вам: придет время - и недалеко оно, - когда мечтания ваши рассеются в прах. Слабые также познают свою силу; вы же сознаете свое ничтожество перед этою силой. Предвидели ли вы когда-нибудь этот грозный час? смущало ли вас это предвидение за себя и за детей ваших?

Грешники безмолвствовали на этот вопрос. Они стояли, потупив взоры и как бы ожидая еще горшего. Тогда воскресший продолжал:

- Но во имя моего воскресения я и перед вами открываю путь к спасению. Этот путь - суд вашей собственной совести. Она раскроет перед вами ваше прошлое во всей его наготе; она вызовет тени погубленных вами и поставит их на страже у изголовий ваших. Скрежет зубовный наполнит дома ваши; жены не познают мужей, дети - отцов. Но когда сердца ваши засохнут от скорби и тоски, когда ваша совесть переполнится, как чаша, не могущая вместить переполняющей ее горечи, - тогда тени погубленных примирятся с вами и откроют вам путь к спасению. И не будет тогда ни татей, ни душегубцев, ни мздоимцев, ни ханжей, ни неправедных властителей, и все одинаково возвеселятся за общею трапезой в обители моей. Идите же и знайте, что слово мое - истина!

В эту самую минуту восток заалел, и в редеющем сумраке леса выступила безобразная человеческая масса, качающаяся на осине. Голова повесившегося, почти оторванная от туловища, свесилась книзу; вороны уже выклевали у нее глаза и выели щеки. Самое туловище было по местам обнажено от одежд и, зияя гнойными ранами, размахивало по ветру руками. Стая хищных птиц кружилась над телом, а более смелые бесстрашно продолжали дело разрушения.

То было тело предателя, который сам совершил суд над собой.

Все предстоявшие с ужасом и отвращением отвернулись от представившегося зрелища; взор воскресшего воспылал гневом.

- О, предатель! - сказал он, - ты думал, что вольною смертью избавился от давившей тебя измены; ты скоро сознал свой позор и поспешил окончить расчеты с постыдною жизнью. Преступление так ясно выступило перед тобой, что ты с ужасом отступил перед общим презрением и предпочел ему душевное погубление. "Единый миг, - сказал ты себе, - и душа моя погрузится в безрассветный мрак, а сердце перестанет быть доступным угрызениям совести". Но да не будет так.

Сойди с древа, предатель! да возвратятся тебе выклеванные очи твои, да закроются гнойные раны и да восстановится позорный твой облик в том же виде, в каком он был в ту минуту, когда ты лобзал предаваемого тобой. Живи!

По этому слову, перед глазами у всех, предатель сошёл с древа и пал на землю перед воскресшим, моля его о возвращении смерти.

- Я всем указал путь к спасению, - продолжал воскресший, - но для тебя, предатель, он закрыт навсегда. Ты проклят Богом и людьми, проклят на веки веков. Ты не убил друга, раскрывшего перед тобой душу, а застиг его врасплох и предал на казнь и поругание. За это я осуждаю тебя на жизнь. Ты будешь ходить из Града в град, из веси в весь и нигде не найдешь крова, который бы приютил тебя. Ты будешь стучаться в двери - и никто не отворит их тебе; ты будешь умолять о хлебе - и тебе подадут камень; ты будешь жаждать - и тебе подадут сосуд, наполненный кровью Преданного тобой. Ты будешь плакать, и слезы твои превратятся в потоки огненные, будут жечь твои щеки и покрывать их струпьями. Камни, по которым ты пойдешь, будут вопиять: "Предатель! будь проклят!" Люди на торжищах расступятся перед тобой, и на всех лицах ты прочтешь: "Предатель! будь проклят!" Ты будешь искать смерти и на суше, и на водах - и везде смерть отвратится от тебя и прошипит: "Предатель! будь проклят!" Мало того: на время судьба сжалится над тобою, ты обретешь друга и предашь его, и этот друг из глубины темницы возопит к тебе: "Предатель! будь проклят!" Ты получишь способность творить добро, но добро это отравит души облагодетельствованных тобой. "Будь проклят, предатель! - возопиют они, - будь проклят и ты, и все дела твои!" И будешь ты ходить из века в век с неусыпающим червем в сердце, с погубленною душою. Живи, проклятый! и будь для грядущих поколений свидетельством той бесконечной казни, которая ожидает предательство. Встань, возьми, вместо посоха, древесный сук, на котором ты чаял найти смерть, - и иди!

И едва замерло в воздухе слово воскресшего, как предатель встал с земли, взял свой посох, и скоро шаги его смолкли в той необъятной, загадочной дали, где его ждала жизнь из века в век. И ходит он доднесь по земле, рассеевая смуту, измену и рознь.

Чижиково горе

Канарейку за чижика замуж выдали и свадьбу на славу справили. В магазине "Забава и дело" купили новенькую кирку; за пастора ученый снегирь был; скворцы величальные песни пели, а для наблюдения за порядком полициймейстер отряд копчиков прислал. Чуть не со всего леса птицы слетелись на молодых поглазеть, да и почтенных гостей нашлось довольно. У чижа был шафером зяблик, у канарейки - соловей. Сам ястреб к невесте в посаженые отцы набивался, но родители, под благовидным предлогом, от этой чести уклонились и пригласили глухого тетерева, того самого, который еще при царе Горохе, во внимание к дряхлости и потере памяти, в сенат посажен был.

И молодые, и родители, и поезжане - все были веселы. Чижик выступал гордо и предвкушал; канарейка перебирала носиком перышки; родители думали: "Ну, слава богу, одну дочку сбыли!" А поезжане мечтали о той горе конопляного семени, маринованных комаров, варенных в сахаре мух и проч., которую им предстояло уничтожить на новоселье у чижика.

Только ворона-вещунья без пути каркала: "Не будет проку от этого брака! не будет! не будет! не будет!"

Хотя между людьми ворона и слывет глупою, однако птицы отлично знают, что ежели она каркает, то, значит, есть у нее на то основание. И точно: едва раздалось воронье карканье, как кукушка первая прокуковала: "Ку-ку! как бы и в самом деле по-вещуньиному не сбылось!" А за нею следом в том же смысле свистнули: синичка, горихвостка, пеночка...

И все начали всматриваться в молодых, начали припоминать. Обратились к интимной истории этих двух существ, за минуту перед тем связавших друг друга неразрывными узами; вспомнили их наклонности, вкусы, привычки. И, как и водится, в результате вышла картина.

Чижик был малый простодушный и добрый, имел три характеристические особенности: неприхотливость, аккуратность и домовитость. Сверх того, он был и немолод, хотя надежда, что, в случае чего, он еще может за себя постоять, не покидала его. Всю жизнь он служил в интендантском ведомстве, дослужился там до майорского чина и там же образовал свой ум и сердце. Взяток он не брал (царство хищения кончилось), однако нелицеприятными действиями успел-таки скопить капиталец. Однажды ему удалось приобрести, по случаю, хорошую партию канареечного семени, и вот тогда-то в голове у него блеснула мысль: "Женюсь на канарейке и буду жену и детей канареечным семенем кормить!" Отца и матери он, еще слетком будучи, лишился, наследства никакого не получил, а потому охотно выставлял на вид, что солидным своим положением в обществе обязан единственно самому себе. Даже ведерко с водой он выучился таскать самоучкою.

Таков был умственный и нравственный облик новобрачного. Особенных поводов для симпатий он, конечно, не представлял, но с легальной точки зрения - это был обыватель, какого лучше не надо.

В наружности его тоже не замечалось ничего обольстительного или блестящего; напротив, вся его фигура поражала несомненною будничностью и заурядностью. Даже воробьи смеялись, как он, желая сказать девице комплимент, потряхивал фалдочками и пущал глаза враскос. Да и комплименты выходили у него неинтересные: либо интендантский анекдот расскажет, либо похвастается, что, как бы дешево ни просил с него извозчик, он ему всегда пятачком меньше дает, а ежели время терпит, то и пешком дойдет.

- И вот, благодарение богу, - обыкновенно заканчивал он, - не только себя могу прокормить, но и семью-с.

Родителям такие речи очень нравились, и они так усердно ловили его в свои силки, что однажды чуть было совсем не удавили. Но дочки-девицы называли его "интендантскою холерою" и при появлении его мгновенно разлетались, хотя маменьки и приказывали им: "Ресте!"[35] И он не только не оскорблялся этими девичьими поступками, но даже успокоивал родителей, говоря:

- Ничего-с, я привык-с. Это в них девичье-с. Когда я в интендантском ведомстве служил, так одна трясогузочка была-с. Ну, такая, доложу вам, - отдай все, да и мало! И тоже на первых порах: "Хи-хи" да "ха-ха!" Я ей говорю: "Познакомимтесь, мамзель!", а она: "Ах, нет, вы противный!" Словом сказать, я за ней, она - от меня! Туда-сюда... настиг-с! И что же-с: впоследствии даже хвалила!

- Так вот вы, Иван Иванович, какой! - шутили родители, - чего доброго, детей у вас на стороне нет ли?

- Наверное сказать не могу, но поручиться не смею-с. Природную слабость в свое время в совершенстве выполнил-с. Вообще я насчет этого так полагаю: излишеств допускать не следует, но в пропорцию отчего же себе удовольствие не предоставить! Я и от водки не отказываюсь, пью-с; но не без просыпу-с, а, как в песне поется, "по этой причине-с".

В последнее время он службу оставил. "Сыт-с". Прихоти у него были небольшие, да и капиталец, который ему бог на службе послал, он крепко зажал. Следовательно, одних казенных процентов ему за глаза довольно; а

---

35 Останьтесь! (от фр. restez).

ежели он свой капитал взаймы под вторые закладные раздаст, так и деваться с деньгами будет некуда-с.

- Одежа у меня даровая, богом предназначенная, - говорил он, - ем я тоже не покупное, а богом предназначенное; а ежели удовольствие себе захочу доставить, так и это дорогого не стоит: спою песню - вот и прав-с! Следственно, покуда есть на свете мухи, пауки, червяки и другая подобная снедь и покуда я в силах ловить, я обеспечен-с. Ежели же силы меня оставят, тогда придется помереть. Что же такое-с! И с прочими птицами завсегда так бывает-с!

Но ежели и на службе он ни о чем с таким удовольствием не мечтал, как о семейном очаге, о самоваре, халате, двуспальной кровати и других идеалах семейного счастья, выработавшихся в интендантском ведомстве ("Что такое бессемейный чиж? - рассуждал он, - медицинский термин, и больше ничего-с!"), то, по выходе в отставку, эта мысль начала угнетать его с каждым днем все больше и больше. И вот, наметивши желтенькую канарейку, он надел мундир, прицепил шпоры (все это он при отставке "в воздаяние" получил) и отправился к родителям своей суженой рекомендоваться в качестве жениха.

В первый раз в жизни восторг овладел его сердцем, в первый раз в жизни он пропел "По улице мостовой" - и не сфальшивил! Страсть к красавице канарейке до такой степени овладела всеми его помыслами, что он, вопреки своей обычной осмотрительности, пренебрег даже справиться, что за птица была его невеста и есть ли за нею какое-нибудь приданое.

А это было, пожалуй, нелишним, потому что невеста была барышня светская и образованная. Любила пожеманиться, принарядиться, пела "Si vous n'avez rien a me dire"[36], играла на органчике "Le Ruisseau"[37] и скучала, ежели около нее кавалеров не было. Может быть, она и добрая была, да некогда ей было об этом подумать. То новые фасоны из магазина привезут, то юнкера к братцу в гости прилетят. Так, промеж дел, доброты своей и не рассмотрела.

- Барышня! можно у вас ножку поцеловать? - приставали к ней юнкера.

- Ах, какие вы... ну, целуйте!

Только и всего.

И родители у нее были светские, и тоже без гостей скучали. Папаша в Канареечной губернии Пять трехлетий предводителем прослужил, четыре наследства спустил, с год тому назад последнее выкупное

---

[36] Если вам нечего мне сказать.
[37] "Ручеек"

свидетельство проел, а теперь жил финансовыми операциями и до того изловчился, что от извозчиков чрез проходные ворота улепетывал. Что касается до мамаши, то она как смолоду канарейкой была, так и под старость канарейкой осталась. Прыгала с жердочки на жердочку, высматривала, нет ли где кавалеров, и с благодарностью вспоминала, как она, будучи предводительшею, писаные пряники ела, а павлин-губернатор, завидев ее, хвост распускал. В этом же духе она и старшенькую дочь свою воспитала.

- Я мою девочку на высшие курсы не посылаю, - сказала она чижику, когда он посватался, - по-моему, умела бы девушка по-французски, да с жердочки на жердочку прыгать, да одеться к лицу, да гостей занять - вот и все, что для счастья женщины нужно!

- И хорошо сделали, сударыня, что девицу вашу в страхе божием воспитали, - согласился чижик. - Мужескому полу, действительно, необходимо географию знать, потому что, не ровен час, начальство приказывает лететь, а куда - неизвестно! А девицу всякий кавалер с удовольствием проводит. Лишь бы не заблудиться-с.

- Ах, нет! на этот счет вы можете быть покойны, майор! У меня такая дочка умница, что ежели даже с уланом в дремучий лес попадет, то и тогда вот ни с эстолько себя не повредит.

- Дай бог-с.

Кроме этих трех личностей, в семье была еще младшая дочь и два сына. Младшая дочь скорее на новорожденного галчонка, чем на канарейку (так ее и по имени звали: Галочка (Галина), а старшую дочь звали Прозерпиночкой), похожа была и потому домашние смотрели на нее, как на Сандрильону. Но она была девушка добрая, преданная семье и бодрая, и, несмотря на то, что ею, как горничной, помыкали и каждым куском попрекали, горячо любила и родителей, и сестру, и братьев. Об одном только потихоньку плакала, что заботы по дому не позволяют ей на высшие курсы ходить. Что касается братьев, то старший служил юнкером в уланском полку и никак не мог сдать экзамен из закона божия, а младший ходил в гимназию и не понимал, зачем начальству понадобилось, чтобы он греческий язык знал.

- Ну, на кой мне, маменька, черт этот остолопий язык? - жаловался он мамаше своей. - Ну, латинский - это я еще понимаю. "Mons, parturiens mus..." [38] mus, muris... mons, mentis... parturio, parturivi, parturire... допустим! Рецепт написать, цитату в передовую статью подпустить - готово! Но греческий... ну, зачем, спрашиваю я вас, мне греческий язык!

- Может быть, для поведения? - догадывалась мать.

---

[38] Гора, родившая мышь (лат.).

- Ах, маменька!

Целый день в этом доме шла суматоха и хлебосольство, целый день гости. С жердочки на жердочку прыгают, на органчике играют, песни поют. Канареечное семя, цитварное, хлеб в молоке моченный, яичные желтки протертые - со стола не сходят, а между тем в мелочную лавочку полгода по счету не плачено. Перевертывается старый кенарь, словно вьюн на сковороде, придумывая, как ему деньгами раздобыться. Каждое утро только и делает, что по приятелям летает; одному скажет, что у него тетка на днях померла, так надо денег, чтобы наследство получить; другому скажет, что у него в занадельной земле каменный уголь проявился, а достать его без капитала нельзя; третьему просто-напросто объявит, что деньги до зарезу нужны. А иногда подойдет к кому-нибудь из гостей-юнкеров и скажет: "Нет ли у вас, молодой человек, двугривенного? я вам завтра с благодарностью отдам". И давали. Но зато и жуировали. Прилетят уланы-юнкера, прижмут Прозерпиночку к уголку и крутят усы. А бедная Галочка видит, какой опасности сестрица подвергается, и заливается-плачет.

Такова была семья, в которую вознамерился вступить чижик. Все соседи знали, что старый кенарь дотла прогорел, что старую канарейку на днях еще видели, как она в кустах с дроздом-ростовщиком шушукалась, что сама Прозерпиночка, под предлогом уроков пения, к соловью летала, а потом будто бы жировое яичко снесла... Но чижик словно ослеп и оглох. Заручившись родительским согласием, он восторженно перелетал с дерева на дерево, подстерегая, как его красотка невеста в корытце купается, и когда успевал подстеречь, то пел. Пел фальшиво и неистово, но - увы! - это был единственно доступный для него способ возблагодарить творца за оказанные ему в сей жизни благодеяния.

- Чувствую и знаю, - пел он, - что не по чину мне милость сия, но потщусь заслужить оную в будущем!

Впрочем, к чести Прозерпиночки надо сказать, что она, будучи невестой, нимало не скрывала от чижика своего равнодушия. Когда родители объявили ей, что майор сделал ей честь и что они уже заранее изъявили согласие, она тут же залилась звонким смехом и сказала:

- Ах, maman, посмотрите, какой он уморительный!

И затем, когда родители с намерением оставили их вдвоем, чтобы они поближе друг друга узнали, у них, вместо комплиментов, завязался довольно-таки откровенный разговор.

- Вы скупой? - спросила его Прозерпиночка.

- Я не скуп, а бережлив-с, - ответил чижик. - Я так полагаю: зачем деньги зря бросать, коли можно своими средствами обойтись? Но для вас, чтобы вам удовольствие сделать, я и бережливость свою готов оставить-с.

Высказавши это, майор любезно шаркнул ножкой, но - увы! - поступок этот не только не тронул Прозерпиночку, но, напротив, пробудил в ней новый взрыв веселости.

- Ах, как вы уморительно ножкой шаркаете! Шаркните еще, еще... вот так! Ха-ха! Что же вы дома едите? гадость какую-нибудь?

- Сам я ем пищу, богом предназначенную. Простую, но здоровую. А для вас я канареечное семя предоставлю-с.

- Ах, нет, я салат больше люблю!

- И салатцу достать не диковинка-с. Слетаю утречком в огород и нащиплю по секрету-с. Другому бы это больших денег стоило, а я для вас и задаром спроворю!

- Ну, а какой же вы мне подарок сделаете? Недавно вот из Парижа новые фасоны манжеток прислали... подарите-ка! а?

- С превеликим моим удовольствием-с. Сегодня же пауку закажу, чтобы завтра чуть свет были готовы.

- Да, но ведь такие манжетки дороги...

- Не извольте беспокоиться-с! Придет ко мне ужо паук за деньгами, а я его съем-с. Вот мы и будем квиты.

- Ха-ха! какой вы уморительный!

Так и пошло у них: нет, чтобы сказать жениху "миленький" или "душечка", - "уморительный", и больше ничего. И чем дальше, тем невеста делалась развязнее и развязнее. С женихом почти вовсе не занималась, а окружала себя юнкерами и гимназистами и самым бессовестным манером шушукалась с ними.

- Знаете ли, майор, что мне про вас рассказывали? - говорила она ему в упор, - что вы в последнюю войну армию и флот гнилыми сухарями кормили?

Он конфузился, но не опровергал; потому что хоть и не заведовал он сухарями, но все-таки был за ним грех: для лошадей сено со всячинкой заготовлял. А это, пожалуй, похуже гнилых сухарей будет, потому что солдат - он пожаловаться может, а у лошади и слов-то для жалобы нет...

Ах, нехорошо он тогда поступал!

Иногда Прозерпиночка даже прямо всей компанией над ним насмехалась. Задумают, например, молодые люди в горелки играть, а он, постылый, тут же торчит. Вот и заставят его гореть, да глаза вдобавок завяжут: "Лови!" Бросится он стремглав вперед, крылья распустит, летит, - а она с подружками да с юнкерами - в кусты. Выглядывают оттуда и кричат: "Лови, майор, лови!" - покуда он с размаху о сосну грудью не треснется.

На первых порах старая канарейка побаивалась, как бы майор не обиделся, и от времени до времени даже покрикивала на дочь: "Финиссе!"

Но когда убедилась, что с майора как с гуся вода, то махнула рукой и только каждый вечер аккуратно обращалась к жениху: "Нет ли у вас, майор, целкового? мы вам завтра с удовольствием отдадим".

Одна только Галочка жалела бедного чижика, и кто знает, не участвовало ли в этом жалении более сладкое чувство... По крайней мере, однажды, поздно вечером, когда майор, лениво шевеля крыльями, возвращался восвояси, Галочка обогнала его.

- Ну, к лицу ли вам такую красотку любить? - сказала она ему. - Женитесь-ка лучше на мне. Я вас вот как покоить буду!

Но он словно одеревенел. Даже не выслушал порядком Галочкиных слов и грубо ответил:

- Кабы я на галке жениться хотел, то галку бы и сватал за себя. А так как я к сестрице вашей присватался, то, стало быть, с ней и круг действия совершить желаю-с.

Впрочем, нельзя сказать, чтоб он уж совсем ничего не понимал. Напротив, он очень многое и очень тонко понимал. Но в то же время он ясно видел, что попался и что судьба его решена бесповоротно и навсегда. Почему навсегда? - он не мог себе дать в этом отчета, а только одно твердил: "Бесповоротно! навсегда!"

И вот он женился. После свадьбы целый вечер бражничали, так что и вечерняя заря уже с час назад потухла, когда чижик собрался на гнездышко с молодой женой. Хорошо ему было! дивно! Теплая ночь благоухала; звезды в темной синеве неба, как алмазы, играли; а он, чижик, весь горел! Восторг катился по жилам его, дивный, опьяняющий восторг! Не то петь ему хотелось, не то рыдать, но в то же время какая-то чуткая деликатность заставляла его сдерживать свои порывы. Сама Прозерпиночка, казалось, подчинилась обаянию этой страсти. Она томно закрыла глазки и, сладко вздрагивая, клюнула его носиком в темечко... Но в эту самую минуту вдруг мимо чижикова дупла пронеслась пьяная процессия. Это были братцы в сопровождении целой оравы товарищей; они с гиканьем и свистом гремели песню: "Мальбруг в поход поехал..." Заслышав эти звуки, молодая мгновенно переродилась. В ночном дезабилье выбежала она на край дупла и вплоть до поздних петухов прохохотала с юнкерами. Чижик, одевшись в мундир, стоял позади молодой жены и тоже старался веселиться. Но - увы! - он скоро убедился, что в майорском чине веселость уж не к лицу. Как он ни нудил себя, но чин, в соединении с преклонным возрастом, взяли-таки свое. Глаза его сомкнулись сами собой, а через минуту громкое сопение наполнило всю внутренность дупла. Даже последовавший затем взрыв смеха не разбудил его. Так, в мундире, застегнутом на все пуговицы, он и проспал свою медовую ночь.

С этой минуты он окончательно погиб в глазах молодой жены.

Когда он проснулся, - хотя это было еще очень рано, - Прозерпиночки уже и след простыл. Чечеточка-девушка, которую он для прислуг нанял, доложила, что _барышня_ к мамаше улетела, и будут ли дома кушать, или нет - неизвестно. "Барышня"! - это слово точно кипятком его ошпарило!

Он выглянул из дупла и прыгнул на ближайший сучок. Кругом царствовала мертвая тишина, которая предшествует пробуждению и во время которой вся природа представляется как бы неживущею. Птицы еще не проснулись; даже листья на деревьях не трепетали. Но восток уже алел, и майору показалось, что розоперстая Аврора, иронически приветствуя его, делает ему нос. Очевидно, что в эту ночь в его существовании совершилось нечто очень важное, ложившееся на все его будущее неизгладимым темным пятном; что ему предстояло выполнить какой-то долг, - весьма, впрочем, незатруднительный и всякому чижу свойственный, - но он, как раб ленивый и лукавый, этот долг не осуществил...

Приступив к всестороннему обсуждению своего положения, он прежде всего слукавил. Или, говоря словами науки, начал рассматривать дело с точки зрения причин, его породивших. По зависящим ли от него причинам он не осуществил своего долга, или по независящим? "Кабы я был этому делу причинен, - говорил он себе, - ну, тогда точно! Хоть голову с меня снимите, ежели я виноват, - слова не скажу! А то никакой с моей стороны причины нет - и на-тко что сделалось!" Но едва он придумал этот изворот, как тотчас же понял тщету его. Есть факты, относительно которых закон причинности не допускается.

Они должны быть осуществлены - _неупустительно_, и никакая логомахия не воссоздаст того, что _должно было быть_ и чего _не было_. Нет для него оправданий! Нет! Ни один молодой муж, ни одна любящая мать, ни один суд присяжных, ниже коронный суд - никакого другого приговора ему не вынесут, кроме слов: "Срам! срам! срам!"

Он должен был отразить нападение пьяной ватаги; он должен был сделать свое гнездо неприступным, должен был грудью защищать свое право на осуществление "долга", вступить, во имя долга, в кровавый бой... Qu'il mourut![39]

- Срам-с! - повторил он автоматически и автоматически же, не снимая мундира, растрепанный, с тощим желудком, полетел туда!

Старая канарейка уже проснулась и сидела злая-презлая. Кроме того, что с ее Прозерпиночкой случился такой "срам", ночью прилетела к ней в

---

[39] Пусть умер бы! (фр.).

гости из-за тридевять земель канарейка-кузина и вконец растравила ее своими рассказами. Она тоже выдала свою Милочку замуж за снегиря; но... какая разница! Ах, какая разница!

- Так Милочку муж любит! - говорит гостья, - так любит... C'est tout un poeme![40]. Представь себе...

Гостья склонялась к уху кузины, шептала ей нечто и с радостным ужасом откидывалась назад, повторяя:

- Но представь себе удивление моей цыпочки!!!

А старая канарейка слушала и злобно скрипела носиком.

- Ну, дай бог Милочке... дай бог! - шептала она, - а вот мы... Кому счастье, а нам... Твою Милочку муж вон как обрадовал, а у нас... Кого другого, а Прозерпиночку мою, кажется, уж обглодком назвать нельзя... И полненькая, и резвенькая... и щечки, и грудка... И что ж! даже внимания, мерзавец, не обратил!

- Est-ce possible?![41]

В эту самую минуту явился чижик. И только что хотел принести оправдание, как огорченная теща, указывая на дверь, закричала:

- Сорте! Срам, сударь! срам! срам! срам!

А за нею, словно эхо, и кузина повторила:

- Срам! срам! срам!

Оглушенный, он хотел лететь, куда глаза глядят, но у него даже крылья как будто перешибло. Он пошел по дорожке, направляясь к своему дуплу и думая скрыть в нем свой срам; но птицы уже проснулись и все знали. И хотя ни одна ему ничего "подходящего" в глаза не говорила, а некоторые даже подлетали и поздравляли, но он совершенно ясно видел, что у всех в глазах было написано:

- Срам! срам! срам!

К вечеру, однако же, Прозерпиночка воротилась, но, не сказавши бонжур, прямо пролетела в свое гнездышко.

- Милая! миленькая! ангельчик! - свистнул ей вслед майор, и так жалобно, что чечеточка, хоть и из простого звания птичка, а прослезилась.

Но Прозерпиночка не ответила ни одним звуком, и чижик слышал только, как она лапками раздвигала в гнездышке пух, устраивая себе на ночь постельку.

- Супруга, богом мне данная! - не свистнул, а как-то взвыл майор и залился слезами.

Но и на этот призыв Прозерпиночка промолчала. Он подошел к ее постельке и склонился над нею; но она уже спала, или, скорее всего, притворялась спящею.

---

[40] Это совершенная поэма! (фр.).
[41] Возможно ли?! (фр.).

207

И эту ночь пришлось майору провести в одиночестве. Мундир, конечно, он снял, но брюки снять не решился, чтобы не сконфузить Прозерпиночку. А на Другое утро, как ни рано он проснулся, Прозерпиночки уже не было: опять улетела к родителям.

Майорский мартиролог начался.

В продолжение целого месяца молодая жена ни одним словом с ним не перемолвилась. Каждый вечер прилетала она в чижиково дупло, укладывалась в гнездышке и каждое утро исчезала так таинственно и проворно, что майор никак ее не мог подстеречь. Раза четыре в течение этого времени прилетала она в сопровождении ватаги юнкеров и гимназистов, призывала чечеточку и заказывала ей богатый ужин. Но и она, и ее собутыльники самым наглым образом пили и ели на глазах у чижика и ни разу даже спасибо ему не сказали, точно он был не хозяин своего дупла, а сторож при нем. В женином семействе майора иначе не звали, как "мерзавцем".

- А "мерзавец"-то опять выигрышный билет купил! - сообщала старая канарейка загостившейся кузине.

Или:

- Скоро, кажется, "мерзавец" с ума сойдет. Задумываться начал!

Один старый кенарь (тесть) от времени до времени посещал майора, утешал его и даже обещал высечь Прозерпиночку; но обещания не выполнил, а только выманил у зятя целую уйму двугривенных.

Прошел и еще месяц. Отношения Прозерпиночки к майору несколько изменились, но не к лучшему. Канарейка постепенно вошла в свою роль, обнаглела. Она уже не разыгрывала молчальницу, но обращала к чижику свою речь таким тоном, каким должна говорить королева с каким-нибудь безвестным дворцовым истопником.

- Денег надо, - говорила она.

- Сколько-с?

- Не "сколько", а давайте!

Ни сколько, ни на какой предмет - молчок. Может быть, она поступала так с умыслом, желая повредить чижику душу; но может быть, и без умысла, "так". Душа канарейки - потемки, и ни один мудрец не разберет, где в ней кончается грациозное порхание мысли и где начинается мучительство. Как бы то ни было, чижик не прекословил. Он уходил на минуту в заднее отделение дупла и дрожащими руками выносил оттуда свою копилку. И покуда она зря черпала в россыпи серебряных пятачков и как-то странно при этом улыбалась, он чувствовал, что у него душу вынимают. Не потому, чтоб он был скуп, а потому, что от природы имел потребность во всякое время знать состояние своей кассы в точности.

Ограбивши мужнину кассу, она улетала, а через час он уже видел и результаты произведенного грабежа. Прозерпиночка, во главе целого косяка улан и светских дам полулегкого поведения, с шумом и песнями пролетала мимо и садилась на ближайшую поляну. Там устраивался, на чижиков счет, веселый пикник, и вся ватага, вплоть до вечерней зари, кутила, пела, водила хороводы и по временам разлеталась в кусты для отдохновения.

Однажды вечером Прозерпиночка прилетела домой в необыкновенно возбужденном состоянии. Летала по дуплу ("чуть грудочку себе не расшибла!"), кружилась, пела, смеялась, плакала... Майор смотрел на нее сначала испуганно, но потом вдруг умилился. Его голову озарила несчастная мысль, что Прозерпиночкино сердце растворилось, что испытаниям его наступил конец, что она сама идет к нему навстречу... идет для того, чтоб упоить его блаженством, блаженством, блаженством без конца! Сладкое и в то же время жгучее волнение овладело всем его существом и пробудило в нем смелость, не всякому интендантскому майору свойственную. В чаду страсти он тихонько подкрался к Прозерпиночке, в ту минуту, когда она, вперивши глаза в темное пространство, стояла у входа, и тихонько стукнул ее носиком в темечко.

- Дурак! - крикнула она ему в упор и, уклонившись от его объятий, порхнула вон из дупла.

Это был с ее стороны очень решительный шаг. До тех пор она улетала днем, теперь - улетела ночью!

На другое утро она, однако, вернулась, но целый день скучала, плакала, нигде места себе найти не могла. А вечером, едва майор засопел, опять улетела.

Так продолжалось целых две недели. Ночью - таинственное исчезновение, днем - истерика, слезы. Майор весь исстрадался, ходил за ней по пятам, держа в носике, на случай дурноты, ведерочко с водой, и слезно убеждал:

- Выкушай водицы! Откройся мне! Ну, не как мужу - увы я этого счастья не заслужил! - а как отцу, как брату. Кто тебя, мою пичужечку, обидел?

- Дурак!!!

Наконец она не возвратилась совсем. Ждал майор день, ждал другой и решился... ждать без конца. Тяжкое время для него настало, время полного одиночества. Жена бросила; родственники, не предупредивши ни словом, скрылись, - должно быть, и впрямь старый кенарь после тетки наследство получил, - а прочим птицам ему было совестно в глаза смотреть, потому что он все-таки не смыл своего позора, не оправдал себя.

Даже девушка-чечеточка, и та расчету потребовала и где-то на чердаке с воробьем гнездо свила.

До сих пор у него хоть страдания были, страдания жгучие, острые, которые давали ему возможность метаться от боли, проклинать...и надеяться; теперь страдания остались, но приняли тупую форму, которая сковывала его движения, парализовала волю и наполняла будущее безрассветным мраком...

Между тем наступила осень; птицы усиленно захлопотали около гнезд; он один ничего не предпринимал, не решаясь, лететь ли на теплые воды, или остаться на родине. Полились дожди, задули холодные ветры; роща обнажилась и тоскливо шумела; ночи сделались долгие, темные. А он целые ночи напролет, голодный и холодный, просиживал, не смыкаючи очей, у входа своего неухиченного дупла и ждал. Сколько раз хищная сова пролетала мимо, задевая крылом за его дупло! сколько раз заглядывал в дупло кровожадный бурундук! Но, по счастливой случайности, ни сова, ни бурундук

не потревожили его. Очень возможно, что, с точки зрения съедобности, он представлял для хищников уже слишком ничтожную величину; но возможно и то, что хищники знали, какой он был в свое время дельный интендантский офицер, и, не желая лишать отечество его услуг в будущем, щадили...

Понимая, что жизнь его разбита, он невольно обращал свою мысль к прошлому. Все там было так чисто, аккуратно, что сердце вчуже радовалось. Да и не без приятностей-с. Не одни интендантские мероприятия, но, например, трясогузочка-с. Что за шустренькая, аккуратненькая была девушка... точно огурчик! И тоже сначала: "Ах, какой вы уморительный!" Уморительный да уморительный, да вдруг: "Ах, миленький, какая я была глупенькая! сколько задаром времени потеряла!" Жениться бы ему на ней, а он, вместо того, с шестерыми ребятами ее бросил! Или опять: заехал он раз к перепелочке-вдове, которая постоялый двор при дороге держала и просом да гречневой крупой поторговывала. Слово за слово: "Почем просо? крупа почем-с? Чай, скучно вам одним без мужа, сударыня?" - смотрят, ан и огни везде потушили... И тут бы ему жениться следовало, а он пообещал - и был таков!

Хорошо было тогда, дивно! И чем бесчеловечнее он в ту пору с трясогузками и перепелками поступал, тем больше гордился, тем больше слыхал себе похвал. Все интендантские писаря говорили о нем: "У нас майор лихой... ишь ножками семенит, ишь похаживает - так им, дурам, и надо!"

Ба! да не поступить ли опять в интендантство? - Что же такое! Взял перо, написал просьбу - примут! право, с удовольствием примут!

Но едва появлялась эта мысль, как он уже гнал ее от себя. Не о трясогузках и перепелках он должен думать - нет, не о них! Отныне ему

210

предстоит одно: изнывать от боли и ждать. Ждать свою бесценную желтенькую барышню, свою богом данную жену! Прилетит она, вот увидите, ужо прилетит!

По временам, однако ж, он возмущался. Но не сам собою, а под влиянием наущения неблагонамеренных птиц, которые прилетали к нему попросить денег взаймы. В особенности тлетворно действовал на него в этом смысле дрозд. Он начинал всегда с того, что выражал соболезнование по поводу его одиночества, и затем, переходя от одного соболезнования к другому, очень ловко инсинуировал, что по нынешнему времени и развестись ничего не стоит.

- Нанял аблаката - и дело с концом! - убеждал он, - аблакат тебе все в одночасье свертит. Право, друг, разведись! Что на нее, на шлюху, смотреть!

А кроме дрозда, и зяблик его смущал; но этот был против развода, а советовал в "волостную" прошение подать.

- Много для них чести будет, коли со всякой шлюхой разводиться придется! - говорил он, - ступай прямо в "волостную"; такую ли ей там баню зададут - до новых веников не забудет!

И вот однажды майор поддался искушению. Полетел в Петербург и прямо отъявился к аблакату Балалайкину.

- Хочу от живой жены на другой жениться - орудуй!

- С удовольствием, - ответил Балалайкин, - я сам от четырех живых жен на пятой женат и вот, как видите, даже в арестантских ротах не сиживал!

Но уже по тону, которым Балалайкин эти слова сказал, чижик понял, что проку от его ходатайства ждать нельзя. Заплатив Балалайкину двугривенный (за одно вранье!), он, скрепя сердце, направил свой полет в "волостную", но и тут потерпел неудачу.

- Приведи ее, мы выпорем, - ответили ему совершенно резонно. - А коли будешь и впредь без поличного здешнее место утруждать, мы тебя самого разложим; не посмотрим, что ты майор.

Это был, так сказать, последний проблеск бунтующей плоти. Он воротился домой и окончательно присмирел.

Прошла зима. Полузамерзший, наголодавшийся, чуть живой, чижик вылез из своего дупла и едва-едва долетел до речки. Лед был уже настолько слаб, что в некоторых местах образовались полыньи. К одной из них он приблизился, надеясь чем-нибудь поживиться, какою-нибудь ветошью; но, увидев в воде свое изображение, так и ахнул. За зиму он до того похудел, осунулся, отощал, что мундир висел на нем как на вешалке. От прежнего аккуратно застегнутого, чистенького и сытенького чижика не осталось и следа; даже шпоры - и те неизвестно куда девались. С

211

тоскою в сердце вернулся он в дупло и сразу утратил веру в более светлое будущее.

Что пользы, ежели он и дождется ее, - какое он сделает ей приветствие? какие представит доказательства супружеской любезно-верной преданности?

И вдруг, в один теплый майский вечер, она воротилась. Воротилась худая, больная, истрепанная и как будто не в себе. Хохолок на головке был выщипан, перышки на крыльях помяты, хвостик жиденький; даже желтенькое платьице выцвело и посерело. И вся дрожала, не то от холода, не то от стыда. Насилу чижик ее узнал.

- Вот и я пришла! - сказала она.

- Живи! - ответил ей чижик.

Только и разговору промеж них было. О прошлом - молчок, о будущем - ни гугу.

И живут с тех пор друг подле друга в одном дупле, молчат и все о чем-то думают. Может быть, ждут чуда, которое растворит их сердца и наполнит их ликованиями прощения и любви; но, может быть, сознают себя окончательно раздавленными и угрюмо ропщут. Он: "Ах, разбила ты мою жизнь, кукла бесчувственная!" Она: "Ах, заел ты мою молодость, распостылый майор!"

Список